创造时代的新文化

中国社联与新兴社会科学运动

上海市社会科学界联合会 ○ 编

上海人民出版社

本书编委会

编委会成员（按姓氏笔画排序）：

马英娟　王为松　王向民　方　宁　孙　瑜

任小文　齐超儒　沈开艳　张远新　肖　瑛

肖　鹏　罗　岗　周展安　胡逢祥　倪迪飞

梁　清　温泽远　程　霖　蒋　晖　瞿　骏

出版说明

    1930 年 5 月 20 日，中国社会科学家联盟（社联）在上海宣告成立，这是当年在地下文委领导下与中国左翼作家联盟（左联）并肩战斗的革命文化团体。社联与左联等左翼文化团体你中有我、我中有你，共同研究和传播马克思主义，以上海为中心掀起了声势浩大、影响深远的中国左翼文化运动，为传播进步思想、促进抗日救亡运动作出了不可磨灭的贡献。

    在成立之初，中国社联就将坚持马克思主义写在自己的旗帜上，并积极推动马克思主义社会科学运动的深入发展。社联《纲领》明确提出其主要任务是：一、以马克思主义的观点，分析中国及国际经济政治，促进中国革命；二、研究并介绍马克思主义理论，使它普及于一般；三、严厉驳斥一切非马克思主义的思想；四、有系统地领导中国的新兴社会科学运动的发展，扩大正确的马克思主义的宣传；五、决不限于理论的研究，无疑地应该努力参加中国无产阶级解放运动的实际斗争。

    在党的直接领导和社联的有力推动下，新兴社会科学运动蓬勃发展、蔚为大观，左翼社会科学工作者逐渐成为一支有组织的战斗队伍。社联团结广大进步知识分子，通过出版书刊、组织社团、举办讲座、创办学校和补习班，宣传马克思主义和各种社会科学知识，批判形形色色的反马克思主义思潮，并运用马克思主义原理研究一些社会科学学科的问题，取得了显著的成绩。在思想成果方面，社联组织翻译出版了《哥达纲领批判》《政治经济学批判》《反杜林论》《路德维希·费尔巴哈和德国古典哲学的终结》《家庭、私有制和国家的起源》等一批马克思主义经典著作；创办合办了《社会科学讲座》《新思想》《文化斗争》《社会科学战线》《书报评论》《研究》《社会现象》《正路》《社联盟报》等刊物进行革命文化理论宣传；撰写推出了《社会学大纲》《中国古代社会研究》《大众哲学》《新政治学大纲》《新经济学大纲》《新教育大纲》等一批标志性的马克思主义社会科学著作。这些成果不仅推进了马克思主义的研究和传播，还将马克思主义的基本原理与社会科学研究的实际逐渐结合，初步奠定了中国马克思主义社会科学的基础，无疑是为构建中国哲学社会科学自主知识体系作出了有益探索。社联在推进新兴社会科学运动的过程中，还涌现出一批优秀的马克思主义社会科学家，其中就包括郭沫若、李达、艾思奇、邓初民、王学文、薛暮桥、许涤新、沈志远、吴亮平、李平心、杨贤江、钱亦石、何思敬，等等。应该说，社联和新兴社会科学运动的成就是多方面的，经验是宝贵的。在新时代加快构建中国特色哲学社会科学的伟大进程中，这些宝贵经验和精神遗产依然焕发着不竭的生机与活力。

今年是中国社联成立95周年。为进一步传承发扬社联优良传统，用好用活红色资源，上海市社会科学界联合会邀请相关学科的专家学者共同策划推进中国社联与新兴社会科学运动的研究，力图呈现马克思主义社会科学先驱们在探索中国哲学社会科学自主知识体系方面的历史功绩和宝贵经验。本书作为该研究项目的初步成果，在对社联活动进行历史勾勒和宏观考察的基础上，注重对郭沫若、李达、艾思奇、邓初民、王学文、沈志远、李平心等代表人物及其学术思想进行深入阐述，充分展现新兴社会科学运动在马克思主义哲学、政治经济学、政治学、历史学、社会学等学科建设方面的开拓性贡献和经验启示，助力构建中国哲学社会科学自主知识体系。

毛泽东在《新民主主义论》中总结回顾了"五四"以来中国思想文化战线的斗争历程，对主要包括左翼文化运动在内的革命文化所取得的巨大成就给予了高度评价，并充分肯定了哲学社会科学领域和文学艺术领域的巨大发展成就。在此基础上，他提出"民族的科学的大众的文化，就是人民大众反帝反封建的文化，就是新民主主义的文化，就是中华民族的新文化。"当年，以社联盟员为代表的马克思主义社会科学工作者坚持正确方向，挺立时代潮头，创发思想先声，为推动马克思主义中国化、建立中华民族的新文化作出了他们的应有贡献。

当前，中国特色社会主义进入新时代，中华民族以前所未有的坚定步伐踏上建设社会主义现代化强国新征程的关键时刻，建设中华民族的新文化有了新的时代内涵。党的二十大报告指出，"全面建设社会主义现代化国家，必须坚持中国特色社会主义文化发展道路，增强文化自信，围绕举旗帜、聚民心、育新人、兴文化、展形象建设社会主义文化强国，发展面向现代化、面向世界、面向未来的，民族的科学的大众的社会主义文化，激发全民族文化创新创造活力，增强实现中华民族伟大复兴的精神力量。"面对新的历史任务，我们要坚持以习近平新时代中国特色社会主义思想为指导，全面贯彻落实习近平文化思想，坚定文化自信，秉持开放包容，坚持守正创新，努力担负起新时代的文化使命，共同创造属于我们这个时代的新文化。

本书编委会

2025 年 3 月

目　录

文化领导权问题和 30 年代
左翼文化运动的多重结构

——重识"社联"与"左联"之关系

陈舒遥　罗　岗[*]

在中国 20 世纪 30 年代的左翼文化实践中，中国左翼作家联盟（简称"左联"）无疑占据着重要位置，其作为讨论的中心规定着左翼文化地图的边界。这也使得中国的左翼文化运动通常被纳入中国现代文学史的框架中，在文学批评或文艺理论的范畴下进行解读。然而，这种框架并非唯一。将更多历史场景问题化，扩大左翼文化运动的面向可以发现，与"左联"同属 30 年代中国左翼文化运动网络的还有另一个重要组织——"社联"，即中国社会科学家联盟。

"社联"在历史上被称为与"左联"一起"骈肩作战"[1]的兄弟

* 本文作者：陈舒遥，华东师范大学中文系博士生；罗岗，华东师范大学中文系教授。

1. 唐弢：《骈肩作战》，载唐弢：《晦庵书话》，生活·读书·新知三联书店 1980 年版，第 54 页。

唐弢《骈肩作战》载《晦庵书话》

团体。在 20 世纪 30 年代的左翼文化实践中，最初参加"左联"的成员并不限于作家和文艺批评家，还有不少是从事哲学社会科学研究的革命学者，如朱镜我、杜国庠（当时化名林伯修）、邓初民、柯柏年、王学文和李一氓等人。[1] 随着革命形势发展的需要，这些"左联"当中原本从事哲学社会科学的同志，便在当时中央文委的指示下从"左联"中独立出来转而成立了"社联"。两个团体有较多人员融合的情况，诸多人员的交汇也体现出当时参与左翼文化运动的知识分子身份的多重性，文学家、社会科学家、革命家的身份实际上并没有像今天所命名的那样有着明确的区隔。

---

1. 许涤新：《忆社联》，载上海市哲学社会科学学会联合会编：《中国社会科学家联盟成立 55 周年纪念专辑》，上海社会科学院出版社 1986 年版，第 170 页。

这由当时紧迫的历史氛围所决定，但体现出了左翼文化运动真正的生命力。在这两大主要团体的相互配合下，左翼文化运动形成了一个包括左联、社联、剧联、美联等在内的复杂结构，并最终于 1930 年 10 月在中国共产党的组织下建立了中国左翼文化总同盟（简称"文总"）。

在 20 世纪革命和建立现代民族国家的总体历史框架下，中国左翼文化是中国革命历史的重要内在组成部分之一，以针对国民党的政治军事文化围剿、在文化战线上确立文化领导权为历史目标，左翼文化运动从一开始就是以革命为动员基础，并将直接参与政治行动作为一种集体性的实践方式。在这样的背景下，把"社联"纳入分析视野，将"社联"及其与"左联"在"文总"领导下的互动纳入考虑，能够突破以往只注意"左联"这一左翼文化团体的视角，还原左翼文化运动内部的多重结构，立体地进入那个充满理想和斗争的时代。

一、文化领导权："社联"与"左联"的共同实践

1927 年大革命失败后，"革命文学"的倡导促进了文坛在思想上的转向，左翼逐渐成为真正具有号召力的思想符号。"革命文学"的倡导拉开了 30 年代左翼文化运动的序幕，当时创造社和太阳社的成员在提倡无产阶级文学的同时，也相继发表了许多介绍马克思主义哲学社会科学理论的论文与研究，为"左联"和"社

联"的成立做了思想上的准备。中国著作者协会的成立则为"左联"和"社联"的成立作了组织上的准备。1928年，中央文委负责人潘汉年联合创造社冯乃超等人筹建中国著作者协会，12月30日在上海北四川路广肇公学召开成立大会，到会有90余人。中国著作者协会的成立与后来"左联"和"社联"的成立有直接关系，其核心成员中也多是后来筹备"左联"与"社联"的同志。尽管中国著作者协会存在的时间非常短，但却促使当时的成员用另一种形式团结广大革命文艺界工作者，于是不久后便开始酝酿筹备中国左翼作家联盟。除中国著作者协会以外，还有上海艺术剧社（太阳社、创造社牵头组织）和中国自由大同盟（潘汉年、鲁迅组织）等文化界革命团体的组织成立，为当时团结革命作家和活跃左翼文艺运动提供了实践平台，也对"社联""左联"的建立起到了推动作用，这些组织正是后来左翼文化总同盟的雏形。梳理这一历史过程可以发现，"左联"的成立作为"革命文学"观念转向的一次成功实践，事实上也是建立在先前诸多的组织实践基础之上，同时"左联"成立后又与"社联"等诸多组织共同开展活动，这一历时共时双管齐下的动态过程凸显出当时左翼文化实践网络的复杂性。这一网状模式的还原也提醒我们"左联"在当时的强大号召力和凝聚力，并不是孤军奋战、单打独斗的结果，而是建立在一整个中国左翼文化总同盟的网状结构之上。

将"左联"和"社联"放回到中国左翼文化总同盟所构筑的实

践网络中可以发现，在二者的建立和历史实践中，夺取文化领导权的诉求贯穿始终。"文化领导权"这一术语的英文 "hegemony" 作为一个多义词，强调其控制的一面时被翻译为 "霸权"，强调其领导的一面时则被翻译为 "领导权"。在佩里·安德森的梳理中，"hegemony" 一词最早起源于古希腊，希罗多德使用这一词语 "指代为了某个共同的军事目标而结成的城邦国家联盟的领导权"[1]，此后这一术语被封存在古希腊时代，直到 19 世纪中叶在德国民族统一的诉求与古典研究的交叉路口中才再度出现在近代世界的语境之中，"霸权" 理论开始在国际关系和国际政治的领域中占据一席之地。这一理论在 19、20 世纪沙俄革命运动的内部争论中开始焕发出新的生机，区别于先前在国家间关系中使用这一术语，在俄国开创的传统中，它开始 "界定国家内—— 而非国家间—— 的政治关系"[2]。"领导权" 这一概念最早出现在 1900 年阿克雪里罗德写给施特鲁伟的一封信中，此后普列汉诺夫进一步公开提出俄国社会民主党作为工人阶级先锋队在与沙皇专制制度斗争时的领导权问题，安德森指出，普列汉诺夫在此时对这一理念的力量运用限定在 "推翻'旧制度'的前景，其目标只能是一场建立民主共和国的资产阶级

---

1. ［英］佩里·安德森：《原霸——霸权的演变》，李岩译，当代世界出版社 2020 年版，第 1 页。

2. ［英］佩里·安德森：《原霸——霸权的演变》，李岩译，当代世界出版社 2020 年版，第 16 页。

革命"[1]。值得注意的是，这一术语的使用重构了俄国国内阶级关系的政治位置。之后，列宁在《怎么办？》（1902）一书中系统发展了二人的论述，在1904年俄国社会民主工党分裂为孟什维克和布尔什维克之后，两者围绕领导权问题产生了争议，俄国作为资本主义发展的薄弱环节，革命的主要敌人在当时是沙皇俄国封建王权，资产阶级在这个结构中代表先进革命的一面，因此孟什维克党在此时提出要放弃领导统一战线，同时让渡出了对于资产阶级的领导权，按照传统马克思主义理论的道路，在充分实现资产阶级革命之后再进行社会主义革命。列宁领导的布尔什维克党则坚持"两步并作一步走"——即在资本主义的薄弱环节发展社会主义革命。针对当时欧洲工人运动中的机会主义，列宁强调了马克思主义的立场和方法对无产阶级革命及政党建设的重要意义。他认为，应该通过各种途径广泛宣传和传播无产阶级的意识形态，无产阶级应到人民群众中去"宣传""鼓动"，广泛动员一切阶级，使革命思想在社会中生根发芽，为获得文化领导权奠定群众基础。在十月革命的影响下，无产阶级革命运动在一些国家相继爆发，国际共产主义运动在欧洲掀起了高潮，"领导权"理论在此后的几次共产国际大会上开始扩展到国际的革命政治运动层面。

语词的旅行同时也是实践的旅行。列宁的思想脉络在之后发展

1.［英］佩里·安德森：《原霸——霸权的演变》，李岩译，当代世界出版社2020年版，第17页。

出了三条轨迹：第一条是苏联内部的"专政"概念；第二条是"文化领导权"理念，葛兰西在列宁的基础上发展"领导权"这一理论时，囿于意共无法在西欧资本主义中心地带开展政治斗争的历史局限，将领导权的斗争核心放在意识形态及文化的空间之中，从而提供了新的思路；第三条则是中共革命的脉络。当葛兰西在《狱中札记》提出"文化领导权"这一概念和思路，并成为文化批评、后殖民等西方左派的重要资源之时，在西方马克思主义者对葛兰西的讨论中，往往忽视了这一理论的列宁主义色彩。这一系列理论舶来中国之后始终热度不减，一方面替我们打开了理解全球化危机的视野，但另一方面也逐渐显示出其只有"政治正确"的局限性，原初的思想经历理论旅行从"政治反叛和革命的心声"[1]成为了流通范围极其有限的学院政治。通过恢复葛兰西思想产生的历史语境反思这一问题，可以发现葛兰西所有关于文化领导权等理论思想都内在于意大利共产主义革命的艰辛道路和国际共运的路线，并有着明确的实践目的——无产阶级最终夺取国家政权。

我们接受"后学"的流行将这一舶来的理论翻译为"霸权"，却遗忘了中国本土革命对这一列宁主义理论的具体接受史。刘康在《马克思主义与美学——中国马克思主义美学家和他们的西方同行》一书中首先将瞿秋白与葛兰西放置在同一场域进行讨论，

---

1. 刘康：《瞿秋白与葛兰西——未相会的战友》，《读书》1995 年第 10 期。

认为二者同时都对领导权和知识分子问题产生诸多思考。刘康将葛兰西和瞿秋白置于同一空间之下进行了概括性的平行对比，张历君的系列研究则提出在此基础之上有必要关注他们各自不同的理论和思想基础。张历君深化了对瞿秋白提出的领导权理论和知识分子与革命关系等问题的讨论，并且在讨论瞿秋白发展这一理论的原创性时着重指出了他对列宁主义重视现实政治斗争传统的继承。[1] 葛兰西和瞿秋白二人共同参加了 1922 年底举行的共产国际第四次代表大会，共产国际和国际共运正是考察瞿秋白和葛兰西思考"领导权"理论的共同历史场域。

瞿秋白

瞿秋白和葛兰西都强调无产阶级应当争夺"领导权"（"领袖权"），如张历君所呈现的那样，他们关于"领导权"的理论论述受到早期马克思主义理论和共产国际的影响，但是在阐述如何夺取文化领导权的问题时，两人的具体理解有所不同，这也体现出两人在将马克思主义本土化的过程中的不同思考路径。在葛兰西的阐述

---

1. 参见张历君：《现代君主与有机知识分子：葛兰西、瞿秋白与"领导权"理论的形成》，《现代中文学刊》2010 年第 1 期。

中，市民社会和政治社会属于资本主义上层建筑不可分割的两个部分，其中市民社会属于文化领导权范畴，包含生活和意识形态两个领域。葛兰西认为，资本主义社会中统治阶级利用"公民社会"的渠道，向广大群众灌输本阶级的意识形态和文化价值。因此，必须在文化领域、思想与精神领域进行领导权的争夺。葛兰西所理解的文化涵盖精英文化和民间文化，包括哲学、道德、宗教、民俗等内容，认为"它是一个人内心的组织和陶冶，一种同人们自身的个性的妥协；文化是达到一种更高的自觉境界，人们借助于它懂得自己的历史价值，懂得自己在生活中的作用，以及自己的权利和义务"[1]。他希望"有机知识分子"通过阵地战的方式引导民众自愿同意接受无产阶级革命，从而自文化领导权出发最终实现政治领导权。这实际上也体现了葛兰西的历史局限性，在领导权的获得问题上，列宁主张通过斗争的方式，但葛兰西更为强调无产阶级必须要在与其他阶级组成的"阶级联盟"中作出让步，并强调尽可能通过非暴力因素达成"同盟"，这是由意共当时所处的困难局势所决定的。相比之下，瞿秋白对"领导权"问题的讨论更接近列宁的主张。十月革命后，面对威胁新生苏维埃政权稳定的资本主义反攻和国内反革命势力干涉的双重困境，列宁提出了"文化革命"的概

---

1. ［意］安东尼奥·葛兰西著、李鹏程编：《葛兰西文选》，人民出版社 2008 年版，第 5 页。

念，这一思考也启发着面对国内革命困境的瞿秋白。当时为解决第一次国共合作时的矛盾，瞿秋白首次提出"指导权"[1]，他主张通过共产党争得在国民党内的主导地位从而实现对国民革命的领导。这也提醒着瞿秋白在创造性使用"领导权"这一理论时所关注的核心问题："国民革命的联合战线里谁应当是革命之领袖？并说明无产阶级与资产阶级互争革命之领袖权的意义。"[2]

李放春在讨论"领导权"定名时细致分析了瞿秋白使用这一理论的历史，瞿秋白一开始注重的是"领导权"所内涵的思想，而非单纯对理论的译介，这使得他在"领导权""指导权""领袖"等表述中举棋不定，常常根据具体需要混用概念，直到中共五大期间才将"hegemony"的汉语译词确定为"领导权"，此后瞿秋白写作的《论中国革命之三大问题》就开始通篇使用"领导权"而不再出现"领袖权"或其他译法。从这一理论进入中国到最终定名，瞿秋白无疑起到了关键作用。[3]"领导权"理论的译介和定名表现出瞿秋白将文化问题与革命政权建立关联的自觉性，及其沿着列宁主义的路线将中国左翼文化运动构想为革命实践的有机组成

---

1. 早在 1923 年 6 月发表的《〈新青年〉之新宣言》中瞿秋白就提出过与"领导权"思想相关的讨论，及至 1923 年《自民治主义到社会主义》一文中瞿秋白系统阐述列宁关于无产阶级领导权的思想并第一次使用"指导权"这一术语。
2. 瞿秋白：《瞿秋白文集》（政治理论编）第四卷，人民文学出版社 1985 年版，第 435 页。
3. 李放春：《瞿秋白与"领导权"的定名——Hegemony 概念的中国革命旅程（1923—1927）》，《近代史研究》2021 年第 5 期。

部分的理论诉求，[1]"社联"和"左联"的历史实践正体现出这一理论构想的生命力。

"社联"和"左联"不仅是简单的革命文化团体，它们作为兄弟团体，在相似的革命理想和策略之下形成了一种紧密的互动关系。二者经常共同举行活动，1930 年 5 月底"左联"的大会中就专门提出："和社会科学家联盟发生密切的关系，经常派人参'社联'的一切活动"。[2] 以共同合作讲课办学为例，1930 年 9 月 15日，"社联"的机关刊物《社会科学战线》登载的"联盟记事"中有："联盟利用暑期休假的时间，与左翼作家联盟共同的创办暑期学校，教育青年学生以革命的马克思主义的理论，虽因筹备匆促，反动政权的压迫摧残，经济力的不充分，不能有完备的设备，但是，革命的青年学生，仍是踊跃地加入研究，在理论与行动底合一原则之下，全体同学一致的团结在一起。"[3] "理论与行动底合一原则"正体现出"社联"和"左联"在这一阶段活动的独特性，在"白色恐怖"的围剿下，这种"骈肩作战"的关系体现出有机知识分子将理论转变为行动的积极实践，是左翼战线"文化革命"不可或缺的一部分。

---

1. 路卡:《如何激活民权文化革命的"历史使命"：瞿秋白对革命文艺大众化运动的探讨与构想》,《文艺理论与批评》2024 年第 2 期。
2. 丁景唐:《中国社会科学家联盟成立史话》, 载《中国现代文艺资料丛刊》编辑组编:《中国现代文艺资料丛刊》(第六辑) 1981 年版, 第 14 页。
3. 徐素华编著:《中国社会科学家联盟史》, 中国卓越出版公司 1990 年版, 第 106 页。

中央文委书记潘汉年

"文总"的成立，表面上是左翼文化力量的一次集中和扩展，实际上却是革命策略的一种调整和创新，直接体现了中国共产党在文化战线上夺取文化领导权的策略转变。其领导核心是中共中央宣传部成立的中央文委这一组织结构的设置，以政党为中介，联结知识分子和大众，从文艺战线逐步扩展到包括社会科学在内的多重文化领域。"文总"作为左翼文化运动的总枢纽，其文化阵地的多重性不仅体现在组织结构的多样化上，还体现在其文化活动的丰富性和广泛性上。"文总"通过组织一系列的文化活动，如文学创作比赛、学术讨论会、文艺演出等，不断扩大左翼文化的影响力。通过"左联""社联"等组织出版一系列文学杂志和学术刊物，建立起一个庞大的左翼文化传播网络。这些刊物，不仅在内容上涵盖了文学创作、文艺批评、社会科学研究等多个领域，形式上也根据呈现出多样化的特点，如杂志、丛书、学术专著等，为左翼文化的传播和发展提供了重要的媒介和渠道。"社联"和"左联"共同出版的这些书目，尽管领域不同，却都是以介绍马克思主义为宗旨，体现出左翼文化运动在不同文化阵地的配合协作。

二、大众化："社联"与"左联"的共同目标

在"左联"和"社联"的实践中，"大众化"是二者共同朝向的目标。齐晓红指出，20 世纪 30 年代的文艺大众化运动不仅涉及左翼内部文学运动，也是与国民党"民族主义文学"及"民众文学"争夺大众文化和政治领导权的产物。诸如大众 / 民众、阶级 / 民族、文言 / 白话 / 大众语等关系之间的争论，都与当时国共两党斗争背景下的独特文化政治有关。例如 1930 年 6 月 1 日，民族主义文艺者成立"前锋社"并发表《民族主义文艺运动宣言》，这便是与 1930 年 3 月 2 日成立的"左联"相对抗较量的举措。"文艺成为内自在于政党—国家内部的政治斗争的形式之一，只不过一方以民族主义为诉求，另一方以阶级为诉求，而对构成民族和阶级的'大众'或曰'民众'的不同想象则是斗争的主要内容。换句话说，对于'阶级的'大众和'民族的'大众的不同认识，是和不同政党对于共同体的不同想象联系在一起的，因此，也必然包含着以大众为基础的争夺和对抗。"[1] 左翼文艺与民族主义文艺争论的焦点在于大众的民族性与阶级性，尽管两者在理论上存在互相涵盖的方面，但这一衍生问题始终是双方对立的关键。"左联"和"社联"的"大众化"实践一开始即是在和国民政府争夺大众

---

1. 齐晓红：《20 世纪 30 年代左翼文艺及其衍生性问题——以"大众"的讨论为中心》，《中国文学批评》2020 年第 4 期。

的明确的政治诉求下展开的，而"左联"和"社联"对于"阶级"的重视则体现出这一时代的政治性，汪晖观察到"在这场文化争夺战中，最为显著的特征是拥有政治、军事和经济霸权的国民党在文化上却处于'从属地位'，其民族主义文艺政策完全是对共产党的大众文艺运动的被动回应"。他进一步指出："1930—1940年代的文化—政治斗争提出了一个至今值得思考的问题：为什么以全民或全体为诉求的政治最终失去了全民或全体，而以阶级或部分为诉求的政治却赢得了胜利？这里隐藏着政治和领导权问题的奥秘，也是理解20世纪中国历史的关键环节。"[1]

"大众化"的讨论肇始于1927年大革命失败后无产阶级革命文学倡导初期，从郭沫若到郁达夫主办的《大众文艺》，"大众化"的文学诉求逐渐明晰。1929年3月，其后成为"社联"盟员的杜国庠（署名林伯修）在《海风周报》1929年第12号上发表了《1929年急待解决的几个关于文艺的问题》一文，这篇文章详细讨论了"大众化"概念。《大众文艺》则成为讨论文艺大众化的一个重要平台，在"左联"成立前，还组织过"文艺大众化的诸问题"笔谈。

1931年初，瞿秋白被排挤出中央领导核心，转移到上海的文艺战线。1931年秋，左翼文化运动的实际领导者瞿秋白，在为中央文委起草的文件《苏维埃的文化革命》中，首次提出了"马列

---

1. 汪晖：《语词密林中的大众面影》，《现代中文学刊》2023年第5期。

主义的科学大众化"。1931 年 11 月，"左联"执委会通过决议《中国无产阶级革命文学的新任务》，在这个决议中，明确规定"文学的大众化"是建设无产阶级革命文学的"第一个重大的问题"。此决议是在瞿秋白积极参与下由冯雪峰起草的，在瞿秋白的指导和倡导下，"左联"才真正把文艺大众化的工作提到实践的地位上。

瞿秋白通过重新阐释"大众"和"领导"的阶级属性，赋予"大众"和"大众文艺"前所未有的主体地位，重新确立了无产阶级在革命中的"领导权"的正当性与合理性。瞿秋白的理论指向"文艺大众化"的一个重要问题，即知识分子和大众的关系问题。无产阶级运动一开始只能依靠抛弃自身阶级的传统知识分子，而传统知识分子则通过与无产阶级大众的结合转变为了有机知识分子。接下去需要思考的则是如何真正动员起无产阶级力量的问题，瞿秋白反复强调文艺革命运动中的领导权的斗争是无产阶级的重要任务，而"文艺大众化的问题，就成了无产阶级文艺运动的中心问题，这是争取文艺革命的领导权的具体任务"[1]。瞿秋白曾有"普洛文艺""无产阶级文学""革命的大众文艺"等不同提法，究其实质，可用"文艺大众化"来概括。让大众"开口说话"，即不经由知识分子代言，自由地表达自己，是瞿秋白"文艺大众化"思想的核心议题和最终目标。大众的根本利益能否得到"大众化"

---

1. 瞿秋白:《欧化文艺》，载《瞿秋白文集》第一卷，人民文学出版社 1953 年版，第 492 页。

的表述，则是检验作家"文艺大众化"程度和水准的核心标准，"智识分子脱离群众的态度，蔑视群众的态度""必须完全铲除"，[1]知识分子"要磨炼自己，要有非常巨大的毅力，去克服一切种种'异己的'意识以至最微细的'异己的'情感，然后才能从'异己的'阶级里完全跳出来，而在无产阶级的革命队伍里站稳自己的脚步。"因此，他号召作家们要"去观察、了解、经验那工人和贫民的生活和斗争，真正能够同着他们一块儿感觉到另外一个天地。要知道：单是有无产阶级的思想是不够的，还要会像无产阶级一样的去感觉"。[2]只有投身"大众"，经过"文艺大众化"的洗礼，才能转变旧知识分子的阶级属性，进而改变文学的性质，这是对五四时代的启蒙文学观的翻转，这也体现出"文艺大众化"理论的最大特色。

关于大众文艺的讨论涉及其外在属性（是否由国家统治机构施加）和内在含义（是否表现大众生存状况或由大众自主创造）的争议，这些讨论在大众化运动提倡过程中一直存在。"文艺大众化"的实践任务包括组织工农兵贫民通信员运动、壁报运动等，以及作品、批评和作家生活的大众化。面对左翼的大众化运动，

---

1. 瞿秋白：《我们是谁?》，载《瞿秋白文集》第二卷，人民文学出版社 1953 年版，第 875 页。
2. 瞿秋白：《普罗大众文艺的现实问题》，载《瞿秋白文集》第二卷，人民文学出版社 1953 年版，第 853 页。

国民党宣传委员会制定了《通俗文艺运动计划书》，以"通俗文艺"与左翼的"大众文艺"相对抗。左翼"大众文艺"的生命力则在这种对抗中体现得尤为明显，二者的核心区别就是是否将大众视为能动的政治主体。

在 20 世纪 30 年代的上海，"大众化"逐渐成为一个流行语，"马列主义的科学大众化"并没有"文艺大众化"的理论传播广泛，直到 1934 年"社联"才开始使用"马列主义大众化"的具体表述，但是"马列主义大众化"的诉求却在"社联"成立之初就已经走向自觉。"社联"成立后不久公布的社联纲领规定了五项主要任务，其第二项、第四项分别是："研究并介绍马克思主义理论，使它普及于一般"，"有系统地领导中国的新兴社会科学运动的发展，扩大正确的马克思主义的宣传"[1]，这两项任务实际上已经赋予了"马列主义的大众化"以具体内涵。"社联"与"左联"在其"大众化"实践中，体现了文化领导权理论的核心理念，即通过文化生产与传播占领文化阵地。

在 20 世纪 30 年代初期，"社联"作为马克思主义传播的重要组织，在中共上海党组织遭受严重破坏的情况下，"社联"盟员们通过组织讲座、编写出版普及读物、创办杂志、进行社会科学研究等方式，积极传播马克思主义理论，在"白色恐怖"时期

---

1. 徐素华编著：《中国社会科学家联盟史》，中国卓越出版公司 1990 年版，第 21 页。

争取无产阶级文化领导权。"社联"充分考虑到"马克思主义大众化"的需求，主要从理论普及的角度出发，为青年学生编写"新兴社会科学"通俗读物，进行读书指导，艾思奇所写的《大众哲学》就是当时青年学生中间的社会科学畅销书。在 1930 年 3 月，柯柏年的《怎样研究新兴社会科学》和钱谦吾（阿英）的《怎样研究新兴文学》在上海南强书局出版，作为面向青年学生的普及读物，因为反响热烈引起国民党当局注意被禁。有研究者指出，这两本书正是"社联"和"左联"共同筹划的丛书[1]，这次丛书的成功发行也使"社联"和"左联"意识到普及工作的必要性，在之后的两个月，"社联"编著了《社会科学讲座》，集合了朱镜我、杜国庠（林伯修）、王学文、柯柏年、郭沫若、冯乃超等人的著译；"左联"则编著《文艺讲座》，包括冯乃超、朱镜我、彭康、鲁迅、郭沫若、钱杏邨、阳翰笙等著译的文艺论文。同时"左联"和"社联"还在各个大学办讲座讲学，"社联"的基层组织是当时上海的交通、复旦、劳动、大夏、光华等大学的小组和闸北、小沙渡、杨树浦一带工厂中的工人读书班，主要的运作机制是授课宣传。[2] 与此同时，"文总"还积极推动左翼文化在工农群众中的普及和传播。通过组织工人俱乐部、工人夜校、农民讲习所等形

---

1. 唐弢：《晦庵书话》，生活·读书·新知三联书店 1980 年版，第 58 页。
2. 徐素华编著：《中国社会科学家联盟史》，中国卓越出版公司 1990 年版，第 74—109 页。

式,"文总"将左翼文化的触角深入到社会的各个角落,试图通过文化的力量唤醒工农大众的革命意识。这种多重结构的文化阵地,不仅使得左翼文化在 30 年代的中国社会中占据了一席之地,也为其后来的发展提供了一个重要的实验场。结合齐晓红的研究,在"大众化"的路径下理解"左联"和"社联"展开的活动,可以发现左翼的"大众文艺"运动"对大众和文艺关系重新建构的背后,是对大众作为一个阶级主体的塑造过程,换言之是对以阶级为主体的共同体的想象"。[1]

三、"中国社会性质问题论战":社会科学与左翼文学的互动

1927 年国民大革命失败后,国共分裂导致重新争论以往国民革命乃至未来中国革命性质,"中国向何处去"再次成为当时社会的核心关切,中国社会和中国革命的发展正处在重要的转折关头,要探明中国未来的发展道路,首要任务是明确当时社会的基本性质,从而重新确定革命的性质和方向。不同阶级与派别围绕此问题展开了激烈论战,这场关于中国社会性质的辩论源于各个阶级、阶层、政党及派别组织对中国社会现状及未来走向的不同理解和判断,各方派别的观点实际上蕴含着不同的政治立场与选择。

---

1. 齐晓红:《20 世纪 30 年代左翼文艺及其衍生性问题——以"大众"的讨论为中心》,《中国文学批评》2020 年第 4 期。

在这场论战中，"社联"在党内主要驳斥以陈独秀为代表的托陈取消派，他们认为中国已是资本主义社会，反对中国共产党的反帝反封建民主革命纲领。由此提出了"二次革命论"，主张无产阶级应在资本主义发展到一定阶段后再进行社会主义革命。这一观点植根于苏联共产国际内部斯大林和托洛茨基的分歧，核心问题在于是否认识到在资本主义发展的薄弱环节无法按照经典马克思主义理论，在资本主义充分发展的基础上再进行社会主义革命。

在党外，"社联"主要应对三种类型的论敌：一是以陶希圣为代表的"新生命"派，认为中国是"商业资本主义社会"，否认半殖民地半封建性质；二是以汪精卫为代表的国民党改组派，否认封建地主阶级的存在，主张对帝国主义区别对待；三是以胡适为代表的资产阶级改良派，认为主要敌人是"五鬼（即贫穷、疾病、愚昧、贪污和扰乱）闹中华"，而非帝国主义和封建主义，主张通过改良而非革命解决问题。[1]

"社联"成立之初的行动纲领明确指出："以马克思主义的观点，分析中国及国际经济政治，促进中国革命；严厉地驳斥一切非马克思主义的思想——如社会民主主义、托洛茨基主义及机会主义。"为应对这些错误观点，"社联"主要成员全力投入这场中国社会性质论战之中。

---

1. 徐素华编著：《中国社会科学家联盟史》，中国卓越出版公司 1990 年版，第 119—127 页。

以"社联"盟员为主的"新思潮"派首先驳斥党内"托陈取消派"认为中国已属资本主义社会的论点，1929 年 11 月，中央文委在上海创办《新思潮》杂志作为"社联"论战的主要阵地。之后在 1930 年 4 月，针对中国社会和经济的性质进行了集中探讨，推出了"中国经济研究"专号，集中批判了"托陈取消派"的主张，认为这一将革命推后的观点实际上

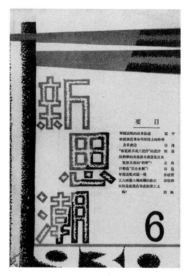

《新思潮》杂志是社联组织
开展论战的重要阵地

取消了当前革命的合法性，明确阐述了中国社会的半殖民地半封建性质。紧随其后，在 1930 年 7 月，托派的代表人物严灵峰和任曙在上海创办了《动力》杂志，刊登了多篇论文，并撰写书籍，加入到论战之中，"动力派"观点一经公开，"社联"盟员立即组织反击，先后在《新思潮》《读书杂志》《中国经济》等刊物上发表了十余篇文章，反驳"动力派"的立场。同时，以王学文为代表的盟员在"社联"发展的大学基层组织中，组织进步教师和青年学生，通过办讲座、学术讨论会、墙报等方式，积极开展反对"托派"理论的斗争。在党外，国民党组织下的"新生命派"和"改组派"也发起了对中共社会性质判断的攻击，以陶希

圣为主的"新生命派"否认中国社会的封建性、殖民地性，提出"商业资本主义"社会的观点。以汪精卫为代表的"改组派"也在此基础上撰文反对，将矛头指向中国共产党确立的民主革命纲领。[1] 这两派观点主要否定中国社会的半殖民地性质，为帝国主义的侵略做辩护，旨在否定马克思主义指导中国革命的科学性和展开反帝反封建革命的合法性。1931 年至 1933 年，王礼锡主编的《读书杂志》刊出了"中国社会史论战专号"，探讨了中国是否经历过奴隶社会、封建社会的起讫时间与特征、以及是否存在亚细亚生产方式等问题。争论的实质在于中国历史发展阶段是否符合马克思总结的人类历史发展基本规律，及马克思主义是否适用于中国。这次论战也使得中共关于中国社会性质的表述更加清晰，论战后何干之撰写《中国经济读本》《中国社会性质问题论战》以及《中国社会史论战》等系列论著，其中中国社会性质半殖民地半封建的观点比中共二大以来的表述更加清晰和明确，这一论战的成果后来也被毛泽东的新民主主义革命理论所吸收。

这一场"社会性质大讨论"使得"社联"成员扩大了马克思主义唯物史观的影响，并在此基础上写出诸多重要的社会科学研究论文，同时左翼文艺作为参与其中的重要力量也达到了其兴

---

1. 徐素华编著：《中国社会科学家联盟史》，中国卓越出版公司 1990 年版，第 120—128 页。

盛期，无产阶级文艺的方向逐渐确立。茅盾的《子夜》就是这一大讨论中产生出来的左翼文学高峰，茅盾在 1939 年 5 月所写的《〈子夜〉是怎样写成的》一文中，指出是中国社会性质大讨论促成了他的写作："这样一部小说，当然提出了许多问题，但我所要回答的，只是一个问题，即是回答了托派——中国并没有走向资本主义发展的道路，中国在帝国主义的压迫下，是更加殖民地化了。中国民族资产阶级中虽有些如法兰西资产阶级性格的人，但是因为一九三〇年半殖民地的中国不同于十八世纪的法国，因此中国资产阶级的前途是非常暗淡的，在这样的基础上产生了中国民族资产阶级的动摇性。当时，他们的'出路'是两条：（一）投降帝国主义，走向买办化；（二）与封建势力妥协。他们终于走了这两条路。"[1] 联系上文对"中国社会性质大讨论"的论述，得以理解茅盾在《子夜》中之所以能够对当时的社会进行全景式的分析和把握的背景，进一步可以定位茅盾所开创的"社会剖析派"的创作密码在于将马克思主义历史唯物主义关于社会经济的科学分析作为创作的理论基础，在此基础上洗刷五四时期"写实主义"中的"自然主义"色彩，确立新的现实主义原则。

朱自清认为："近几年我们的长篇小说渐渐多起来了，但真

---

1. 茅盾：《〈子夜〉是怎样写成的》，载孙中田、查国华著：《茅盾研究资料（中）》，中国社会科学出版社 1983 年版，第 27 页。

能表现时代的只有茅盾的《蚀》和《子夜》。"[1] 瞿秋白则把《子夜》视为"中国第一部写实主义的成功的长篇小说"。[2] 吴晓东指出应重视《子夜》所体现出的左翼文学对宏大叙事的关注及其总体性把握社会全景的能力，"茅盾的《子夜》在 1933 年的问世，标志着左翼阵营终于迎来了能够代表左翼文学创作实绩的具有史诗性的大作品……《子夜》的出现，也标志着 1930 年代中国左翼革命文学的第一个高峰，'左联'时期不仅贡献了一系列堪称经典的文学作品，标志着 1930 年代文学史重要的实绩，而且在五四启蒙主义和文学革命的基础上奠定了新的文学传统，进而深远地影响了 20 世纪中国文学乃至中国革命……应该充分重视以茅盾为代表的左翼作家所创造的这些文学范式，在以后的文学史上逐渐发展为革命现实主义与革命浪漫主义相结合的创作模式，对 20 世纪中国文学的总体影响在某种意义上超过了被称为旗帜的鲁迅传统。可以说，左翼奠定了中国现代文学直至 1949 年以后共和国文学的一些基本观念，尤其是在长篇小说中，更表现为一种《子夜》模式，规定了此后的长篇小说观念"。[3]《子夜》作为左翼文学的顶峰之作，在思想和创作方法上开辟了将无产阶级文学与社会革命结合，并赋予其科学深度的新路径。这部作品对其他左翼文学产生了深远

---

1. 朱自清：《〈子夜〉》，《文学季刊》1934 年第 1 卷第 2 期。
2. 瞿秋白：《〈子夜〉与国货年》，《申报·自由谈》1933 年 3 月 12 日。
3. 吴晓东：《左翼革命文学传统及其在当代的回响》，《文艺争鸣》2023 年第 7 期。

影响，最终融入延安文学的大潮，成为社会主义现实主义文学的基石。[1]

"中国社会性质"论战中"社联"成员的实践集中体现出"社联"从马克思主义的立场出发，科学分析中国社会的具体问题的过程。"社联"的研究工作，为后来中国革命的理论建构提供了重要的素材和理论依据。通过深入分析中国社会的阶级构成、经济状况和政治结构，为中国共产党的革命策略提供了理论支持和实践指导。"社联"和"左联"的活动不仅为中国革命培养了大批马克思主义理论家和实践者，也为后来的延安文艺运动和解放区的文化建设奠定了基础。此外，在 20 世纪 30 年代一大批激进的知识分子通过"社联""左联"等组织及其他左翼运动来参与革命、投身革命，中国共产党也由此展开了更为广泛的群众动员，为后期解放区的工作做了人员储备和实践经验上的双重准备。这种理论与实践的紧密结合，还在一定程度上推动了马克思主义在中国的本土化发展。马克思主义并非是一成不变的真理，在具体面对现实情势的实践过程中针对中国社会实际的发展和创造，并在这个过程中实现理论和行动的统一才使得这一理论真正具有生命力。

在重新探察"社联"的历史时，可以发现当时"社联"与

---

1. 董诗顶:《"社会剖析派"新论》，华东师范大学 2013 年博士学位论文。

"左联"在诸多活动中的互相配合，体现出 20 世纪 30 年代左翼文化力量的进一步整合与壮大。"左联""社联""剧联""美联""教联""电协"等多个革命文化团体统一于"文总"的领导下，由此实现文学、艺术、社会科学等不同领域的革命力量的集结，这些活动在"白色恐怖"时期与国民党争夺对大众的文化和政治上的领导权的目标下产生互动，从而形成了一个前所未有的左翼文化大联盟。1930 年 6 月 15 日，时任"社联"第一任党团书记的朱镜我写道："从左翼作家联盟和中国社会科学家联盟相继成立以来，中国革命的马克思主义者，已经联合分散的力量，集中在统一的战略之下，开始计划的活动，而意识地使文化运动配合到整个的革命策略之下，号召广大的革命分子，参加实际的革命斗争，驳斥一切的反革命的思想，而确立革命的马克思主义在文化领域上的领导权……全中国的革命分子，不敢落后的智识阶级，应该站在革命的马克思主义的旗帜之下，为中国革命，为中国新文化之创造而参加斗争，参加左翼作家联盟或社会科学家联盟而尽其一分子的任务！"[1] 这正是将"社联"和"左联"同时放置在研究视点中的意义所在，从互相影响的角度考察 30 年代中国左翼文化运动的多重结构及其争夺文化领导权的斗争，从而得以在叠加的时空中审视"中国经验"。

---

1. 朱镜我：《中国目前思想界底解剖》，《世界文化》1930 年 9 月 10 日。

"社联"和"左联"作为在中国共产党领导下的社团联盟，一方面是在共产党的战略目标和有机知识分子革命的目标下所构成的共同体，又由于当时国民党"白色恐怖"的围剿未能形成高度严密的政治组织。有研究者指出，这也正是左翼文化运动阶段区别于五四新文化运动和之后的延安文艺的重要方面，以革命的政治运动为目标但却未完全处于政党结构的组织下，现实的动荡与革命的理论共同构成了他们理解中国社会的基本框架，而他们对现实矛盾的认知方式也形成了中国革命的理论形态。[1] 革命将各自具有独特精神烙印的左翼知识分子整合在一起，使得他们从先前内部的矛盾和分歧到在共存的状态中实现"骈肩作战"。在这样的多重结构中，左翼群体创造了自己的革命话语和实践方式，20 世纪中国革命的独特文化路径与政治结构也蕴含在其中。

---

1. 张欢：《20 世纪革命框架下解读左翼文化—政治结构及其理论家——以冯雪峰为线索》，《文艺争鸣》2015 年第 3 期。

新兴社会科学运动与中国哲学社会科学自主知识体系的早期探索

王　昆*

在中国知识界，哲学社会科学理论和马克思主义学说在清末民初"西学东渐"过程中的传入几乎是在前后相继的时期。五四运动后，以马克思主义为指导的中国哲学社会科学逐步萌发。"我国的以马克思主义为指导的社会科学是在五四运动时期适应共产主义运动的需要产生的"。[1] 与此同时，在内外挤压的艰困条件下，在各种主义与思潮的激烈碰撞中，以马克思主义为指导、坚持唯物史观研究方法的中国哲学社会科学自主知识体系早期探索的学术进程陆续展开。

中国共产党领导下的学术团体在中国哲学社会科学的知识生

* 本文作者：王昆，上海交通大学马克思主义学院副教授。本文是国家社科基金项目"马克思主义政治话语体系在中国的形成与发展研究"（项目编号：21CKS008）的阶段性研究成果。

1. 黎澍：《中国社会科学三十年》，中国社会科学院《未定稿》第 41 期，1979 年 10 月 7 日，第 1—2 页。

产和自主发展过程中发挥了重要作用。20世纪20年代至30年代，以中国社会科学家联盟为主要代表的左翼学术团体，通过开展以马克思主义为指导的"新兴社会科学运动"，将唯物史观运用至哲学社会科学研究领域，对中国哲学社会科学自主知识体系进行了初步探索，并形成了一系列有价值的学术成果。这些成果不仅构成了中国共产党革命理论的话语基础，更为中华人民共和国成立后中国哲学社会科学的全面变革提供了知识来源和理论基础。

一、中国共产党对哲学社会科学的宣传与领导

在哲学社会科学引入近代中国的早期阶段，中国共产党即在传播、运用与构建中国自主的哲学社会科学理论方面发挥了重要作用。在中国共产党尚未正式成立以前，陈独秀便在《新文化运动是什么》一文中提出，"科学有广狭二义：狭义的是指自然科学而言，广义的是指社会科学而言。社会科学是拿研究自然科学的方法，用在一切社会人事的学问上"，"凡用自然科学方法来研究、说明的都算是科学；这乃是科学最大的效用"。

虽然哲学社会科学也属于"科学"，但是陈独秀却认为当时的中国人对于哲学社会科学过于轻视：

> 我们中国人向来不认识自然科学以外的学问，也有科学的威权；向来不认识自然科学以外的学问，也要受科学的洗

礼；向来不认识中国底学问有应受科学洗礼的必要。我们要改去从前的错误，不但应该提倡自然科学，并且研究、说明一切学问（国故也包括在内），都应该严守科学的方法，才免得昏天黑地、乌烟瘴气的妄想、胡说。[1]

中国共产党成立之初，在 1923 年中共三届一中全会通过的《教育宣传问题决议案》中，中共中央便要求加强对于哲学社会科学常识的宣传和介绍，[2] 并在此后组织编印《社会科学讲义》（见下表）。在这一过程中，瞿秋白、张太雷、施存统等共产党人作出了巨大的贡献。[3]

《社会科学讲义》的主要内容 [4]

讲义名	作者	讲义名	作者
《社会哲学概论》	瞿秋白	《青年问题》	杨贤江
《现代社会学》	瞿秋白	《殖民政策》	李春涛
《社会思想史》	施存统	《劳动问题演讲大纲》	施存统

---

1. 陈独秀：《新文化运动是什么》，《新青年》第 7 卷第 5 期，1920 年 4 月 1 日，第 1 页。
2. 《教育宣传问题决议案》（1923 年 11 月），《中共中央文件选集》第 1 册，中共中央党校出版社 1987 年版，第 205 页。
3. 在目前笔者所搜集的文献中，瞿秋白于 1924 年所编写的《社会科学概论》一书是中国人撰写的第一本社会科学专著。当然，随着新文献的不断涌现，这一结论可能也有需要修正的空间。
4. 资料来源：《20 世纪 20 年代的上海大学》下册，上海大学出版社 2014 年版，第 1179—1198 页。

续表

讲义名	作者	讲义名	作者
《唯物史观》	董亦湘	《社会科学概论》	瞿秋白
《外交问题》	萧楚女	《民族问题演讲大纲》	董亦湘
《科学方法论》	韩觉民	《现代民族问题讲案》	瞿秋白
《社会进化史》	蔡和森		

邓中夏则认为，自然科学与哲学社会科学的进步让哲学披上了"科学的花衣"：

> 自从各种自然科学和社会科学发达后，哲学的地位，已经被这些科学取而代之了。哲学的所谓本体论部分——形而上学、玄学鬼群众藏身之所——已被科学直接的或间接的打得烟消灰散了。现今所残留而颇能立足的方法论部分，都是披上了科学的花衣，或是受过了科学的洗礼。[1]

恽代英在强调哲学社会科学研究重要性的同时，更进一步指出"科学的方法"的指导意义：

> 同时我要声明，我所谓社会科学，是主张用科学的方法，

---

1. 邓中夏：《思想界的联合战线问题》，《中国青年》第 1 卷第 15 期，1924 年 1 月 26 日，第 7 页。

去研究社会现象的，有人以为我看轻了"科学"，这是因为他
们只知道自然科学是"科学"的原故。我究竟反对不用科学
的方法来研究各种社会问题。[1]

中共一大代表刘仁静在为马克思主义辩护的文章中，也将
"科学"作为立论的基本依据。换而言之，刘仁静是用自然科学的
评判标准来考察哲学社会科学理论的合理性：

至于我们尊敬马克斯，我们也不过如自然科学家等敬牛
顿、达尔文一样。因为他们都是根据着科学的方法在各科学
的领域中发见了很重要的法则，裨益人类的……现在反对马
克斯主义的人，都还是十九世纪反对赫胥黎的牧师，十六世
纪反对加利略的愚昧的民众罢了。[2]

值得注意的是，施存统在 1924 年便明确提出，马克思主义理
论对于哲学社会科学研究具有极为重要的作用：

所以我们最初研究社会科学，必须先研究一种最合理的
最能圆满解释社会现象的社会科学理论，然后才宜进而研究

1. 恽代英：《学术救国》，《中国青年》第 2 卷第 28 期，1924 年 4 月 26 日，第 11 页。
2. 剑：《答六几和东苏》，《先驱》第 6 期，1922 年 4 月 15 日，第 4 页。

各派社会科学理论及各种具体事实。……但我们要问，什么是最合理的社会科学的理论呢？我以为莫如马克思派的社会科学，因为只有它最能圆满解释各种社会现象。所以研究马克思学说，是研究社会科学的朋友第一个需要。[1]

毛泽东则在 1930 年 5 月撰写的《反对本本主义》(原篇名为《调查工作》) 一文中特别强调：

本本主义的社会科学研究法也同样是最危险的，甚至可能走上反革命的道路，中国有许多专门从书本上讨生活的从事社会科学研究的共产党员，不是一批一批地成了反革命吗？就是明显的证据。[2]

而在第一次国共合作失败后，国民党提出了构建"三民主义社会科学"。1929 年 3 月，在国民党三大上，由中央训练部提交的《建立三民主义的社会科学案》议案经大会表决通过。该议案认为，国民党需要根据三民主义的原理，建立"新的社会科学"。在

---

1. 存统：《略谈研究社会科学——也是一个书目录》，《中国青年》第 26 期，1924 年 4 月 12 日，第 6 页。
2. 毛泽东：《反对本本主义》(1930 年 5 月)，中共中央文献研究室、中央档案馆编：《建党以来重要文献选编(1921—1949)》第 7 册，中央文献出版社 2011 年版，第 237 页。

1931 年 11 月召开的国民党四大上，国民党中央又通过了《三民主义文化建设案》，该案再次明确提出需要建立"三民主义的社会科学"，并认为应该研究"三民主义的社会学、经济学、政治学、法律学、论理学、伦理学之研究，及对于各种社会科学理论之批评"。[1]"三民主义社会科学"的产生，其实质是在当时的历史背景下，国民党试图通过推广三民主义来统一思想，并在学术领域内灌输其政治理念，试图阻碍当时马克思主义社会科学理论在中国的传播、建立与运用。

此时，中国共产党也在对中国哲学社会科学的话语体系进行重构，"马克思主义社会科学"在此过程中呼之欲出：

> 争求研究思想学术的自由，反对愚民政策的党化教育，并且要尽可能的指出三民主义的反动理论根据……研究社会科学理论，特别是曾经领导俄国革命胜利的马克思列宁主义。[2]

客观而言，无论是"三民主义社会科学"还是"马克思主义社会科学"，其背后都是哲学社会科学理论本土化和中国化的重要

1.《王献芳等提三民主义文化建设案》（1931 年 11 月 18 日），中国国民党文化传播委员会党史馆藏，档案号：会 4.1/5.36。
2.《中央通告第四十三号——为全国学生总会开会事》（1929 年 8 月 6 日），《中共中央文件选集》第 5 册，中共中央党校出版社 1987 年版，第 401 页。

体现。不可否认的是，相较于中国知识界的呼吁和推动，在当时政治斗争和国家建设的需要才是促使哲学社会科学理论本土化和中国化这一进程加速推进的关键所在。所不同的是，"三民主义社会科学"的产生实际阻碍了中国哲学社会科学自主知识体系的萌发，但是马克思主义社会科学的出场却为其萌发提供了科学的理论和话语基础，并随着"新社会科学"的提出和"新兴社会科学运动"的兴起，而最终推动了中国哲学社会科学自主知识体系的早期探索。

二、中国社会科学家联盟的成立与运行

中国共产党在推动中国哲学社会科学自主知识体系早期探索的过程中发挥了极其明显的领导作用，特别是通过"社联"对"新兴社会科学运动"产生直接影响。虽然"社联"与"左联"一样，都是接受中国共产党直接领导的左翼文化运动的骨干力量，但是和"左联"相比，目前学界对于"社联"的研究却相当缺乏。

1929 年秋，中共中央宣传部成立"文委"，以领导"新兴社会科学运动"的开展。1930 年 5 月 20 日，在潘汉年、李一氓、熊得山等中共党员的直接帮助下，"社联"在上海正式成立，并由邓初民担任主席。与此同时，中国共产党在"社联"内部设置党团组织，由中央"文委"直接领导，与地方党组织不发生直接联

系。[1] "社联"的成立纲领中明确指出：

> 马克思主义已经证明是贯通社会科学与自然科学思想的唯一正确的基础。……在这样的形势之下，革命的马克思主义者，就决不能不有一种团结来光大和发挥革命的理论，以应用于实际，所以我们发起"中国社会科学家联盟"，我们的主要任务是：
>
> 一、以马克思主义的观点，分析中国及国际的政治经济，促进中国革命。
>
> 二、研究并介绍马克思主义理论，使它普及于一般。
>
> 三、严厉的驳斥一切非马克思主义的思想——如民族改良主义，自由主义——及假马克思主义的理论——如社会民主主义，托洛茨基主义及机会主义。
>
> 四、有系统地领导中国的新兴社会科学运动的发展，扩大正确的马克思主义的宣传。
>
> 五、革命的马克思主义者，决不是限于理论的研究，无疑地应该努力参加中国无产阶级解放运动的实际斗争，在目前要积极争取言论，出版，思想，集会等等的自由，我们相信只有这样，正确的马克思主义社会科学运动，方能

---

1. 徐素华编著：《中国社会科学家联盟史》，中国卓越出版公司 1990 年版，第 29—31 页。

《中国社会科学家联盟纲领》

扩大与深入。

　　我们很诚挚的希望中国一切真正的马克思主义者，为无产阶级解放运动努力的人们，和我们一起，在革命的马克思主义的旗帜下，团结起来，来光大和发挥这个伟大的革命的理论，来促进中国工农革命的胜利。1

1.《中国社会科学家联盟纲领》，《新思想月刊》第 7 期，新思想社、创造社，1930 年
　7 月 1 日，第 4—6 页。

通过分析"社联"成立纲领的内容可以发现，领导"新兴社会科学运动"的开展、积极传播马克思主义，并在马克思主义理论的指导下，研究、宣传马克思主义社会科学，是"社联"重要的工作内容。除此而外，"社联"的工作开展并不局限于马克思主义的宣传本身，还特别重视对于各类非马克思主义思想的批判，并在此基础上强调理论研究与实际的革命斗争运动相联系。这些工作内容的系统开展和全面推进，为推进马克思主义哲学社会科学提供了坚实的组织保障。

1930 年 6 月 22 日，"社联"举办了第一次大会以庆祝全国苏维埃区域代表大会的成功召开。秘书处在所作的工作报告中认为：

> 从文化运动的立场上看来，"社联"所负担的任务不应接受 Academic 倾向的拘束，更要克服文化主义的倾向，成为真正斗争的文化机关。所以特别要注意和各革命团体的关系，就是和"上海反帝大同盟""革命互济会""自由大同盟""左翼作家联盟"发生很好的工作及组织的连系，使中国文化运动有平衡及普遍的发展。[1]

"社联"成立后，一方面积极宣传马克思主义理论，推出一系

1.《中国社会科学家联盟的现状》,《世界文化》创刊号，1930 年 9 月 10 日，第 14 页。

列有关"新社会科学"的理论著述，为青年学生编写"新社会科学"通俗读物，并创办《社会科学战线》这一刊物；另一方面又努力拓展与扩大组织的影响，在中国广州、北京，日本东京等地陆续成立"社联"的分盟组织，还发起成立了以进步青年为主要成员的中国社会科学研究会（后于 1933 年并入"社联"），并在此基础上加强与中共党组织的直接联系，开展工农教育工作。《社会科学战线》在创刊号中再次重申：

> 综合起来，中国社会科学家主要的任务，一方面坚决地与各种非马克思主义的理论斗争，揭破它反科学性，阐明革命马克思主义的本质，他方面不客气地与各种假马克思主义的机会主义倾向斗争，指出它妥协的，反动的本质，激底剔除它的影响。[1]

1932 年初，"中国社会科学家联盟北平分盟"（简称"北平分盟"）正式成立。值得注意的是，"北平分盟"不仅在其成立纲领中明确指出接受中国共产党的领导，而且还强调分盟要吸收工农进步分子，并在组织大纲中特设"纪律"一节，以加强对于盟员的约束和管理。笔者在此摘录部分重要条款：

1.《中国社会科学家的使命》,《社会科学战线》第 1 期, 1930 年 9 月 15 日, 第 11—12 页。

中国社会科学家联盟北平分盟斗争纲领

一、在中国共产党领导下，学习并推荐马克斯列宁主义，参加革命——尤其是在理论上的斗争。

……

三、实际地参加反帝国主义的国民党的民权运动，扩大中国苏维埃运动，拥护无产阶级的祖国苏联。

四、加紧社会科学大众化运动，深入工厂农村兵营，使马克斯列宁主义深入一般大众。

五、努力无产阶级的教育工作，提升为劳苦大众斗争的文化水平。

……

七、吸收工农进步分子，巩固本盟阶级基础。

中国社会科学家联盟北平分盟组织大纲

……

第六章　纪律

第三十三条　盟员须坚决遵守本分盟斗争纲领及组织大纲，执行决议，保守秘密，盟内各问题得自由讨论，但一经决议，即须一致进行。

……

第四十四条　盟员有消极怠工或破坏纪律者，先用说服方法，次予警告，再次开出盟籍。[1]

与"社联"的成立纲领相比，"北平分盟"更加重视组织的宣传、发展、建设与管理工作，在事实上成为了中国共产党在北京的外围组织，并协助其开展地下工作。也正是因为这样的原因，"北平分盟"前后多次被国民党特务所渗透，并在 1933 年冬天与中共党组织失去了正常的联系，随后便自行解体消失了。[2]

在此之后，"社联"则由于"左"倾路线的影响，过于暴露了自己的组织行动，吸收了大量理论水平不高的学生加入其中，并组织工人、农民参加示威游行或集会活动，"照这样发展的结果，社联最后变得简直有点像'第二个党'"[3]。同时，实际上从"社联"成立的第一天起，国民党便时刻关注着"社联"的发展，且不断通过特务组织进行信息搜集与人员渗透，并编制《特种调查报告》（共 8 卷）以帮助国民党中央进行分析与决策。"社联"组织

1.《特种调查报告第八号（下）》（1932 年 5 月 28 日），中国国民党文化传播委员会党史馆，档案号：大党 057/010。

2. 李文正：《回忆我在北平社联的日子》，上海市哲学社会科学学会联合会编：《中国社会科学家联盟成立五十五周年纪念专辑》，上海社会科学院出版社 1986 年版，第 153—161 页。

3. 史存直：《回忆三十年代的中国社联》，上海市哲学社会科学学会联合会编：《中国社会科学家联盟成立五十五周年纪念专辑》，上海社会科学院出版社 1986 年版，第 116—117 页。

的迅速发展，也使得国民党充分意识到进一步掌控哲学社会科学话语权的重要性，并因此加强了对于哲学社会科学发展的限制和管控，再一次阻碍了中国哲学社会科学进一步完善和发展的学术进程。

除此而外，在"社联"成立以前，一些国民党籍的社会科学家如杨幼炯、章渊若等，已经于 1927 年在上海创办了中国社会科学会。[1]与"社联"大量吸收左翼知识分子所不同，中国社会科学会在成立初期并没有明显的意识形态倾向。但由于中国社会科学会的发起成员大多为国民党内的知识分子，因而该组织曾长期接受南京国民政府的经费补助。特别是在"社联"成立后，中国社会科学会的活动也愈加频繁，并与之针锋相对、牵制掣肘。[2]

三、"新社会科学"概念的产生与新兴社会科学的兴起

"新社会科学"的提出，是中国哲学社会科学自主知识体系早期探索过程中的关键性、标识性概念。阎书钦曾指出，"20 世纪20 年代中期，被时人称作'新兴社会科学'或'新社会科学'的

1.《中国社会科学会近讯》，《河南教育周刊》第 12 期，1930 年 12 月 6 日，第 34—
　35 页。
2.《各社会科学团体成立及补助》(1930—1945 年)，"国史馆"藏，档案号: 019000
　001214A。

马克思主义社会科学日渐兴盛，至 30 年代臻于壮大，形成一个对中国社会影响巨大的马克思主义社会科学流派"[1]。

根据笔者目前所搜集到的文献，陈启修（即"陈豹隐"）在 1924 年 3 月任教于北京大学时，较早使用了"新社会科学"的提法：

> 新俄的社会科学教育政策，为俄政府主要政策之一，他们几可谓倾全力以赴之。他们的中学、劳动学校、普通大学，是拿新社会科学作主要科目的。他们全国的出版物中，这新社会科学的书，占了一半以上。他们对于智识阶级的待遇，除技术家外，以对于新社会科学者为优良。他们的新社会科学，是无产阶级执政的国家中的社会科学，他们认为是真的社会科学。他们主张从来的、旧的社会科学，是覆育于资产阶级（或权力阶级）之下，为资产阶级利益而说法的。所以无论如何，不能有合理的澈底的结论。他们认定旧社会科学的学理，是不合理的，是不澈底的，是虚论的。……所以他们主张要推翻旧社会科学，要以过去及现在的史实为基础，不要凭空想象。要如在自然科学上一样，力求理论的精密，不要藏头盖尾闪烁迷离。要把事实的判断放在第一

1. 阎书钦：《"新兴社会科学"的兴起与马克思主义社会科学话语体系的构建》，《中共党史研究》2015 年第 4 期。

位，价值的判断放在第二位。他们研究的期间，还只有四五年，所以不敢说已经有空前的名著。……若再假以岁月，我想新社会科学的势力，必定要风靡全世界的。说到这里，我想要求在（北大）经济、政治、法律、史学、哲学之书籍预算费中，提出五百元至一千元之款，请求充作购买俄文社会科学书之用。此种智识之输入，或且为北大之光辉，中国学界之异彩。俄国赤色教授会（即新社会科学教授团体）望蔡先生来此，以便沟通中俄学术界之交际，增加两国民间之好感。……因为俄国为所谓新社会科学之发源地，而将来世界之经济与政治，必为资产阶级执政国家及被压迫国家之对垒。[1]

从以上论述中可以发现，陈启修对于"新社会科学"的界定是相较于"旧社会科学"而存在的。"旧社会科学"是指资产阶级的哲学社会科学，"新社会科学"则是无产阶级的哲学社会科学。进一步而言，虽然陈启修也强调"新社会科学"在方法论层面的差异，但就其实质而言，新、旧哲学社会科学的根本区别在于国家政权性质的不同。值得注意的是，陈启修实际上并没有明

---

1. 启修：《俄国的社会科学》，《中国青年》第 1 卷第 22 期，1924 年 3 月 16 日，第 1—3 页；又见陈启修：《致北京大学同人书》，《东方杂志》第 21 卷第 7 期，1924 年 4 月 10 日，第 148—153 页。

确指出马克思主义理论与唯物史观在"新社会科学"研究中的作用和地位。因此，陈启修所提出的"新社会科学"，相较于"新兴社会科学运动"中所提倡的"新社会科学"，仍然显得较为粗浅与模糊。

但是，"新社会科学"的概念在同一时期的文献中有时也会有另外一种涵义，即"新社会科学"是指新的哲学社会科学门类，例如心理学、教育学等。例如，《东方杂志》曾刊文称：

> 五十年来，没有一种科学，无论是有机或无机的，不受重大的变化，而且有许多新社会科学增加出来，他们的名字在十九世纪中叶以前的历史学家亦都不知道。[1]

在黄凌霜所写的《西洋知识发展史纲要》一书中也设有"新兴社会科学"一节，该书介绍的"新兴社会科学"指的是西方20世纪以来在自然科学影响下形成的脱离了"幼稚"的哲学社会科学，即"科学"的哲学社会科学（其内涵接近于"实证主义的哲学社会科学"）。[2]

由中华社会科学学社主办、创刊于1934年2月的《新社会科

1. ［美］Franklin Fearing：《历史人物之心理学的研究》，觉明译，《东方杂志》第25卷第24期，1928年12月25日，第63页。
2. 黄凌霜：《西洋知识发展史纲要》，华通书局1932年9月版，第550—551页。

学》季刊，对于唯物史观同样没有任何具体的介绍，该刊所提倡的"新社会科学"的内涵主要体现在哲学社会科学各学科之间的互动与融合，譬如历史社会学、政治社会学等。

由此可知，上述这些"新社会科学"与马克思主义理论和唯物史观并没有直接联系，在研究方法上仍属于陈启修所说的"旧社会科学"。

1930 年 3 月，中共党员、稍后成为"社联"骨干盟员的翻译家柯柏年在《怎样研究新兴社会科学》一书中完整、详细地论述了"新（兴）社会科学"这一概念：

> 在现在的资本主义世界中，社会科学可以分为两大敌对的阵势，一是布尔乔亚汜（即"Bourgeois"、资产阶级，引者注）的社会科学，一是普罗列塔利亚特（即"Proletariat"、无产阶级，引者注）的社会科学（我们简称之为新兴社会科学）。我们所应该研究的，是哪一种的社会科学呢？这个问题，换另一种说法，就是：哪一种社会科学所采用的方法是"唯物辩证法"呢？布尔乔亚汜的社会科学，其主要的任务，是要尽力建立和维护资本主义制度底理论上的基础，使布尔乔亚汜能够永远地统治社会。至于普罗列塔利亚特的社会科学，其主要的任务是推翻资本主义制度底理论上的基础，指

明出资本制度之必然倾覆。因为他们所负的任务根本不同，故它们所采用的方法自然就差异了。布尔乔亚氾的社会科学，他不能采用唯物辩证法，因为若用唯物辩证法来考察社会生活，就要否定资本主义制度之永远性了。它定然要用种种的方法，来主张资本主义制度之永远性。然而，资本制度只是人类社

《怎样研究新兴社会科学》，
南强书局 1930 年版

会进化之一个阶段。……但愿意这样观察社会生活的，只有新兴阶级——普罗列塔利亚特；能够以这种唯物辩证法去研究社会现象的，也只有新兴社会科学。因为只有新兴社会科学研究采用正确的方法去研究社会现象，故我们所应该研究的，是新兴社会科学。[1]

在上述引文中，柯柏年将"无产阶级"与"唯物辩证法"作为"新兴社会科学"的本质特征，其中"唯物辩证法"又是"新

---

1. 柯柏年：《怎样研究新兴社会科学》，南强书局 1930 年 3 月版，第 23—25 页。

柯柏年

兴社会科学"最为根本的研究方法。柯柏年在批判旧哲学社会科学采用形式逻辑研究法的同时，又详细论述了唯物辩证法的五个基本准则，即"辩证法之研究一切现象，都是从各种现象之变动的方面去研究的""辩证法之研究一切现象，都是从诸现象之相互的联系去研究它们""辩证法以为一切对立的事物，是结合于绝对的统一""辩证法以为一切事物包含内在的矛盾性""辩证法以为一切事物之变化是从量的变化进而为质的变化"。

值得注意的是，柯柏年并没有否认新、旧哲学社会科学具有的共同追求——"社会科学之任务，是要在社会现象中发现社会的因果律"。换而言之，从"科学"的角度而言，新、旧社会科学的根本目的是一致的。然而从"社会"的角度来看，新、旧社会科学的最终归宿又是截然相反的。

左翼经济学家曹鸿儒同样将唯物辩证法看作是"新社会科学"的根本研究方法，他将唯物辩证法的法则简化"对立统一法则""否定之否定法则"与"质量互变法则"，并同时强调：

盖科学的目的，在探寻事物之因果关系，而这因果关系，非在这唯物辩证法之下研究不可；即非在其流动过程中，相互关联上，全体的，具象的，以行研究不可。因不如是，则不能得到该事物之本质，所以由于最近学术之进步，求研究之有正确的结果，自不能不用此方法。[1]

与柯柏年相比，曹鸿儒更多强调的是"新社会科学"在研究方法层面的进步，而对于新、旧哲学社会科学背后所体现的意识形态差异，却并没有过多的论述。

1932 年 8 月，《新兴社会科学研究大纲》一书问世，该书认为"科学是一种意识形态，意识形态是上层建筑中精神的产物。自然科学与社会科学只是由于研究对象不同来区别"，"社会科学研究的对象是人类社会的成立及发展"。该书进一步指出，哲学社会科学不仅具有阶级性，而且无产阶级的哲学社会科学更能"毫无顾忌的去接近真理"，研究哲学社会科学的任务，"不仅在说明社会，还要变革社会"。

与柯柏年、曹鸿儒的著述所不同，《新兴社会科学研究大纲》一书在介绍唯物辩证法的同时，更是将马克思列宁主义看作是"新社会科学"研究的理论基础，并将马克思列宁主义分解为三个部分：（1）资本主义的解剖——帝国主义论——战后第三时

---

1. 曹鸿儒：《新兴社会科学的研究法》，《三民半月刊》第 5 卷第 7 期，1930 年 12 月 1 日，第 44 页。

期；（2）阶级与阶级斗争——国家理论与无产阶级独裁——民族问题——农民问题——妇女问题——青年问题；（3）唯物论与观念论——唯物辩证法与辩证法的唯物论——唯物史观——意识形态论。[1] 需要指出的是，该书虽然以"新兴社会科学研究大纲"为题，但是就全书的具体内容而言，却更像是一本马克思列宁主义理论体系的介绍性读物。

1935 年 7 月，《科学论丛》杂志刊发了题为《新社会科学原理底注解和补足》的文章。该文最初的标题为《关于物质史观》，但其实只是翻译了恩格斯的三封书信，内容主要涉及恩格斯本人对于政治经济学的分析与理解，与哲学社会科学的研究并无直接关系。[2]

1936 年 4 月，河上肇《第二贫乏物语》一书的中译本在北京出版。该书的译者、留日归国的教授雷敢认为，河上肇是"日本新兴社会科学界之巨擘"，因而将书名改译为"新社会科学讲话"。但实际上，《第二贫乏物语》一书主要论述的内容是唯物辩证法的基本理论和政治经济学的核心概念。[3]

1.《新兴社会科学研究大纲》，北平科学研究会 1932 年 8 月，第 1—7 页。

2.《新社会科学原理底注解与补足》，《科学论丛》第 4 集，辛垦书店 1935 年 7 月 10 日，第 91—115 页。

3. 详见［日］河上肇：《第二贫乏物语》，改造社，1930 年 10 月 18 日；［日］河上肇著：《新社会科学讲话》，雷敢译，北京：朴社，1936 年 4 月。关于原著与译本内容的比较研究，参见刘庆霖：《河上肇论著在中国的译介及几种译本之研究》，薛玉主编：《燕园史学》第 9 辑，社会科学文献出版社 2014 年版，第 123—141 页。

在此之后，王明之在 1939 年 9 月出版的《新社会科学基础知识》一书中将"唯物辩证法"称作是"动的逻辑"，并认为只有"动的逻辑"才是"合乎实际的科学方法"，才是社会科学研究正确的出发点。[1]

综上所述，通过分析上述著作中关于"新社会科学"的定义与表述可以发现，唯物史观是"新社会科学"最为本质的特征和最为根本的研究方法。"阶级性""无产阶级"等围绕在"新社会科学"周围的名词，实际上并没有能够深刻揭示出"新""旧"哲学社会科学之间的根本区别。事实上，在"新社会科学"的概念被广泛传播和接受后，即便是初中生所办的同仁刊物，也同样认为"新社会科学"的研究"以唯物论为出发点，辩证法为研究的法则"[2]。"新社会科学"概念的提出与广泛传播，对于当时中国知识界正确认识、理解与研究哲学社会科学起到了重要作用，并在全民族抗战爆发后继续对中国哲学社会科学的发展产生影响。

四、中国哲学社会科学自主知识体系的早期探索

随着"新社会科学"的提出和"新兴社会科学运动"的兴起，

---

1. 王明之：《新社会科学基础知识》，三户书店 1939 年 9 月，第 21—26 页。
2. 老丁：《新兴社会科学研究法刍议》，《南宁初中学生月刊》创刊号，1937 年 6 月 1 日，第 16 页。

中国哲学社会科学的早期发展进入了新的阶段。在 20 世纪 30 年代出版的各类哲学社会科学论著中，将唯物史观作为哲学社会科学根本研究方法的著述并不在少数。这些著述不仅以马克思主义社会科学理论作为指导原则，还结合中国具体的国情和革命的态势，对包括经济学、政治学、社会学、法学、行政学、哲学、史学等学科在内的哲学社会科学主要学科，进行了自主化、中国化的全新研究，推出了一大批在当时和后世都影响极大的哲学社会科学著作，在一定程度上奠定了新中国哲学社会科学发展的理论根基。

首先，这一时期，以"社联"成员为主要力量，创办了《社会科学讲座》《社会科学战线》《书报评论》《新思潮》《研究》《社会现象》《现代文化》等三十余种刊物，翻译了《哥达纲领批判》《资本论》《反杜林论》《费尔巴哈与德国古典哲学的终结》《家庭、私有制和国家的起源》等马克思主义经典著作，出版了《政治科学大纲》《无产阶级的哲学》《中国经济读本》《转变期中国》等结合中国实际研究阐释马克思主义原理的著作，为中国哲学社会科学自主知识体系的早期探索提供了坚实的理论基础和多元的学术载体。

其次，这一时期，以"社联"成员为主要力量，撰写了《怎样研究新兴社会科学》(柯柏年，1930 年)、《新教育大纲》(杨贤江，1930 年)、《政治学》(邓初民，1932 年)、《新经济学大纲》(沈志远,1934年)等学术著作,系统地使用马克思主义社会科学理论,自主研究和分析中国社会在政治、经济和文化等方面存在的多重问题,有利推动了中国社会性质大论战的深入开展,为中国共产党革命斗争理论的成熟完善奠定了学术和话语基础。

最后,这一时期,以"社联"成员为主要力量,创办了泉漳中学、华南大学、中华艺术大学、现代学术研究所等教育和研究机构,并选派盟员到各个大学兼课任教,在学生中组织读书会和研究会,培养了以许涤新、马纯古、邓拓为代表的马克思主义社会科学理论家和大量革命进步青年,为新中国哲学社会科学的发展培养了一批人才和骨干。

此外,如高希圣(即"高尔松")的《社会科学大纲》(1929年、1949年)、李达的《社会科学概论》(1930年)、顾凤城的《社会科学问答》(1930年)、张栗原的《社会科学理论之体系》(1930年)、陈豹隐(即"陈启修")的《社会科学研究方法论》(1932年)、陈唯实的《新哲学体系讲话》(1937年)、王亚南的《社会科学论纲》(1945年)与《社会科学新论》(1946年)、葛名中的《科学的哲学》(1948年)、沈志远的《社会科学基础讲座》(1947年)与《社会科学的哲学基础》(1949年)、陈潭民的《社会科学基本知识》(1949年)等著作,虽然没有直接冠之以"新社会科学"的标题,但是就其学术分析的方法而言,仍旧直接受到了"新兴社会科学运动"的影响。

由于"新兴社会科学运动"的影响，出版界也一改从前的各种乱象。很多书局因为刊印"新社会科学"的书籍而大受读者欢迎、焕发生机，新生命书局便是其中典型的代表。"新生命的许多新兴社会科学的书籍，颇为一般读者所欢迎"，"随新兴社会科学的衰落，新生命书局亦曾沉闷过一时"[1]。

不过与此同时，也有一些学者对"新兴社会科学运动"提出了质疑与批评：

> 其一是说，研究新兴社会科学的人，只知道背诵或抄录公式，离开了公式，就不能讲话。其二是说，研究新兴社会科学的人，对于我们日常的社会问题，都不能做科学的说明。其三是说，研究新兴社会科学的人，是一味在浮夸的讲些不负责任的话。[2]

针对上述观点，左翼学者、经济学家王亚南进行了逐条批驳：

> 第一，新兴社会科学，比之一般传统的社会科学，是需

---

1. 李衡之：《各书局印象记》，《申报》1935 年 5 月 11 日，第 17 版。
2. 王亚南：《社会科学论纲》，东南出版社 1945 年 6 月版，第 47 页。

要更高一层的理解的。它的发生，是由批判一般变为陈旧、流为庸俗的社会科学而来。……第二，直至目前为止，许多新兴社会科学，还是在形成的阶段，即如最基本的社会史学，依旧还只有一些粗枝大叶的轮廓的提示。……第三，在一切社会，新兴的学说的研究，总难免不受到传统的或已经定型化的原有学说的阻碍。……最后第四，新兴社会科学研究除了由上述几方面妨阻其科学的应用外，并还直接由一般流俗社会科学逐渐化为社会常识，转化为实用术学知识，而相对的显得不能应用了。[1]

值得注意的是，通过王亚南的回应可以发现，即使到了 1945 年 6 月，关于新兴社会科学的讨论与争鸣依然在继续，新兴社会科学本身的发展及其在哲学社会科学领域的具体运用还在形成的阶段，仍然没有完全成熟。

综上所述，在国民党极力鼓吹"三民主义社会科学"的背景下，中国共产党与左翼知识分子共同参与了对于哲学社会科学话语权的争夺和重构运动。在这一运动中，"新社会科学"的观念与分析方法开始逐步影响中国的知识群体，并最终推动了中国哲学社会科学自主知识体系的早期探索。即便是任职于国民党中央政

---

1. 王亚南：《社会科学论纲》，东南出版社 1945 年 6 月版，第 47—49 页。

治学校的青年教师林纪东，也在分析日本宪法时认为：

> 固然，依着新兴社会科学给与我们的认识，生产关系，是整个社会构造的基础；其他政治法律等诸文化现象，宁属于上层建筑的范畴。故凡欲认识乃至剖析某社会底事相，清本穷源，要以探究其生产关系为急务，其他底考察，宁其末者——然而社会诸事象间，原都有着辩证的关联。经济基础，决定了法律政治诸现象底形态和内容，而法律政治诸现象，亦提供其反作用于经济，其关系犹辅车相依、不可或缺。[1]

结　语

在中国哲学社会科学自主知识体系早期探索的过程中，中国的哲学社会科学家特别是左翼哲学社会科学家开始重新思考中国古代历史和现实社会中的重大命题，特别是在政治学、社会学、经济学等学科中，这种趋势尤为明显。例如何干之曾将"新社会科学"的核心命题理解为"现代中国社会性质问题的论争"，并将"新兴社会科学运动"视之为中国思想启蒙运动的一部分。[2] 即使是作为普通民众日常阅读的《申报》，也在回答读者有关哲学社会科

---

1. 林纪东：《日本宪法之"比较宪法学"的考察》，《留东学报》第 1 卷第 1 期，1935 年 7 月 1 日，第 61 页。
2. 何干之：《中国启蒙运动史》，生活书店 1947 年 5 月版，第 151—194 页。

学研究的问题时，自觉使用了唯物史观的基本方法来分析中国古代王朝的更迭和不同地区民族的个性差异。[1]

必须指出的是，除了学术研究层面的影响外，在"新社会科学"和"新兴社会科学运动"中早期探索的哲学社会科学，也成为中国共产党革命斗争重要的话语工具和理论武器。张闻天曾明确指出，"大革命失败后的新文化运动（新社会科学运动、社会主义文艺运动等），准备了并配合了十年的苏维埃的革命"[2]。著名的马克思主义哲学家艾思奇则认为，"社会科学，就是研究社会变化规律和革命发展规律的学问。马克思列宁主义理论，就包含着正确的社会科学理论"，"正确懂得社会变化和革命发展规律的共产党，在革命斗争中一定能够成功"[3]。

党的二十届三中全会通过的《中共中央关于进一步全面深化改革　推进中国式现代化的决定》指出："创新马克思主义理论研究和建设工程，实施哲学社会科学创新工程，构建中国哲学社会科学自主知识体系。"在当前加快构建中国哲学社会科学自主知识体系的时代背景下，如何在进一步全面深化改革、推进中国式现代化的关键历史时期，回应和阐释好新时代中国特色社会主义的

1.《读书问答：研究社会科学是否必须先懂自然科学》，《申报》，1934年9月27日，第12版。

2. 洛甫：《抗战以来中华民族的新文化运动与今后任务》，《解放》第103期，1940年4月10日，第14页。

3. 艾思奇：《社会科学要研究什么》，《解放日报》，1943年3月23日，第4版。

若干重大理论与现实问题，如何在话语竞争愈加普遍化、白热化的环境中持续发展并进一步提高中国哲学社会科学的理论自信和理论自觉，是中国哲学社会科学界"五路大军"所需要面对的时代课题。

以史为鉴、述往知来。通过系统梳理新兴社会科学运动与中国哲学社会科学自主知识体系早期探索的历史过程可以发现，构建中国特色哲学社会科学、建构中国自主的知识体系，以下三个方面值得重视：第一，必须坚持马克思主义的指导地位，始终用中国化时代化的马克思主义的世界观和方法论来指导中国哲学社会科学的各类研究；第二，必须强调以研究中国问题为学术导向，及时回应、有效解决当代中国社会发展的重大问题，向世界展现中国智慧和中国方案；第三，必须关注学术团体的建设工作，引导好、发挥好学术团体的特殊优势，整合多学科资源，共同推进中国自主知识体系的建构进程。

中国社会科学家联盟的大众教育实践

——浅析 1933 年后左翼文化运动的"社会化"趋势

冯　淼 *

中国社会科学家联盟于 1930 年 5 月 20 日在上海创建，是与中国左翼作家联盟齐名的、由中国共产党直接领导的进步知识分子团体。"社联"创建于中共政治革命的低潮期，成功地聚拢了革命知识分子和城市当中的进步文化群体，深入劳工大众，宣传抗日爱国思想，普及社会科学知识，为抗日战争和日后中共革命重返城市积蓄了力量。"社联"的历史是党领导的知识分子将"马克思主义基本原理同中国具体实践相结合"的鲜活历史写照。本章以艾思奇等"社联"知识分子的大众文化教育实践为线索，呈现1933 年后左翼文化运动的"社会化"趋势。

一、1933 年后"社联"与左翼文化运动

1932 年春，22 岁的艾思奇由家乡云南奔赴上海，不久加入

---

* 本文作者：冯淼，中国社会科学院近代史研究所副研究员。

了中国共产党领导的外围群众组织"上海反帝大同盟"（简称"上反"）。此后又经他在日本留学的同学介绍到上海泉漳中学高中部工作，教授物理和化学。泉漳中学由福建泉漳会馆创办，位于上海龙华路外日晖桥（今龙华东路打浦路），学生多是闽南人，有些是南洋各地华侨的子女。这是一所地下党领导的有革命斗争传统的学校，1929 年中共江苏省委第二次代表大会曾在这里召开。在泉漳中学期间，艾思奇一面专研和撰写社会科学理论文章，另一面，作为"上反"成员，写标语，撒传单，参加飞行集会。[1] 他在《中华月报》上发表哲学评论和杂文，又在"社联"刊物《正路》上发表《进化论与真凭实据》。与艾思奇在泉漳中学共事且也是"上反"成员的作家汪金汀回忆道，艾思奇在"上反"开会时话并不多，平日除了上课、开会，艾思奇几乎手不释卷地读着他后来同郑易里合译的米丁的《新哲学大纲》日译本。[2] 1933 年夏，

---

1. 许涤新：《老艾在上海》，收入艾思奇文稿整理小组编辑：《一个哲学家的道路——回忆艾思奇同志》，云南人民出版社 1981 年版，第 42—43 页。有关"上反"的历史，见周斌：《土地革命时期中共领导的反帝大同盟论述》，《军事历史研究》2019 年第 4 期，第 65—75 页。有关泉漳中学的革命历史，见上海市黄浦区档案局（馆）、中共上海市黄浦区党史研究室编：《黄浦·红色起点》，同济大学出版社 2023 年版。

2. 金丁：《在崎岖的道路上起步——怀念艾思奇同志》，《往事与文化人》，中国人民大学出版社 1988 年版，第 53 页。汪金汀（1912—1993）笔名金丁，满族，北京人，1928 年毕业于北京毓英中学。1932 年在上海参加中国左翼作家联盟，历任执委，上海文化界救亡协会组织部秘书。曾执教于新加坡南洋女中及华侨中学。1949 年回国后历任北京河北高中校长，中国人民大学语文系中国文学史教研室主任、教授。他 1929 年开始发表作品，1949 年加入中国作家协会。

左翼文化运动的负责人杜国庠了解"上反"状况时，发现艾思奇虽然在政治运动中不爱出头露面，但思想活跃，有较好的理论基础。1933 年底，艾思奇经杜国庠和"社联"负责人许涤新由"上反"转入"社联"，并担任研究部负责人。[1]

艾思奇在 1933 年由党的外围组织"上反"加入"社联"，并非偶然。1933 年前后，左翼文化运动面向更大范围社会群体和文化教育实践的方向发展。一方面"左联""社联"等先锋左翼文化组织吸收了艾思奇等所在的"上反"等外围组织的进步成员加入；另一方面，"教联""记联"等具有更广泛社会基础的左翼文化组织也已经成立。[2]

现有研究对于 1933 年后的"社联"以及左翼文化运动的考察，相对薄弱。文学史和党史领域学者梳理考察了"左联""社联"等主要左翼团体 1930 年建立和初期发展的组织史。[3] 随着左翼文化运动的发展，国民党的文化围剿也日益猖狂，1933 年初中

1.《艾思奇生平年谱》，《艾思奇全书》第八卷，人民出版社 2006 年版，第 934 页。
2. 郑伯克：《有关"社联"、"记联"和"教联"的一些情况》，收入史先民编著：《中国社会科学家联盟资料选编》，中国展望出版社 1986 年版，第 109 页—111 页。刘季平：《教联的建立及其发展》，上海历史研究所教师运动组编：《上海教师运动回忆录》，上海人民出版社 1984 年版，第 6—12 页。关于"文总"创建"教联"等历史，参见孔海珠：《"文总"与左翼文化运动》，上海人民出版社 2016 年版。
3. 张广海：《左联筹建与组织系统考论》，浙江大学出版社 2018 年版；徐素华编著：《中国社会科学家联盟史》，中国卓越出版公司 1990 年版；孔海珠：《"文总"与左翼文化运动》，上海人民出版社 2016 年版。

共中央被迫撤离上海。1935年2月19日，"文委"书记阳翰笙、"文委"成员杜国庠、田汉，以及"文总"和"社联"党团成员许涤新等被捕，左翼文化工作开展极其困难。同年7月，上海临时中央局又遭大破坏。文化组织工作被迫处于自力更生的状态。此时参与中共"文委"组织工作的夏衍晚年回忆道："当时，我们处于一个非常奇特的状态，一方面是爱国群众运动一浪高于一浪，另一方面是我们在白区得不到一星一点党中央和红军的消息。"[1]

　　1933年后，左翼文化运动并没有停滞。"文总"是党组织建立的一个公开领导文化团体的机构。1935年10月15日，在上海党组织遭受严重破坏，"文总""社联"等负责人遭受逮捕后，"文总"常务委员会发出了"关于发表新纲领的紧急通告"。这份通告指出1935年2月以来国民党在城市当中文化围剿给党组织和领导带来的巨大损失，但通告注意到"同盟所领导的各联，除少数较弱的冲破不了当前的困难……其他大多数尚能独立活动，扩大了本身的组织，并且培养了提供到文总方面来，用以补充与整理各联的许多新干部。这种不懈的努力及其可观的成绩是值得注意的。"[2] 在这份紧急通告中，"文总"敏锐地洞察到左翼文化运

1. 夏衍：《懒寻旧梦录》，生活·读书·新知三联书店1985年版，第289页。
2.《关于发表新纲领的紧急通告》，文总内部刊物《文报》第11期，1935年10月25日。收入上海市哲学社会科学学会联合会编：《中国社会科学家联盟成立55周年纪念专辑》，上海社会科学院出版社1986年版，第257—258页。

动没有停滞，不仅如此，文化运动争取了新的成员，充实了党在城市中的力量。实际上，虽然党机关组织遭受重创，但左翼文化运动仍然持续加入新力量，上海"一·二八"抗战后，更有大量的爱国进步人士、青年店员、学徒和职员加入左翼引领的文化运动，这样的趋势一直持续到全民族抗战的爆发。有数据统计，到抗战全面爆发时"文委"仍然有两百名左右党员。由此，1935 年 10 月"文总"紧急通告要求各联总结新的形势，制定出新的纲领草案。

"文总"紧急通告发布十天后，1935 年 10 月 25 日，"社联"根据"文总"的要求，总结新的文化斗争形势，发表新的社会科学运动纲领。与"社联"建立之初的纲领相比，这份新纲领突出的不同之处是，其明确提出了大众文化水平低是当前中国社会科学运动面对的现实之一。另外，这份纲领肯定了此前已经由艾思奇等盟员开启的"面向工人、农民、小市民学生和自由职业者"的"社会科学的通俗化与大众化的工作"方向。草案指出，在当下中共领导下的左翼社会科学运动的特点之一是"它所依据的中国大众的文化水平的非常低落……百分之八十以上还是文盲。……中国的知识分子，因为生活不安，社会文化设备不好，也几乎同时不能得到充实的教养。因此，中国社会科学运动，不能不展开广大的教育运动和自我教育运动。"由此，"面向工人、农民、小市民学生和自由职业者"的"社会科学的通俗化与大众化的工作"是社会科学运动的方向，需要倡导"耐心的教育他们，提高他们的认识，使他们成为马克思列宁主义的拥护者乃至理论上的战斗者"。[1]

已有研究者将"社联"的历史分为四个阶段：前两个阶段从1930年5月到1933年下半年，是社联建立和发展初期；后两个阶段从1933年底到1936年春"社联"奉命解散。该研究显示，后两个阶段，在国民党文化围剿和党组织遭到破坏的状况下，"社联"的文化运动并没有停滞。[2] 特别是，1935年10月"社联"的新纲领草案颁布后，"社联"有两个明显的变化，一是不再组织飞行集会，贴标语，而是盟员采取写文章，发表公开出版刊物，开座谈会、报告会的半公开方式，传播新兴社会科学理论，宣传党的路线、方针和政策。二是公开提出社会科学面向工农大众的口号。[3] 1933年初加入"社联"的成员林淡秋的回忆也说明了1933年后社联活动的变化。他注意到，当时的"'社联'的活动有对社会科学的研究、学习，也有与'文总'下面各个联共同进行的政治活动。后者占主要地位。在社会科学方面，上层是一些社会科

1.《中国社会科学者联盟草案》，文总内部刊物《文报》第11期，1935年10月25日。收入上海市哲学社会科学学会联合会编：《中国社会科学家联盟成立55周年纪念专辑》，上海社会科学院出版社1986年版，第253—256页。
2. 徐素华编著：《中国社会科学家联盟史》，中国卓越出版社公司1990年版，第39—43页。
3. 徐素华编著：《中国社会科学家联盟史》，中国卓越出版社公司1990年版，第50页。

学家的活动；下层是通过组织读书会、报告会、办夜校、图书馆等开展活动……到一九三五年下半年就不大搞飞行集会，而改变为进行公开活动"。[1] 一批社会科学界人士包括艾思奇、柳湜加入到"社联"，从事新兴科学理论的大众化，通俗化工作，产生了深远的影响。近期的研究也表明，1933 年后"社联"等左翼团体与基督教青年会合作，在闸北、小沙渡、杨树浦一带的工厂工人当中创办工人识字班和读书班，进行公开的大众教育活动。[2] 总之，需要更多深入立体的研究，才能呈现 1933 年后左翼文化运动的发展和变化。

接下来的研究意在说明，艾思奇等"社联"核心盟员的大众教育实践表明，1933 年后以"社联"为代表的左翼文化运动呈现出了"社会化"的趋势。这一"社会化"体现在两个方面。一方面，"社联"组织本身吸收了一批"上反"等外围组织的知识青年加入，与此同时，"社联"成员与更具社会影响力的进步主义刊物合作。另一方面，"社联"主张的社会科学大众化与进步

1. 林淡秋：《关于"社联"的一些情况》，收入史先民编著：《中国社会科学家联盟资料选编》，中国展望出版社 1986 年版，第 107—108 页。
2. 此时在小沙渡基督教青年会女工夜校任教的教师邓洁是 1934 年 2 月加入"社联"的成员，曾负责社联机关报《社联盟报》印刷排版工作。邓洁：《怀念梁宝钿》，收入上海市哲学社会科学学会联合会编：《中国社会科学家联盟成立 55 周年纪念专辑》，上海社会科学院出版社 1986 年版，第 143—149 页。相关研究见冯淼：《革命与圣火：女工夜校与三十年代上海的劳工教育》，《妇女研究论丛》2023 年第 2 期。

的团体"社会教育"主张契合。在面向大众教育过程中，左翼知识群体清楚地形成了对城市劳工"大众"的认知，丰富了左翼文化运动的社会实践经验。左翼知识分子将马克思主义哲学社会科学与对城市底层劳工日常生活相结合，创造和产生出喜闻乐见的文艺形式和社会科学大众读物。这些大众教育实践改变了早期左翼文化运动社会基础和经验匮乏的局面。1936年初"社联"解散之时，其成员由之前的以高校、中学高年级学生为主，扩充后有大量的青年店员、学徒和职员加入。1935年以后，大众教育拓宽了左翼文化阵营，构成了30年代左翼文化运动的重要发展阶段。

二、从"社联"研究部到《申报》读书问答栏目

1933年底，"社联"改组吸收其外围组织"社研""反帝大同盟"等的成员，将"社联"发展成更具群众性的组织。与此同时，"社联"研究部开展面向工农大众和专注大众日常的社会学研究与教育。1933年底由"上反"加入"社联"的艾思奇以及同年进入"社联"的柳湜等是这一时期掀起社联面向大众的社会科学大众教育的先锋。以往的研究注意到这一时期左翼社会科学大众化运动，特别是艾思奇、陈唯实、沈志远、李平心、胡绳等人开展的新哲学大众化，以及这一时期马克思主义中国化代表作《大

众哲学》的诞生。[1] 但研究者很少注意到这一时期"社联"与《申报》这一具有更广泛城市社会基础的进步刊物的联系及其重要性。正是通过《申报》开设的读者问答栏目等系列社会教育实体，"社联"提出的社会科学大众化得以呈现其内容和形式。《申报》的社会教育实体为"社联"的社会科学大众化提供了物质媒介。

艾思奇 1933 年底加入"社联"后，担任研究部的负责人。针对当时国民党主导反动宣传舆论，艾思奇主持的"社联"研究部在 1934 年 4 月发布了一个"特殊问题"研究计划。这一研究计划意在通过对影响日常生活的问题或事件的研究，"提高群众对问题的兴趣和参加文化斗争的热情"，同时训练社联盟员"对现实的敏感性"。这些问题包括"白银问题""统制经济问题""货币改革问题""国民党的经济会议和财政会议""棉麦借款问题""农村恐慌与都市失业"等问题还有哲学、政治方面的问题。另外，研究部认为这一研究计划应由"研究部和全体盟员共同实行。盟员对于未组织的群众，要利用各种机会，把自己的研究结论去启发他们对问题的兴趣，为他们解答问题，说服他们对问题的偏见，诱导他

---

1. 关于艾思奇的研究非常多，近期出版的包括不限于叶维丽：《重读艾思奇》，收入于华民主编：《中国共产党革命的理念、行动与特征》，中国社会科学出版社 2024 年版，第 292—300 页。

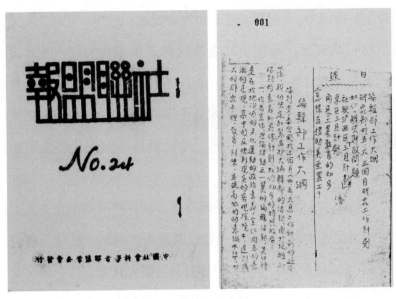

社联内部油印刊物《社联盟报》

们参加组织。这样，研究工作和组织工作才是有机的结合"。[1] 也就是说，这些"特殊问题"的研究和教育同时也是社联吸收和发展左翼革命文化组织的过程。

然而，从社联内部的材料来看，这一组织计划进行得并不顺利。1934 年 5 月 30 日研究部计划发布一个多月后，一封名为《关于研究部的工作计划的一个私见》的盟员来信指出，各盟员的理论水平"十分不齐一"，需要提高；另外，这一新计划提出需要

1.《研究部四、五、六三个月研究工作计划》，《社联盟报》第 14 期，1934 年 4 月出版。载上海市档案馆编：《社联盟报》，档案出版社 1990 年版，第 14—17 页。

"全体盟员共同实行"，这是做不到的。[1]
这位盟员指出，考虑到当时社联各部门
的状况，时间和人力都十分有限，他认
为研究部自身还拖欠此前工作尚未完成。

《读书生活》杂志

从已经公布的社联内部材料来看，1934
年 6 月后，这系列"特殊问题"并没有
在内部刊物出现。但可以肯定的是，类
似题目的研究性文章和通俗性的文章在
1934 年下半年，在《申报》读者问题
栏目和其衍生出的《读书生活》以及读书出版社的刊物当中陆续
出现。[2]

　　1933 年《申报》与"社联"的重要联系人是倡导社会教育的
李公朴。1931 年九一八事变后，国民党控制的主要城市北京、上
海等有大量的爱国进步力量崛起。1932 年"一·二八"上海抗
战后，反帝大同盟更是凝聚了诸多进步知识分子和反日爱国的社
会力量。这其中就包括 1930 年 11 月刚从欧美游历回到上海的李
公朴。他认为抗日战争一定能胜利，还主张通过社会教育启蒙民

1.《社联盟报》第 15—16 期合刊，1934 年 5 月出版。载上海市档案馆编：《社联盟
　报》，档案出版社 1990 年版，第 190—191 页。
2. 有关这个期刊的研究参见冯淼：《深入日常、深化革命:〈读书生活〉与三十年代上
　海城市革命文化的发展》，《文学评论》2019 年第 4 期;《〈读书生活〉与城市劳工
　的知识革命》，《读书》2022 年第 8 期。

众。整体上，李公朴与同时期的陶行知理念相同。[1] 陶行知认为，虽然帝国主义的压迫使中国大众"没有日子过了"，但中国的大众无法自然而然地正确认识到他们的日常生活与帝国主义间的联系。即使人们对二者的联系有所感知，他们也意识到这种感知并不一定会发展为强大的集体意识。李公朴同样认为只有广泛地进行社会教育，才能把青年和成年人从愚昧中唤醒过来。他在 1932 年到 1934 年间创办了上海流通图书馆、业余补习学校、妇女补习学校，还在《申报》流通图书馆的基础上，开设《店员通讯》《读书杂志》等。

李公朴创办的这些社会教育机构吸收了诸多"一·二八"以后聚集在上海的知识分子和进步青年。这其中就包括后来与艾思奇同年加入"社联"并进行社会科学大众化的柳湜。柳湜在湖南亲历大革命，在马日事变后从事中共地下工作，组织营救被逮捕的中共党员。1928 年长沙的党组织遭到破坏后，他被迫逃到上海，随即被捕入狱，在狱中组织文化支部开始系统研读社会科学和马克思主义理论。1933 年春出狱后，柳湜转向文化运动，同年加入"社联"。[2]

---

1. 有关陶行知的生活教育和大众教育理念的历史梳理，参见冯淼：《近代中国大众教育的兴起（1927—1937）》，社会科学文献出版社 2023 年版，第三章、第四章。
2. 李玉非：《柳湜年表》，收入李玉非等编：《柳湜教育文集》，教育科学出版社 1991 年版。

柳湜认为文化和思想"引导新的社会秩序"。[1] 他认为经济生产关系的斗争仅仅是人类社会进步的一种力量，强调思想以及人们如何看待、认识自己的经历，是促进社会进步的重要力量。他由此注重文化教育和理论宣传工作。柳湜担任"社联"内部的宣传工作，给工人讲课、做报告。与此同时，受党的委托，柳湜与上海文化界上层人士广泛接触、联系，在这一过程中，他结识了李公朴，并受到邀请担任《申报》流通图书馆和"读书问答"栏目工作。[2] 根据"社联"盟员许涤新的回忆，《申报》"读书问答"的工作是"社联"盟员柳湜负责，因为《申报》的这个副刊很重要，而柳是秘密党员，因此，柳的关系由他出面联系。[3] 由于"读书问答"的影响日益扩大，读者提出的问题越来越多，柳湜向许涤新提出要求，要求"社联"派出一位有理论修养的盟员去支持这个副刊。"社联"党团组织考虑后，决定由艾思奇参加这一工作。艾思奇和柳湜起初并不认识，经由许涤新的介绍，两人成为同事。艾思奇1933 年底加入"社联"的同时，也由泉漳中学转入《申报》流通

---

1. 柳湜：《什么是思想与文化运动》，收入《国难与文化》，黑白出版社 1936 年出版；《柳湜文集》，生活·读书·新知三联书店 1987 年版，第 687—693 页。根据柳湜的儿子记载，柳在监狱中阅读了大量的日本马克思主义者福本和夫的著作。

2. 李玉非等编：《柳湜教育文集》，教育科学出版社 1991 年版，第 441 页。

3. 许涤新：《老艾在上海》，收入艾思奇文稿整理小组编辑：《一个哲学家的道路——回忆艾思奇同志》，云南人民出版社 1981 年版，第 34—37 页。

图书馆读者问答部从事编辑工作。[1]

　　1934 年底，由申报读者问答栏目衍生出《读书生活》杂志建立之时，"社联"的艾思奇、柳湜已经承担了读者问答等相关的社会科学方面的文章和内容。前面"社联"研究部计划中提出的"白银问题""统制经济问题""货币改革问题""国民党的经济会议和财政会议""棉麦借款问题""农村恐慌与都市失业"等社会经济问题以及新哲学方面的问题都在《读书生活》中出现。例如创刊号"时事小品"栏目的《银子搬场》就是由柳湜创作的用文学故事和对话的方式解释 30 年代民国"白银问题"的科学小品文。[2] 艾思奇主持的"科学讲话"栏目设计了系列哲学题目，用日常生活和通俗的方式传播马克思哲学社会科学理念，破除封建迷信复古主义和唯科技战争论，比如"谈死光""毒瓦斯""生死问题及返老还童术""如何研究自然科学""失业闹乱子"等等。李公朴任《申报》的量才业余学校校长，艾思奇同时受邀担任教员并教授哲学，在与学生接触的过程中，以及编辑部读者的交流过程中，艾思奇撰写了"哲学讲话"，发表在《读书生活》上，成为《大众哲学》的雏形。通过《申报》读者问答、《读书生活》杂志栏目这些社会教育实体，"社联"研究部的系列选题得到了呈现，而且拥有了更

1. 许涤新：《老艾在上海》，收入艾思奇文稿整理小组编辑：《一个哲学家的道路——回忆艾思奇同志》，云南人民出版社 1981 年版，第 34—37 页。
2.《读书生活》创刊号，第 30—35 页。

广泛的读者和受众。

三、谁是社会科学"面向大众"的"大众"？

研究者注意到 20 世纪 20 年代劳工和大革命浪潮之下，革命知识分子对于阶级和社会的认知更多的是意识层面，"创造社"后期左翼进步知识分子提出的自我改造并没有一个客观的客体。也就是说大革命时期知识分子对于"大众"的认识并不具体。[1] 而这一问题在 1933 年后左翼文化运动的社会化过程中，得到了极大的改善。1933 年后左翼知识分子团体联合李公朴、基督教女青年会等进步团体和人员，融合这些团体的"社会教育"理念，引领"大众化"运动。在社会教育过程中，左翼知识群体清楚地形成了对城市劳工"大众"的认知，这丰富了左翼文化运动的社会实践经验。

李公朴主张的"社会教育"，认为民众的教育与启蒙是救亡图强的关键，其重要的历史内涵是关注底层的个体经验。李公朴等起草的《申报》流通图书馆的建立缘起中提到，"上海是一个纸醉金迷的繁华市场，一切不正当的娱乐，一切不正当的消遣，都随时可以拉着一个有用的青年，走向堕落的陷阱。……利用这一些

---

1. 吴舒洁：《革命文学的"科学"与中国的"现代生活"》，《现代中文学刊》2023 年第 5 期，第 14—18 页。程凯：《革命的张力："大革命"前后新文学知识分子的历史处境与思想探求（1924—1930）》，北京大学出版社 2014 年版。

失学者的闲暇，予以读书的机会，引导其对读书发生兴趣，以防闲其不正当的娱乐，也不能说不是一件极有价值与意义的工作"。[1]社会教育对于个体经验的关注使得《申报》流通图书馆尤为注重读者群的状况。这一时期的流通图书馆、读者问答栏目清楚细致地记载了读者的状况。流通图书馆建在上海南京东路，设立了引导读者读书的读者指导部。该图书馆登记在案的读者年龄多数在16岁到25岁之间，多是有初等识字水平的店员和职员，有旧式店铺零售业商铺店员、帮工和学徒，也有报社校对员、电话接线员、学校清洁工人等底层职员。他们多数出身相对富裕的农民家庭，有小学、中学文化，随着农村破产来到城市。据图书馆统计，读者借阅的书籍以"文学""社会科学""应用科学"为主，其中文学约占四成，社会和应用科学占四成，自然科学、哲学、美术和其他占两成。[2]

艾思奇、柳湜等所在的图书馆读者指导部设置的主要功能之一就是与读者交流有关读书的问题，主要通过问卷和通信的形式展开，其中的一些文字刊登在《申报》"读者问答"栏目中。读者来信交谈的内容涉及语言写作、社会科学、自然科学、人生哲

1.《创设申报流通图书馆缘起及各种规章》,《李公朴文集》, 云南人民出版社 1987 年版, 第 716 页。也见《申报流通图书馆第二年工作报告》, 上海申报图书馆出版社 1935 年版, 第 110 页。

2. 关于《读书生活》的建立和读者的背景统计, 参见《申报流通图书馆第二年工作报告》, 上海申报图书馆出版社 1935 年版。

学、时事外交等，鲜明生动地体现出识字劳工的求知欲望。比如读者李思齐在来信中谈其自学经历。他由于经济原因辍学，平日忙于生计，朋友不多，时常感到枯寂，于是阅读文学，尝试写作。"一·二八"淞沪抗战后，他开始关注社会科学，觉得社会科学的讨论使得他对国际问题"有了一些概念"。但他意识到对于他来说，读书必须考虑到生计，所以希望指导部的编辑能够传授一些"高效"读书自学的方法。

翻开《读书生活》杂志，随处可见的是征文启事，向读者征求记录生活的文字。编辑柳湜还负责征集由劳工撰写的自传体散文和日记发表在"生活记录"专栏。1936年发行的专栏合集搜集了包括船夫、小贩儿、士兵、农民、工人、编译、校对、练习生、学徒、店员、小姐、婢女、和尚、校工、师爷在内的城市底层记录的日常。[1]

不仅仅是读者指导部和《读书生活》编辑部，负责上海读书生活出版社邮购业务的李自强回忆当时出版社还建立了"读者函购询问等级卡"，汇集编印进步书刊小资料，奉送读者。他们当时"尽量做到当日来信，当日处理。……能办的事情尽量办到，不能办到的也要说明原因，解释清楚，不让读者有一点失望。"

在这样的状况下，柳湜、艾思奇等"社联"盟员对读者产生

---

1. 李公朴等编辑：《生活记录》，读书出版社 1936 年出版，封面。

柳湜

柳湜:《街头讲话》

了深入具体的了解。艾思奇和柳湜将"社联"研究部计划的"特殊问题"转化为眼前读者大众的日常问题。艾思奇、柳湜等在各自栏中刊登读者对国际、社会新闻的看法，与读者讨论这些现象与自己生活的联系。他们还吸纳了夏征农、高士其、廖庶谦、曹伯韩、陈楚云、陈望道、钱亦石、沈志远、薛暮桥、胡绳、石凌鹤等"社联"盟员和左翼知识分子，为读者讲解文学、自然科学、社会科学、文学艺术等知识。为后人所熟知的《大众哲学》《街头讲话》《如何自学文学》《社会常识读本》系列等马克思主义社会科学通俗读物，最初都是以他们与读者通信、笔谈和系列讲座的形式连载于半月刊《读书生活》。[1]

---

1. 相关回忆，见范用编：《战斗在白区：读书出版社 1934—1948》，生活·读书·新知三联书店 2001 年版。专题研究见冯淼：《深入日常、深化革命:〈读书生活〉与三十年代上海城市革命文化的发展》，《文学评论》2019 年第 4 期。

结　语

1933 年后，以"社联"为代表左翼文化运动呈现出"社会化"的趋势。"社联"组织本身吸收了"上反"等外围组织的知识青年加入，与此同时，艾思奇、柳湜等社会科学大众化先锋与李公朴引领的《申报》进步团体合作，融合"社会教育"主张。在面向大众教育的过程中，左翼知识群体清楚地形成了对城市劳工"大众"的认知，丰富了左翼文化运动的社会实践经验，创造和产生出喜闻乐见的文艺形式和社会科学大众读物。在 1936 年初"社联"解散之时，其成员由之前的以高校、中学高年级学生为主，扩充后有大量的青年店员、学徒和职员加入。[1] 从"社联"成员的回忆来看，1935 年底前"社联"的党团成员依然组织飞行集会、游行示威等政治活动，但将面向大众的社会科学运动从 1933 年底已经展开，并且日益深入到城市识字劳工群体当中。1935 年后，大众教育成为"社联"盟员引领的左翼文化运动不可或缺的一部分，是城市左翼文化运动的重要实践形式和内容。

虽然各左翼文化团体 1936 年后已经奉命解散，但到全面抗战爆发，左翼文化活动和运动的范围已经冲破了文化界和知识分子

---

1. 徐素华编著:《中国社会科学家联盟史》，中国卓越出版社公司 1990 年版，第 41—42 页。

的小圈子，联合融合了教育界、职业界、妇女界、新闻出版界、法律界等各条战线的爱国群众和上层进步人士。1935 年以后，大众教育拓宽了左翼文化阵营，构成了 30 年代左翼文化运动的重要发展阶段。

郭沫若的《中国古代社会研究》与马克思主义史学的开创

董家宁 *

郭沫若（1892—1978）是中国马克思主义史学的开拓者，也是中国左翼作家联盟的发起人之一。虽然在"左联"存续期间（1930—1936）郭沫若始终流亡日本未能归国，但他通过捐赠译著《少年维特之烦恼》的版税作为"左联"的经费、积极参与"左联"东京分盟的活动等方式，大力支持"左联"的工作。[1] 郭沫若的著作和

郭沫若

* 本文作者：董家宁，中国社会科学院历史理论研究所助理研究员。本文是国家社科基金青年项目"近代马克思主义中国通史编纂理论和方法研究"（项目编号：24CZS112）的阶段性研究成果。

1. 郭平英：《郭沫若的左联往事》，《新文学史料》2021 年第 1 期；张勇：《郭沫若与左联东京分盟二三事》，《传记文学》2020 年第 3 期。

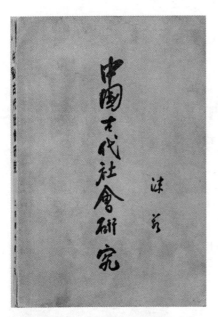

《中国古代社会研究》，上海联合书店1930年版

观点更是在左翼文化界产生了广泛影响，他的马克思主义史学研究为左翼文化运动提供了坚实的理论基础和思想资源。

郭沫若虽以新文学而扬名，但真正奠定他学界地位的，是他的史学研究与古文字研究。《中国古代社会研究》是郭沫若在20世纪20年代末完成的一部重要学术著作，该书首次运用唯物史观对中国古代社会作了系统研究，被视作"中国史学史上第一部试图以马克思主义解释中国历史发展全过程的著作"[1]，"标志着中国马克思主义新史学的诞生"[2]，书中的观点与方法在当时的学界引发了诸多回响。可以说，这部书是中国马克思主义者在学术领域的重要代表作。在书中，郭沫若将马克思主义基本原理与中国历史实际结合起来，实证了马克思主义在中国历史和中国革命中的适用性和解释力，作出理论创新的表率，对左翼知识分子在学术研究和文艺创作中将马克思主义理论与中国革命实际相结合具

---

1. 白寿彝主编：《史学概论》，宁夏人民出版社1983年版，第334页。
2. 尹达主编：《中国史学发展史》，中州古籍出版社1985年版，第522页。

有重要的示范作用。

一、《中国古代社会研究》的缘起与创作背景

《中国古代社会研究》所收各篇的实际写作时间集中于 1928 年 7 月至 1929 年 11 月这一年多的时间里，是郭沫若在这一时期对中国古代社会集中思考、研究的产物。20 世纪上半期的中国，社会与政治环境风云变幻，思想文化领域也经历着深刻的变革，关于中国社会史的论战十分激烈，各种思潮涌动、交锋。论战的焦点之一即是中国究竟有没有奴隶制社会，这实际上是在探讨马克思主义关于人类社会五种形态的发展学说是否具有科学性，是否适用于中国国情。可以说，这场论战不只是一场学术讨论，同时具备强烈的政治色彩。1927 年大革命失败后，中国向何处去的问题更是成为知识界普遍关注的焦点。也正是在这时，郭沫若流亡日本，对中国历史与文化进行了全面而深入的反思和总结，书中诸篇的写作都是在此时完成的。

郭沫若深感有必要通过学术研究来探讨中国社会的历史发展进程，揭示中国社会发展的规律，为现实社会的变革提供历史借鉴。"对于未来社会的待望逼迫着我们不能不生出清算过往社会的要求"[1]，为了寻找到中国未来社会的出路，则必须对中国古代社会

---

1. 郭沫若：《中国古代社会研究·自序》，《郭沫若全集》历史编第 1 卷，人民出版社 1982 年版，第 6 页。

作出一番解释。

郭沫若对马克思主义的了解始于 20 世纪 20 年代初。他在 1921 年前后接触到马克思主义，并在随后的几年中不断学习。1924 年，郭沫若翻译了河上肇的《社会组织与社会革命》，这对他的思想产生了重要影响。在给成仿吾的信中，郭沫若写道："我现在成了个彻底的马克思主义的信徒了。马克思主义在我们所处的这个时代是唯一的宝筏。"[1] 早期，郭沫若关注的主要是马克思的政治和革命理论。其后，他逐渐认识到马克思主义唯物史观对于科学解释中国历史的重要价值。作为中国传播马克思主义的先驱者之一，翻译马克思主义经典著作一度是郭沫若的重要工作内容。然而，流亡日本时期，郭沫若开始反对将马克思主义唯物史观"只是作为纯粹的方法来介绍"，他认识到翻译马克思主义经典著作的局限性，认为"生硬地玩弄着一些不容易消化的译名和语法，反而会在这个方法的接受和运用上增加阻碍"，而"要使这种新思想真正地得到广泛的接受，必须熟练地善于使用这种方法，而使它中国化"。想要使民众更好地接纳这一外来思想理论，最好的方法就是使他们感受到这种理论与中华传统文化的相适性，认识到"在中国的传统思想中已经有着它的根蒂，中国历史的发展也正是循着那样的规律而来"。因此，郭沫若计划运用马克思主义唯物史观"来研究中国思想的发展，中国社会的发展，自然也就

---

1. 郭沫若：《孤鸿》，《创造月刊》1924 年第 1 卷第 2 期。

是中国历史的发展"，以考验其于中国传统思想、社会和历史的适应度。[1] 在《中国古代社会研究》一书开篇的《自序》中，他特别强调，"中国人所组成的社会不应该有甚么不同"，驳斥那些高喊"我们的国情不同"，以中国国情特殊为理由，认为马克思主义不适用于中国，进而抵制马克思主义、反对革命的人。[2]

《中国古代社会研究》的出版在当时引发了广泛关注和讨论，成为社会史论战的焦点之一，因此，这部书曾长期被误视为回应社会史论战而作。[3] 值得注意的是，在此书《自序》中，郭沫若充分自陈撰述动机，不但一字未提及论战，反而多次与"整理国故"运动及其发起者胡适对话。

二、对"整理国故"的反思与回应

郭沫若写作《中国古代社会研究》中诸篇章时，"整理国故"运动的发起已去有年，甚至隐有衰歇之势。郭沫若在《自序》中

---

1. 郭沫若：《海涛集·跨着东海》，《郭沫若全集》文学编第 13 卷，人民文学出版社 1992 年版，第 330—331 页。
2. 郭沫若：《中国古代社会研究·自序》，《郭沫若全集》历史编第 1 卷，人民出版社 1982 年版，第 6 页。
3. 学者业已指出，郭沫若没有直接参与社会史论战，但《中国古代社会研究》成为社会史论战的一个焦点，广受争议。关于郭沫若与社会史论战之关系，可参看何刚：《郭沫若与中国社会史论战——侧重于学术史视野下的论述》，《江淮论坛》2009 年第 1 期；张越《中国马克思主义史学的形成与社会史论战》，《近代史研究》2021 年第 5 期。

数次"隔空喊话"，所针对的主要是以"整理国故"为代表的一种对待中国古代历史材料的态度与方式，所体现的是以一种全新的范式去替代旧范式的野心，所希冀的是引领一场新的运动和风潮，以一个新的答案回应时代之问。

"整理国故"运动主张以科学方法对古代文献进行系统整理和研究，并以此"再造文明"，其中，历史被视作既成且不变的过去；而郭沫若注重历史研究的现实意义和未来导向，希望通过历史研究来确证理想的未来正在来临，为现实革命提供愿景和依据，他"清算过往社会的要求"产生于"对将来社会的待望"，他是为着"将来"而研究"过往"的。"整理国故"运动主张以"评判的态度"对待传统文化，即理性地重新评估制度风俗、圣贤遗训和社会普遍行为与信仰，旨在分清传统文化中的精粹与糟粕；而郭沫若认为，"整理国故"运动虽然有助于重新审视传统文化，但那只是一种对旧价值的重新评估，而非对新价值的创造，认为"整理国故"运动虽然在一定程度上推动了学术研究的深入，但过度沉溺于考据和文献整理，忽视了对现实和未来的观照，他强调学术研究应服务于现实社会进步和未来文化发展，而非仅仅沉溺于过去的历史文献中。此外，在推动历史研究的社会科学化方面，郭沫若也有大大进步之处。

这并不代表郭沫若对历史文献不屑一顾，相反地，他十分重视历史文献的使用，并开创性地将出土文献、古文字资料和考古材料应用到历史学研究之中，形成了一套新的史学研究方法。这与"整理国故"的发起者胡适后期所提倡的新范式不谋而合。胡适于 1928 年发表《治学的方法与材料》，号召研究者应从实物材料下手，劝导跟着他们"向故纸堆乱转"的少年人及早回头，强调包括考古资料和出土文献等在内的新材料的使用。"纸上的学问也不是单靠纸上的材料去研究的"，"材料可以限死方法，材料也可以帮助方法"，"向来学者所认定纸上的学问，如今都要跳在故纸堆外去研究了"，他感叹"河南发现了一地的龟甲兽骨，便可以把古代殷商民族的历史建立在实物的基础之上"。[1] 郭沫若开始写作《中国古代社会研究》中诸篇章时，与胡适此文的发表几乎同时，他当时是否读到了胡适此文，今已无从考证，当时郭沫若远在日本，缺乏足够的研究资料和学术支持，对于国内的学界动态应无法及时掌握，但二人同时意识到"整理国故"的局限性和新材料对历史研究的重要性，可谓是一种面对新的现实局面时，学术观念的"所见略同"。前人论及郭沫若对"整理国故"的批驳时，常常将胡适同时囊括进去，如评价郭沫若"划出了与胡适为代表的'整理国故'一派的界限"[2]，实际上是不完全准确的，应认识到同时期胡适的思想转向和二人学术思想理路的殊途同归。

---

1. 胡适：《治学的方法与材料》，《新月》第 1 卷第 9 号 1928 年 11 月。
2. 谢保成：《郭沫若学术思想评传》，北京图书馆出版社 1999 年版，第 105 页。

三、对"罗王之学"的继承和超越

在《自序》中，与郭沫若对待"整理国故"的态度存在明显对比的是，郭沫若对罗振玉和王国维甲骨学贡献的肯定。他认为，罗振玉的贡献在于其搜集、保存、传播、考释之功，而王国维的贡献在于其研究之功，其"研究学问的方法是近代式的"。经过王国维的研究，卜辞的时代性、殷代的史实性得以确定。因此，"大抵在目前欲论中国的古学，欲清算中国的古代社会，我们是不能不以罗、王二家之业绩为其出发点了"。[1] 郭沫若尤其高度评价王国维的贡献："他首先由卜辞中把殷代的先公先王剔发了出来，使《史记·殷本纪》和《帝王世纪》等书所传的殷代王统得到了物证，并且改正了它们的讹传。……我们要说殷墟的发现是新史学的开端，王国维的业绩是新史学的开山，那样评价是不算过分的。"[2] 王国维提出了著名的"二重证据法"，即综合运用考古材料与文献史料以考证古史的真相。郭沫若继承了这一研究方法，并奠定了它在马克思主义史学中的地位。

在殷墟甲骨发现以前，商代历史的研究由于可信史料的缺乏，始终难以辨明。而古文字学者对于这批珍贵材料"不能有系

---

1. 郭沫若：《中国古代社会研究·自序》，《郭沫若全集》历史编第 1 卷，人民出版社 1982 年版，第 8 页。
2. 郭沫若：《十批判书·古代研究的自我批判》，《郭沫若全集》历史编第 2 卷，人民出版社 1982 年版，第 6 页。

统的科学的把握"。作为一名古文字学者，郭沫若的甲骨文和金文研究丰富而扎实，有别于其他古文字学者的是，郭沫若的研究不止着眼于古文字本身，更是希望通过古文字的考释，获得对于当时社会的科学认识。在《甲骨文字研究》重印弁言中，郭沫若对这一意图作了说明："这些考释，在写作当时，是想通过一些已识未识的甲骨文字的阐述，来了解殷代的生产方式、生产关系和意识形态。"[1]《甲骨文字研究》写作于 1928 年底至 1929 年的夏天，[2] 而《中国古代社会研究》中《卜辞中的古代社会》一篇的最终完成时间是 1929 年 9 月，两篇文章可以说是同时完成的，亦存在互相配合的关系，二者之间"辅车唇齿"[3]。在《中国古代社会研究》"解题"中，郭沫若也表示，"第三篇《卜辞中的古代社会》亦非一时之作，其中所引用文字有前人著书未经解释者，率见拙作《甲骨文字研究》一书"。[4] 可见，郭沫若对甲骨文字的考释，是与他对中国古代社会的探索同步进行的，两方面的研究相辅相成，

---

1. 郭沫若：《甲骨文字研究·重印弁言》，《郭沫若全集》考古编第 1 卷，科学出版社 1982 年版，第 7 页。
2. 在《海涛集》中，郭沫若说此书"我从 1928 年的年底开始写作，费了将近一年工夫"，在《甲骨文字研究》的"重印弁言"中说"这本书是 1929 年的夏天，在日本写作的"，可相参校。看看郭沫若：《海涛集·我是中国人》，第 369 页；郭沫若：《甲骨文字研究·重印弁言》，第 7 页。
3. 郭沫若：《中国古代社会研究·卜辞中的古代社会》，《郭沫若全集》历史编第 1 卷，人民出版社 1982 年版，第 248 页。
4. 郭沫若：《中国古代社会研究·解题》，《郭沫若全集》历史编第 1 卷，人民出版社 1982 年版，第 11 页。

互为表里。作为甲骨学家、古文字学家和历史学家，郭沫若的贡献不仅在于其对于甲骨文字的考释，更在于他以甲骨卜辞为历史资料，充分发掘其中的历史信息，对古代历史作重新审视，这可以说是对王国维研究范式的继承和发展。他认为，甲骨作为直接的史料载体，其价值在于可以实证文献中的历史记载，并破除后人的"阶级粉饰"：

> 我们现在也一样地来研究甲骨，一样地来研究卜辞，但我们的目标却稍稍有点区别。我们是要从古物中去观察古代的真实的情形，以破除后人的虚伪的粉饰——阶级的粉饰。……得见甲骨文字以后，古代社会之真情实况灿然如在目前。得见甲骨文字以后，《诗》《书》《易》中的各种社会机构和意识才得到了它们的泉源，其为后人所粉饰或伪托者，都如拨云雾而见青天。我认定古物学的研究在我们也是必要的一种课程，所以我现在即就诸家所已拓印之卜辞，以新兴科学的观点来研究中国的古代。[1]

对王国维"二重证据法"有所超越的是，郭沫若在结合历史文献和出土资料的基础上，还注重以马克思主义理论分析中国

---

1. 郭沫若：《中国古代社会研究·卜辞中的古代社会》，《郭沫若全集》历史编第 1 卷，人民出版社 1982 年版，第 195—196 页。

古代的经济活动，推断社会结构和意识形态的变化，并由此厘清了中国古代社会发展的线索，证明了中国社会的发展是遵循马克思主义的社会发展规律而进行的。这使郭沫若的研究具有更加宏大的气象，他的研究较王国维的研究更为系统，得到了对中国历史更为全面的认识。例如甲骨卜辞地理研究方面，在王国维考释出的散见地名的基础之上，郭沫若更进一步推断出地名间的相对位置关系，大大推进了关于商代地理和国家结构的认识。此外，郭沫若通过卜辞材料，对商代的社会结构、政治制度和宗教信仰等方面的情况加以阐明，还通过卜辞中大量关于底层民众从事农业生产的内容，展现了他们在生产、生活中的作用和地位，证实了底层民众在古代社会的经济生产中扮演着的重要角色。

作为同样由文入史、留学日本并曾长期在日本治学的学者，郭沫若与王国维的学术旨趣却不尽相同，这是由于二人对未来社会怀抱着不同的寄望。王国维虽然早年追求新学，在学术上善于学习西方思想，并取得了不朽的成就，但他的身份认同是"逊清遗老"，始终未曾剪掉那条辫子，因此学术理路也仍是旧式的。而郭沫若怀抱着找寻一条新路的希望，积极学习和接受新的"主义"，并在"主义"的指引下，开创了新式的学术研究。

在日期间，郭沫若注意到有大量甲骨流散日本，他决心"征集诸家所藏以为一书"，积极广泛搜求，所见流散甲骨约三千片，可惜多数并无拓片，因此也遴选各家著录甲骨和未公布的私藏拓本中的精品，并将相关成果分类汇集成《卜辞通纂》一书。他对书中选录的每一片甲骨都作了精当的考释，其中的一些观点至今仍不过时。此举可以视作他对罗振玉搜集、传播、考释甲骨之功的仿效，对甲骨学的发展具有极大的推动作用。类似的情况同样见于《两周金文辞大系》，书中选录诸著录中重要的两周有铭青铜器，郭沫若不仅逐件考释、研究，还作了系统分期和分类，推动青铜器研究进入新阶段。此类著作，是郭沫若的基础研究力作，对历史材料的广泛搜集和把握，使郭沫若的历史研究能够建立在牢靠的基础之上，而非将马克思主义理论和中国历史进行泛而不切的捏合。

四、《中国古代社会研究》诸篇章的内在理路

对于《中国古代社会研究》中诸篇章的内在理路，学界少有措意，但这对于考察郭沫若的学术思想脉络具有重要价值，应予以特别分析，不应因几篇文章同时被收入同一部书中，就将之作为一个不可拆分的整体；更不应因几篇文章集中写作于一年多的时间里，就对郭沫若在这段时间内的学术旨趣不作阶段性的划分。

考察《中国古代社会研究》中除"追论与补遗"之外几篇的

写作时间 [1] 可以发现，使用历史文献材料研究的三篇，集中完成于
1928 年的 8 月和 10 月，此时，郭沫若尚未接触到古文字资料。在
"解题"中，郭沫若也说明，"以上三篇大率均是我在未十分研究
甲骨文字及金文以前的作品，在发表当时很有一些分析错误或论
证不充分的地方"，[2] 所指的，是单纯使用历史文献的《中国社会之
历史的发展阶段》《〈周易〉时代的社会生活》[3]《〈诗〉〈书〉时代的
社会变革与其思想上的反映》三篇。

　　而使用甲骨金文研究的两篇，则完成于 1929 年的 9 月和 11
月。这中间的一年时间，就是郭沫若集中攻克古文字难题，并将

1.《〈周易〉时代的社会生活》完成于 1928 年 8 月，《〈诗〉〈书〉时代的社会变革与其
　思想上之反映》初稿于 1928 年 8 月、改定于 1928 年 10 月，《中国社会之历史的发
　展阶段》完成于 1928 年 10 月，《卜辞中的古代社会》完成于 1929 年 9 月，《周代
　彝铭中的社会史观》完成于 1929 年 11 月。
2. 郭沫若：《中国古代社会研究·解题》，《郭沫若全集》历史编第 1 卷，人民出版社
　1982 年版，第 11 页。
3.《〈周易〉时代的社会生活》一篇的完成时间有争议，书中此篇落款处作"一九二七
　年八月七日"，其下有注释："本文最初发表在一九二八年十一月十日、二十五日
　《东方杂志》第二十五卷第二十一号、二十二号上，写作时间标明为'一九二八年
　八月一日脱稿'。按，作者《海涛集·跨着东海》自述：'费了六天工夫，我便写
　成了那篇《周易的时代背景与精神生产》。后来是作《中国古代社会》的一篇，被
　收入了的。是文章写好后的第二天，我清清楚楚地记得是八月一号。'"（郭沫若：
　《中国古代社会研究·〈周易〉时代的社会生活》，第 89 页。）在《海涛集·跨着东
　海》中，郭沫若记述了在日本东京旧书店买到《易经》的过程和买到书后用六天
　时间写作此文的往事，而郭沫若到达日本的时间是 1928 年的 2 月底，此文写作不
　可能早于这一时间。综合考虑下，此书完成时间应定为 1928 年 8 月，书中落款处
　"一九二七年八月七日"应是误记。参看郭沫若《海涛集·跨着东海》，第 315—
　316 页、第 331—332 页。

之应用于历史学研究的一年。郭沫若曾提及这次学术转变："读过我的《中国古代社会研究》的人，请把关于诗书研究的那一篇的末尾翻出来看看吧。那儿是这样写着的：'一九二八年八月二十五日初稿，十月二十五日改作'"，"这表示着在我的研究程序上，起了一个大转变"，"我对于我所研究的资料开始怀疑起来了"。[1] 此一转变就集中在 1928 年的 8 月底至 10 月的一两个月之间："我跑东洋文库，顶勤快的就只有开始的一两个月。就在这一两个月之内，我读完了库中所藏的一切甲骨文字和金文的著作。"[2] 在这一两个月之内，他集中学习甲骨金文，也基本完成了使用甲骨卜辞研究古代社会的最初尝试之作，即《卜辞中的古代社会》一篇，[3] 其速度令人惊叹。其时，郭沫若流亡日本，经济来源有限，生活相对困难，且时刻受到监视，就是在这种恶劣的客观条件下，他凭着智慧和毅力迅速攻克了古文字学的难题，"昼夜兼勤"，在高烧之下仍坚持研究与写作，"文字愈写愈大，结果终竟不能支持，睡倒下去了"，最终写成了《甲骨文字研究》一书。[4] 也正是在这样的

---

1. 郭沫若：《海涛集·我是中国人》，《郭沫若全集》文学编第 13 卷，人民文学出版社 1992 年版，第 356 页。

2. 郭沫若：《海涛集·我是中国人》，《郭沫若全集》文学编第 13 卷，人民文学出版社 1992 年版，第 365 页。

3. 郭沫若曾说明，《卜辞中的古代社会》一篇，"文章的末尾虽然写着'一九二九年九月二十日脱稿'，但大体上在一九二八年的十月，已经基本完成。"郭沫若：《海涛集·我是中国人》，《郭沫若全集》文学编第 13 卷，人民文学出版社 1992 年版，第 366 页。

4. 郭沫若：《海涛集·我是中国人》，《郭沫若全集》文学编第 13 卷，人民文学出版社 1992 年版，第 352 页。

辛勤努力下，他完成了《中国古代社会研究》中的各篇文章。

认识到使用马克思主义解释中国历史的重要性后，郭沫若首先入手的经典文献是《周易》，这一方面是由于他对这一经典文献颇为熟悉，"小时候背得烂熟"，也正是由于这种程度的熟悉，他才能在六天时间里完成那篇《〈周易〉时代的背景与精神生产》（收入书中时，题目改作《〈周易〉时代的社会生活》）；另一方面，也是由于他认为《周易》之中"包含的宇宙观是符合于辩证式的与唯物论的"。[1]《〈周易〉时代的背景与精神生产》分作两部分，第一部分讨论《周易》时代的社会生活，第二部分则聚焦于《易传》中的辩证观念。郭沫若认为，《周易》不仅是一部哲学著作，更是一部体现古代社会历史状况的珍贵文献，记载了商周时期包括"生活的基础""社会的结构"和"精神的生产"等方面的内容，反映了当时包括阶级结构、行政组织、生产关系及生产力状况等的社会面貌。其卦爻辞不仅具有卜筮的功能，不仅是对自然和社会现象的简单记录，更蕴含了深刻的哲学思想。郭沫若重视对生产力的分析，他对卜辞所反映的商代渔猎、畜牧、耕种、工艺、商贸等问题作了深入讨论，进而探讨这一时期的生产关系和社会结构问题，体现了唯物史观的基本精神。随后，他又用半个月时间对《诗经》《尚书》作了研究，并写成了《〈诗〉〈书〉时代的社会

---

1. 郭沫若：《海涛集·跨着东海》，《郭沫若全集》文学编第 13 卷，人民文学出版社 1992 年版，第 331 页。

变革与其思想上之反映》一文的初稿。在两篇文章中，郭沫若着重探讨了殷、周之际原始公社制逐渐瓦解并向奴隶制过渡的过程，以及东周时期奴隶制向封建制转变的趋势，这正是此书研究的重心所在，即中国历史上最初的两次重大社会变革，因此他使用的材料，也是当时据信属于这段历史时期的经典作品。在两篇文章的基础上，郭沫若写成《中国社会之历史的发展阶段》一文，对中国历史的分期作了总结概说，并把对于中国早期历史的解释经验延伸至周以后直至近代，认为蒸汽机的输入成为中国第三次社会变革的动力。

三篇文章完成后，他即刻意识到所用材料的问题："《易经》果真是殷、周之际的产物吗？在那样的时代，何以便能有辩证式的形而上学的宇宙观，而且和《诗》《书》中所表现的主要是人格神的支配观念，竟那样不同？""我们纵使可以相信《易》《书》《诗》是先秦典籍，但它们已经失真，那是可以断言的。"他生出了"材料不真，时代不明"的担忧，认为"因此要论中国的古代，单根据它们来作为研究资料，那在出发点上便已经有了问题。"[1]1935年，郭沫若更是单篇撰文《〈周易〉之制作时代》，提出《易经》作于战国初年，而《易传》作于有秦以后。对材料的时代性判断不准确，是郭沫若在20世纪50年代进行自我批判时的一个重要

---

1. 郭沫若：《海涛集·我是中国人》，《郭沫若全集》文学编第13卷，人民文学出版社1992年版，第357页。

方面。他提出，"材料不够固然大成问题，而材料的真伪或时代性如未规定清楚，那比缺乏材料还要更加危险。"[1]

对文献资料的怀疑促使郭沫若去寻找新的可信资料，他的兴趣追求"首先转移到了资料选择上来"，想要寻找到一手材料，"例如考古发掘所得的，没有经过后世的影响，而确确实实足以代表古代的那种东西"。然而"这样的东西，在科学进步的国家是很容易得到的，但在我们中国，却真是凤毛麟角了"。这时，他充分发挥了自己身处日本的优势，回忆到1916年前后在冈山第六高等学校的图书馆目录里面，曾经看见过罗振玉的《殷虚书契》，"我虽然不曾取来看过，但我猜想它会是关于古代的东西"，[2] 进而凭借着这样的印象，前去上野图书馆、文求堂、东洋文库等处遍寻甲骨著作，并迅速入门，"一找到门径，差不多只有一两天工夫，便完全解除了它的秘密"，[3] 其后迅速展开了他将古文字学与历史学相结合的研究工作。

在《卜辞中的古代社会》中，郭沫若凭借对甲骨卜辞细致入微的剖析，深刻揭示了殷代社会的多维面貌。他观察到，殷

1. 郭沫若：《十批判书·古代研究的自我批判》,《郭沫若全集》历史编第2卷，人民出版社1982年版，第3页。
2. 郭沫若：《海涛集·我是中国人》,《郭沫若全集》文学编第13卷，人民文学出版社1992年版，第358页。
3. 郭沫若：《海涛集·我是中国人》,《郭沫若全集》文学编第13卷，人民文学出版社1992年版，第363页。

代的农业生产、畜牧业及手工业等经济活动已达到相当的发展水平，呈现出高度的复杂性与多样性。通过细致梳理卜辞中祭祀用牲的种类、数量以及祭祀的具体方法，郭沫若深入地探讨了这些祭祀活动背后所隐含的社会组织结构、经济运作模式以及宗教信仰体系的独特特征。在阶级结构与社会制度方面，他通过对"臣""宰""众"等甲骨文字的释读，结合考古资料中商王墓大规模人殉的现象，论证了殷代社会中奴隶制的存在及其残酷性，这一发现不仅为理解早期历史阶段的社会关系提供了宝贵的线索，也深化了对奴隶制社会本质的认识。此外，郭沫若还深入解读了卜辞中关于祭祀、战争及婚姻等方面的内容，从而揭示了殷代社会的宗教信仰体系、军事制度及社会习俗的独特面貌。通过对祭祀活动的分析，他探讨了当时人们对自然神灵的敬畏与崇拜；通过对战争记录的解读，他揭示了殷代社会的军事动员能力及战争对社会结构的影响；而对婚姻内容的考察，则可以帮助理解殷代家庭结构与社会关系。郭沫若基于对卜辞中涉及政治管理、法律执行及权力分配等方面内容的综合分析，认为殷代已经具备了较为完备的国家机构和政治制度。

其后，他又通过对青铜器铭文的解读，完成了《周金中的社会史观》一文（后改题为《周代彝铭中的社会史观》），对西周社会的阶级关系、劳动形式、土地占有情况以及政治体制等方面作了全面且系统的考察，揭示了西周社会的奴隶制特征，从而进一步丰富和完善了对中国古代社会历史阶段的划分和认识。

在这两篇文章中，郭沫若开创性地运用了甲骨卜辞与商周金文材料，结合考古实物资料，使用其中涉及社会经济、社会组织等方面的内容，用以深入探究中国古代社会的面貌，为历史文献中所呈现的社会组织结构和思想观念找到了其历史根源与依据："得见甲骨文字以后，《诗》《书》《易》中的各种社会机构和意识才得到了它们的泉源，其为后人所粉饰或伪托者，都如拨云雾而见青天。"[1] 此外，他还通过这些材料阐发了商周时代的宗教思想、政治思想和道德思想等，通过由生产力而意识形态的广泛探索，完整地构建了商周社会的基本面貌。

值得注意的是，作为《中国古代社会研究》导论的《中国社会之历史的发展阶段》一篇，与郭沫若基于历史文献所写的两篇文章创作于同一时间，且在其后并无修订记录，仅在1947年补充简短的"后案"。写成此文时，郭沫若尚未将出土材料引入研究中。这或许可以说明，虽然甲骨、金文等出土材料为郭沫若提供了充分的可靠资料和补充、修正前期观点的可能性，但其实并未动摇郭沫若基于历史文献所形成的对中国历史的基本认识和判断。

---

1. 郭沫若：《中国古代社会研究·卜辞中的古代社会》，《郭沫若全集》历史编第1卷，人民出版社1982年版，第156页。

五、《中国古代社会研究》的出版与影响

1930 年,《中国古代社会研究》由上海联合书店出版。这得益于李一氓的联络和促成。李一氓是左翼文化运动的积极参与者,也是中国社会科学家联盟的发起人之一。在郭沫若流亡日本的艰难岁月里,李一氓作为他的入党介绍人,与郭沫若保持着单线联系,并积极帮助郭沫若搜集和寄送研究所需资料,帮助其文章和书籍在国内发表、出版和销售,使郭沫若的经济困境得以缓解。上海联合书店是出版家张静庐为呼应当时社会对社会科学知识的广泛需求,于 1929 年在上海成立的"纯粹社会科学书店"。当时,张静庐托李一氓致信郭沫若寻求可供出版的译稿,却意外收获了

1936 年"左联"东京分盟《质文》社同人和郭沫若的合影

《中国古代社会研究》书稿，在当时"社会科学稿在国内有没有书店敢接受来出版，还是很成问题"的情况下，上海联合书店的成立为《中国古代社会研究》提供了难得的出版保障，而这部书的出版计划，也促使作为专门社会科学书店的上海联合书店"竖起了招牌"，并在推动社会科学书籍的出版和马克思主义理论的传播等方面发挥了重要作用。[1]

《中国古代社会研究》出版后，在学界和社会上影响很大，并迅速多次再版。无论是学生还是学者，都深受此书影响。这部书使青年学生"从迷雾中看到了一丝光明"[2]，使侯外庐这样的学者"在论战高潮中，由于受到郭沫若的影响而开始转向史学研究道路"。[3] 也正因其影响之大，在"社会史论战"中，这部书也曾遭到大面积的攻讦。由于"社会史论战"表现出"明显的非学术色彩、普遍生硬的史论结合特征、烦琐的哲学论辩、颇显勉强的跨学科操作、只论他人之非而不顾他人之是的非理性论战氛围"[4]，因此很难说论战中对这部书的批评产生了"真理越辩越明"的效果。但必须承认的是，这部书实际存在着的一些

1. 张静庐：《在出版界二十年》，江苏教育出版社 2005 年版，第 93—94 页。
2. 尹达：《郭老与中国古代社会研究——纪念郭沫若同志逝世一周年》，《中国史研究》1979 年第 2 期。
3. 侯外庐：《韧的追求》，人民出版社 2015 年版，第 208 页。
4. 张越：《〈中国古代社会研究〉问世前后的学术史考察》，《天津社会科学》2022 年第 5 期。

问题，如理论与方法的使用、材料的辨析和运用和一些重要论断方面的偏颇等，在论战中被充分指出，促使郭沫若作出反思和修正。在《中国古代社会研究》的 1954 年新版中，郭沫若曾在这些方面作出深刻反思，并修正了前期观点。因此可以认为，"社会史论战"中针对此书的部分批评，在客观上促进了马克思主义唯物史观指导下的中国古代社会研究走向科学和深入。

在论战之外，这部书获得了公允的评价。当时已经成名的一些学者对这部书有着肯定性的意见，如嵇文甫认为此书有"为新史学开其先路的功绩"[1]，张荫麟认为此书"例示研究古史的一条大道"，"值得后来史家遵循"，并将此书与《古史辨》第二册并列为1930年史学界最重要的两种出版物。[2] 可以说，《中国古代社会研究》是 20 世纪 30 年代中国社会科学事业中的一部里程碑式的著作，该书的出版和后续引发的讨论，促进了马克思主义的中国化，推动了历史研究的科学化，对马克思主义社会科学的发展和进步产生了深远影响。

结　语

《中国古代社会研究》的学术贡献不仅在于其对中国古代社会

1. 文甫：《评郭沫若〈中国古代社会研究〉》,《大公报·文学副刊》（天津）1931 年 10 月 12 日第十版。
2. 素痴：《评郭沫若〈中国古代社会研究〉》,《大公报·文学副刊》（天津）1932 年 1 月 4 日第八版。

的研究和揭示，更在于其对中国马克思主义史学的开创。书中处处体现着郭沫若对马克思主义唯物史观的坚定信仰和灵活运用，他通过具体的历史研究实践，实现了将马克思主义唯物史观与中国古代社会历史发展进程相结合，证明了马克思主义理论对于解释中国历史的适用性，这种思想探索和实践经验对于推动马克思主义在中国的传播和发展具有重要意义。

郭沫若研究中国古代社会的直接理论来源是摩尔根的《古代社会》和恩格斯的《家庭、私有制和国家的起源》，他将《中国古代社会研究》视作恩格斯著作的"续篇"，旨在填补恩格斯未涉及的中国部分。郭沫若认为，尽管恩格斯的著作中没有直接提及中国，但其理论对于理解中国社会的历史发展同样适用。马克思主义理论的提出是基于西方历史和西方革命的，郭沫若通过《中国古代社会研究》为其补上了中国的这块重要拼图。他力图证明中国社会的发展遵循了与世界其他地区相似的历史发展规律，即从原始社会到奴隶制再到封建制的演进，因此中国革命也理应受到马克思主义的指导。这不仅为马克思主义史学提供了理论基础，也为理解中国在世界历史发展中的位置提供了重要视角，为中国革命提供了有力的理论武器。

该书突破了以历史文献为"国故"的局限，将研究拓展到地下出土实物，"把《诗》《书》《易》里面的纸上材料，把甲骨卜辞、周金文里面的地下材料，熔冶于一炉，制造出来一个唯物史观的中国古代文化体系"[1]，揭示了中国古代社会的性质和发展规律，打破了传统史学的局限，为中国古代历史的研究提供了新的方法和思路，推动了中国古代史研究的科学化，开创了以马克思主义唯物史观为指导的新史学研究范式，为马克思主义史学的发展作出了划时代的贡献。

在这部著作中，充分展现了历史研究的现实意义和未来导向。郭沫若认为，历史研究不仅要追求知识的积累和传承，更应关注其对当下的指导价值和对未来发展的预见性。这一研究旨趣不仅在当时具有重要的指导意义，对于今日的历史研究同样具有重要的启示作用，为当代历史学者提供了宝贵的思考和行动指南。

---

1. 董作宾：《中国古代文化的认识》，《中国现代学术经典·董作宾卷》，河北教育出版社 1996 年版，第 614 页。

李达与马克思主义社会学之构建

肖　瑛[*]

　　李达（1890—1966）是中国共产党
的创建者之一，也是中国最早的马克思
主义研究者和传播者之一，在中国近
现代思想史和政治史上拥有重要的地
位。他不仅在马克思主义哲学、政治经
济学、科学社会主义的研究方面作出了
卓越贡献，而且在史学、法学、货币学
等领域也做了重要的开拓性工作。考察
"社联"与20世纪20—30年代马克思

李达

主义社会科学的兴起与发展，李达是一个绕不过去的人物。本章
主要从社会学的角度，研究分析李达关于马克思主义社会学的思
想体系和理论观点，深入理解李达等早期马克思主义研究者和传

---

* 本文作者：肖瑛，上海大学社会学院教授。本文是国家社科基金项目"文明比较与
　中国社会理论的早期构建研究"（项目编号：22VRC097）的阶段性研究成果。

播者所开创的马克思主义社会学传统。

1927 年大革命失败后，李达潜往上海。在国民党文化"围剿"中，李达在上海继续坚持研究和宣传马克思主义。他于 1928 年与邓初民等创办昆仑书店，大量出版马克思主义的理论著作，并亲自翻译和撰写了许多理论著作。1930 年夏，李达参加中国社会科学家联盟，后经"社联"党团书记、中共党员张庆孚介绍，到上海法政大学和上海暨南大学任教授[1]。1932 年 8 月，李达赴北平大学法商学院任教，并继续与"社联"的组织保持密切联系。他"讲授的课程名义上是社会学，实际上是辩证唯物主义和历史唯物主义。他到校后，'社联'盟员尹景湖、关毓芬便逐渐同他家建立了深厚的知心联系，相互之间无所不谈。李达教授讲课的特点是旗帜鲜明，尽管白色恐怖严重，个别反动学生蓄意捣乱，但他仍然毫不改变，从容讲授。他虽然公开讲演较少，但非常关心革命运动，尹景湖、关毓芬每次到他家，他都很愿意听尹景湖等人谈左翼文化活动和一般学生运动。"[2]

一、被忽视的马克思主义社会学家

《李达全集》于 2016 年在他作为创始人的人民出版社出版，

1. 周可、汪信砚：《李达年谱》，人民出版社 2016 年版，第 76 页。《李达同志生平事略》，第 13—14 页，载《李达文集》第一卷，人民出版社 1980 年版。
2. 徐素华编著：《中国社会科学家联盟史》，中国卓越出版社公司 1990 年版，第 197 页。

汪信砚主编：《李达全集》，人民出版社 2016 年版

达 20 册 1000 万字之巨。但是，关于李达思想的研究成果，相比于他等身的著述，以及毛泽东给予的"理论界的鲁迅"的至高评价，还显得有些捉襟见肘。从陈汝财对 1980 年到 2020 年相关的李达研究文献做的简单分类和罗列中就可以发现这一点。[1] 概而言之，对李达的研究，有四个重要的点：一是生平研究，从早年的留学生涯到晚年的武汉大学校长职务；二是他对于马克思主义中国化的贡献研究，这构成李达研究的主体；三是其马克思主义哲学观研究；四是他的经济学、法学思想研究。在这些并不丰富的二手研究文献中，让人困惑的是，李达作为中国马克思主义社会学的奠基者之一的贡献很少被人关注，不仅 1949 年之前的社会学著作对之鲜有提及——譬如，孙本文在 1948 年出版的《当代中国

---

1. 陈汝财：《近四十年学术界关于李达的研究综述》，《党史博采》2020 年第 8 期，第 40—41 期。

社会学》，对 20 世纪 20 年代到 40 年代末近三十年的中国社会学发展状况做了详细的梳理，而其中独独没有瞿秋白和李达的马克思主义社会学的影子，[1] 而且今天的中国社会学史研究亦未曾关注他，迄今为止，除了一篇认定李达是社会学家的短文[2] 外，关于其马克思主义社会学思想的研究尚付阙如。而事实上，在皇皇巨著《李达全集》中，社会学的文章、译著、教材和著作占据很大的比例。我们先在这里对这些文献做一概览：

李达：《现代社会学》

社会学总论。1926 年出版著名的《现代社会学》；1928 年发表《三民主义之社会学的研究》；1929 年出版《社会科学概论》《社会之基础知识》；1930 年根据苏联作者卢波尔的《列宁与哲学——哲学与革命的关系问题》的德译本，参照其日译本，将其标题改为《理论与实践的社会科学根本问题》翻译出版；1935 年，出版作为北平大学教材的《社会学大纲》和《社会进化史》，1937 年修改出版《社会学大纲》；

---

1. 孙本文：《当代中国社会学》，商务印书馆 2011 年版。
2. 邝正：《李达——中国马克思主义社会学的开拓者》，《中国社会科学报》，2021 年 6 月 23 日，第 10 版。

1950 年出版《社会发展史》。

社会问题。1921 年翻译出版日本人高畠素之撰写的《社会问题总览》，该著作涵盖社会政策、社会主义、工会、妇女问题等内容，是李达的第一本译著，也是他向国内读者介绍马克思主义社会学著作的起点。

妇女问题。妇女解放是李达关注的重要议题，自 1919 年起，先后发表《女子解放论》（1919 年）、《列宁底妇女解放论》（1921 年）、《绅士阀与妇女解放》（1921 年）、《告诋毁男女社交的新乡愿》（1921 年）、《社会主义底妇女观》（1921 年）、《介绍几个女社会革命家》（1921 年）、《女权运动史》（1922 年）等文章；1922 年从日文转译了美国社会学者乌德（Lester Frank Ward）的《纯理社会学》（*Pure Sociology*）中的一个章节，以《女性中心说》为题出版，1929 年翻译出版日本学者山川菊荣的著作《妇女问题与妇女运动》。与妇女问题相关的是生育制度，1922 年翻译出版日本学者安部矶雄的著作《产儿制限论》。

劳工问题。1920—1921 年，先后发表《劳动者与社会主义》（1920 年）、《劳工神圣颂》（1920 年）、《劳农俄国底结婚制度》（1921 年）、《俄国农民阶级斗争史》（1921 年）等文章；1922 年出版《劳农俄国研究》。

民族问题。1929 年出版《民族问题》。

农业问题。1930 年出版《农业问题之理论》。

民生问题。1928 年发表两篇文章：《民生史观》《民生史观和唯物史观》。

中国社会的社会学研究。李达不是一般地介绍马克思主义的社会学著作，还尝试将之用于对中国社会之分析，发表了《现代中国社会之解剖》（1928 年）、《中国农业人口之阶级的分析》（1928 年）等文章。

李达不只是以笔来传播马克思主义社会学，还在讲台上讲授社会学。20 世纪 20—40 年代，中国社会学方兴未艾之际，上海大学、湖南大学、北平大学也开设了社会学系和社会学课程，一群年轻的马克思主义者编写教材、教授课程，将马克思主义哲学转化为更具经验取向的马克思主义社会学。这其中的代表人物，一是担任上海大学社会学系创系主任的瞿秋白，另一位就是李达。瞿秋白在上海大学成立社会学系，亲自编写社会学教学大纲和教材，1924 年出版了《现代社会学》。李达同时期在长沙和武汉的学校讲授社会学课程，1926 年出版的《现代社会学》就是他在长沙的讲稿基础上修改而成的教材。1931 年，李达受聘担任上海暨南大学社会历史学系主任，[1] 1932 年，他受聘北平大学讲授社会学课程，在《现代社会学》基础上多次修订和出版《社会学大纲》。

为什么李达研究者和社会学史研究者对李达的上述社会学成

---

1. 周可、汪信砚：《李达年谱》，人民出版社 2016 年版，第 77 页。

果都采取无视的态度？原因是多重的，下面四点或许尤为关键。

第一，马克思主义社会学与历史唯物主义哲学之间的边界不大清楚，社会学论述很容易被归入历史唯物主义哲学范畴。譬如，李达的三本代表作《现代社会学》《社会学大纲》和《唯物辩证法大纲》被誉为"我国三个不同历史时期马克思主义哲学的代表作"[1]，其中《社会学大纲》被毛泽东评价为"中国人自己写的第一本马列主义的哲学教科书"[2]。这些评价，暗含了马克思主义者将社会学作为历史唯物主义的内在构成部分的预设。这一预设，其实也是苏联在 20 世纪 30 年代、中国在 20 世纪 50 年代取消社会学的首要原因。也因为有这一预设，作为马克思主义哲学家和理论家的高阶声誉直接遮蔽了李达作为马克思主义社会学家的声誉和经历。

第二，正如下文要引述的李达的观点所表明的，马克思主义社会学以社会革命为第一鹄的，而李达所要对话的社会学以社会改良为使命，二者在实质旨趣上各不相同，故而在对各自性质的认知上也差之千里：马克思主义社会学批评后者是唯心论的，后者则会认为前者的社会行动性过强，过于强调经济对社会和心理

---

1. 许全兴语，转引自陶德麟：《〈李达全集〉总序》，载汪信砚主编：《李达全集·第一卷》，人民出版社 2016 年版，第 23 页。
2. 转引自陶德麟：《〈李达全集〉总序》，载汪信砚主编：《李达全集·第一卷》，人民出版社 2016 年版，第 21 页。

的决定性地位。也许正因为如此，虽然马克思主义社会学会自觉地通过批判"唯心论"社会学来确立自身的独特性和正当性，而后者则选择直接无视前者。

第三，相比于学院派，李达所说的"唯心论"社会学致力于不仅构建自己的理论体系，而且建立规整的分支学科、研究方法、研究模型，开展各种形式的田野调查，推进社会学理论与中国经验的结合，成立学会，创办会议和专业期刊，希图通过扎实的田野调查来理解中国。一言以蔽之，与创立托马斯·库恩所谓的"科学范式"不同，李达所构建的马克思主义社会学做的工作一方面是如后文要说的以历史唯物主义替代唯心论来重建社会学，另一方面还是停留在为社会学明确历史唯物主义的本体论和辩证唯物主义的认识、方法论，以及社会分析的阶级范畴，总之在学科建设上主要驻留于纲要层次。并且，马克思主义社会学还没来得及对中国社会革命实践的成就开展学术上的研究，也没有来得及开展具体的经验研究。这样，李达的马克思主义社会学同社会学主张的经验取向有所隔离，其哲学味道更为浓郁。李达也清楚地认识到了这一点。在1926年的《现代社会学》中，他只是在社会问题章节表达了对中国社会问题之性质的大致判断，而未能以直接的经验资料来佐证。在1937年为《社会学大纲》写的《序》中则很遗憾地说："关于第六篇中国社会的研究大纲及材料等项，都已有了准备，只是无暇整理。但研究所得的结论，也不妨在这里略提几句。本书前五篇，是研讨世界社会的一般及特殊发展法则的。至于中国社会，却自有其特殊的形相和固有的特征，绝不是一般原理之单纯的例证。我认为中国，不是资本主义社会，也不是封建社会，而是帝国主义殖民地化过程中的社会。"[1]李达明确地认识到了同中国实际相结合开展研究对于推进马克思主义社会学的重要性，但很可惜，他手头的工作太多，没来得及在这方面继续深入。

第四，与社会学进入 20 世纪之后已经高度专业化和职业化不同，李达虽然在讲堂讲授社会学课程，但从整体上看是一位马克思主义理论解释者和传播者，他同时讲授经济学、法学和辩证唯物主义等各种课程，同时尝试建构马克思主义的社会学、马克思主义的经济学、马克思主义的法学和马克思主义的民族学。这多重角色让职业社会学家很难将之视为同行。他自己其实对这一点也有清晰的认知，所以才在 1937 年编写《社会学大纲》时留有遗憾。

总之，马克思主义哲学领域对李达的研究，将他的贡献凝聚于马克思主义哲学的中国解释和中国传播，民国时期的学院派社会学和当代社会学研究者又不知对李达做出何种定位才算准确。于是，李达对马克思主义社会学在中国的传播和建构的独特贡献就被有意无意地遮蔽了。

---

1. 李达：《社会学大纲》，载汪信砚主编：《李达全集·第十二卷》，人民出版社 2016 年版，第 3 页。

二、社会学是李达设计的马克思主义社会科学体系的构成性部分

前文指出了李达在马克思主义社会学的建构和传播方面创造的成果，但这只是形式性地论证他作为马克思主义社会学家的面向。要从实质意义上证明他作为马克思主义社会学家的身份，还需要更进一步论证两个问题：其一，其抱负是社会学的，是在一般社会学的脉络下接着论述的；其二，其为社会学提供了实质性的新视角和新思路，创造了崭新的马克思主义社会学。前一方面是宏观的，后一方面是微观的，需要进入李达的社会学文本展开剖析和论证。本节论证第一点，下一节论证第二点。

纵览李达的相关社会学论述，可以发现，他对社会学的理解是在三个相互关联的脉络下同时铺陈的。

第一，李达的社会学是在历史唯物主义脉络下推展的。李达对于马克思主义的理解，大概有两个内在关联的角度，一是历史唯物主义和辩证唯物主义，二是阶级论，构成他建构社会学的基底。从 1926 年的《现代社会学》到 1937 年的《社会学大纲》，李达越来越彻底且鲜明地站在这两个基底之上展开论述。在《现代社会学》的"序"中，他说："马克思固未尝著述社会学，亦未尝以社会学者自称，然其所创之唯物史观学说，其在社会学上之价值，实可谓空前绝后，彼不仅发现社会组织之核心，且能明示社

会进化之方向，提供社会改造之方针，其贡献之功实有不可磨灭者。……此书之作，聊欲应用唯物史观作改造社会科学之一尝试而已，非敢谓于社会学上之自标新帜也。"[1]《社会学大纲》的第一篇介绍辩证唯物主义，第二篇介绍历史唯物主义，第三篇到第五篇基于这两种思想工具展开经济基础与上层建筑之关系在社会、经济、政治与意识等领域的具体表现的论述。从这个角度看，说李达的社会学就是历史唯物主义、是借社会学之名来传播马克思主义并不为过。换言之，李达的社会学是在马克思主义的脉络下展开的。但这个判断还是不充分。如果将李达的上述以"社会学"为名和以"社会问题"为对象的著述整体性地同德国学者亨利希·库诺的《马克思的历史、社会和国家学说——马克思的社会学的基本要点》做对比，就会发现，二者在内容安排上差别不大。正是在这个意义上，马克思被今天的世界社会学誉为古典三大家之一。马克思对社会学的贡献，其关注的社会领域还在其次，最为关键的是为社会学提供了一套历史唯物主义的本体论、辩证唯物主义的认识论和方法论，建构了自己独特的社会学品格。李达关于社会和社会学的所有介绍和论述，无论是在问题意识上还是在本体论、认识论和方法论上，都揭示了马克思思想的精髓。从这个角度看，李达与早其两年发表《现代社会学》（1924 年）的瞿

---

1. 李达：《现代社会学》，载汪信砚主编：《李达全集·第四卷》，人民出版社 2016 年版，第 3—4 页。

秋白一起，不约而同地在向中国介绍马克思主义的同时也引入了马克思主义社会学的基本主张和内涵，这些论述具有典型的马克思主义社会学和社会理论的性质，在当时在中国已开始发轫并蓬勃发展的高度专业化的社会学取向之外，构建了一种独特的马克思主义社会学新传统。

第二，李达并不只想推进马克思主义社会学的建设，而是有一个更为宏大的抱负，那就是构建马克思主义哲学社会科学体系。李达一方面积极传播马克思主义的基本哲学，即辩证唯物主义和历史唯物主义，另一方面尝试将哲学体系转化为社会科学体系，具有更强的操作性和应用性，社会学是其社会科学体系的有机组成部分。翻阅《李达全集》就能认识到，李达在其学术生涯中，总是几乎同时在做三件工作：一是马克思主义基本哲学的传播，二是讲授和书写马克思主义社会学，三是讲授和撰写马克思主义经济学、法学等著作和教材。他尝试将马克思主义哲学分解为社会、国家、法律和经济等诸多领域，然后分别展开体系建构。他先后于 1924 年出版了《中国关税制度论》，1929 年出版了《中国产业革命概观》，1930 年出版了《农业问题之理论》《经济学入门》《马克思主义经济学基础理论》《土地经济论》，1932—1933 年间翻译了苏联人拉比托斯和沃斯特罗维查诺夫合著的《经济学——商品、资本主义经济的理论及苏维埃经济的理论纲要》一书，以《政治经济学教程》之书名出版，1935 年撰写完成《经济学大纲》

教材，1949 年出版《货币学概论》，构建了细致完整的马克思主义经济学学科。1928 年，他翻译并出版日本东京帝国大学穗积重远的教材《法理学大纲》，1947 年，在湖南大学的课程讲义《法理学大纲》问世。为实现社会科学的体系化，将马克思主义的基本原理转变为社会科学的基本认识论和方法论是不可或缺的环节，因此，李达在 1929 至 1930 年间，先后撰写和翻译了《社会科学概论》《社会之基础知识》《理论与实践的社会科学根本问题》等著作。在《现代社会学》的第一章，他专辟一节来论述社会学同历史学、政治学、法学、经济学、人类学、心理学、生物学的关系。这样，经济学、社会学、法学加上社会科学的认识论和方法，李达以一己之力呈现了一个马克思主义社会科学的基本体系，实现了马克思主义哲学向社会科学的创造性转化。进一步追溯，在努力建构这个体系的背后，是李达对于"革命"的整体理解："社会革命者何，即社会全体超升一进化阶级之谓，换言之，及社会由旧而且低之生产关系进至新而较高之生产关系，并变更其上层建筑之全部者是也。"[1] 社会革命的前提是经济革命与政治革命，其中，经济革命是生产关系之变革，政治革命是上层建筑之变革。革命的使命要求马克思主义学者弄懂弄清楚社会、经济和政治的实质结构和运行规律，因此构建相应的马克思主义社会科学体系

1. 李达：《现代社会学》，载汪信砚主编：《李达全集·第四卷》，人民出版社 2016 年版，第 79—80 页。

也就是他们义不容辞的使命。

第三，李达笔下的"社会学"不是一般意义上的"社会学说"，而是既自觉地接续又尖锐地批判 19 世纪晚期在欧美诞生并于 20 世纪上半叶在中国迅速开花结果、作为一种社会科学专业的"社会学"，是在研究和接榫这种专业化社会学学科的基础上来重建马克思主义社会学的。社会学作为一门现代学科，是在欧洲的经济、政治与社会意识的迅速现代化进程打破了传统稳定的封建社会格局，社会问题丛生、社会秩序成为难题、个人命运风雨飘摇等背景下，于 19 世纪中后期涌现的，诞生了一批又一批影响至今的社会学家。19 世纪末 20 世纪初，中国也处在从传统向现代转型的关键期。此时，社会学在严复、章太炎等人的译介和推动下，与进化论相结合，被视为一门助力民智进步、社会变革、国家富强的科学而蓬勃发展。20 世纪 20 年代，社会学在中国进入新的发展阶段，一大批专业社会学学生从海外学成归来，系统介绍域外相关理论、概念、方法，在国内尝试开展学科建设，实践社会调查，深入体察民瘼，成果迭出，蔚为大观。马克思社会学说同社会学在西方几乎同时诞生。虽然马克思尖锐批判孔德等人的"资产阶级的庸俗的社会学"，不认可孔德、斯宾塞等人的社会思想，但其问题意识产生的社会、经济和政治背景同其批评的对象的生成背景是一致的。而且，马克思的经济基础论也为大多数社会学者有意无意地接受，马克思的阶级理论也在后来社会学的发展中被不同程度地吸收。这也是马克思被后人视为社会学的三大古典奠基者之一的原因。在中国，虽然专业的社会学者或者是因为在社会理解上的本质差别，或者因其他原因，没有将瞿秋白、李达的思想纳入社会学范畴和学术共同体，但李达没有对非马克思主义的社会学流派视而不见。这表现在两个方面：一是继承社会学学术传统然后同社会学的基本主张对话，在此基础上伸张自己的社会学思想。李达在《现代社会学》中专辟一章来介绍社会学的发展史，讲述社会学在西方产生的背景，"社会学之名称虽创始于孔德，而现代社会学的研究之起源，实托始于文艺复兴时代"[1]，介绍当时流行的各种社会学学说如生物学的社会学、心理学派社会学。李达显然熟悉当时这些学派各自的代表人物，如斯宾塞、塔尔德、齐美尔，等等。然后，李达对心理学派社会学展开了穷根究底的批判，得出"心理学派社会学拥护资本社会"的结论，[2] 为历史唯物主义的社会学的出台清理好了道路。这种对话和批判的逻辑，说明李达是自觉地以历史唯物主义代替心理学主义，来为社会学重建认识论和方法论的，也说明李达的社会学是在西方的专业化社会学的脉络下展开的。

二是在知识体系上接受专业化社会学的主张。将李达的《现

---

1. 李达：《现代社会学》，载汪信砚主编：《李达全集·第四卷》，人民出版社 2016 年版，第 5 页。
2. 李达：《现代社会学》，载汪信砚主编：《李达全集·第四卷》，人民出版社 2016 年版，第 10 页。

代社会学》与民国时期的其他社会学教程进行对照，就能明显地说明这一点。

李达《现代社会学》（1926）[1]	余天休《社会学大纲》（1931）[2]	常乃惪《社会学要旨》（1923）[3]
章一：社会学之性质	章四：社会学之定义	章一：社会学与社会
节一：社会学之由来	章一：欧洲近代文明之演化	章十四：社会学的起源及其派别
节二：社会学之趋势		
节三：心理学派社会学之批评	章六：社会学之派别	
节四：唯物史观与社会学	章二：科学导言	
节五：社会学之使命		章二：社会学在学问系统中之地位和它的研究法
节六：社会学与诸科学之关系	章五：社会学与诸科学之关系	
节七：社会学之问题		章三：社会学的问题和本学的系统
章二：社会学之本质		
章三：社会之构造		章五：社会实在的境遇和动因
节三：社会之秩序		章十：社会化之秩序
章四：社会之起源	章七：社会之起源	章四：社会之起源
章五：社会之发达	章八：社会之演化	章十一：社会发展之原因
章六：家族（节目录略）	章十七：家庭	章六：家族
章七：氏族		
章八：国家	章十三：社会之威力	章七：国家

1. 李达：《李达全集·第四卷》，汪信砚主编，人民出版社2016年版，目录。
2. 孙本文：《当代中国社会学》，商务印书馆2011年版，第41页。
3. 孙本文：《当代中国社会学》，商务印书馆2011年版，第29页。

续表

李达《现代社会学》 （1926）	余天休《社会学大纲》 （1931）	常乃惠《社会学要旨》 （1923）
章九：社会意识		章十二：社会心意
章十：社会之变革		章十一：社会发展之原因
章十一：社会之进化	章十五：社会之进步	
章十二：社会阶级	章十二：社会之阶级	
章十三：社会问题		章十三：社会之弊病
章十四：社会思想		
章十五：社会运动	章十一：社会活动	
章十六：帝国主义		
章十七：世界革命		
章十八：社会之将来		
		章八：经济
		章九：教化
	章三：社会之意义	
	章九：左右社会之势力	
	章十：人口论	
	章十四：社会之求治	
	章十六：宗教	
	章十八：犯罪	

从上表对照可以看出：其一，三种社会学教科书的侧重点各有不同，李达的教科书突出了历史唯物主义作为本体论、认识论和方法论的地位，着力于批判既有的社会学视角，将社会发展史、

社会进步的动力放置到非常重要的位置，并拥有世界革命的全球化视角；余天休的教科书则是典型的美国式问题意识，其中赫然在目的宗教、人口和犯罪问题是其他两本教材所未曾关注的；常乃惪的教科书的特点在教化即社会化的意义。其二，尽管有着各种不同的侧重点，但在基本议题上三种教材是一致的，如对社会学史的共同追溯，对家庭、国家、社会意识、阶级、社会问题等领域的共同关注。由此可以说，李达自觉地将马克思主义社会学放置在社会学的整体脉络下展开，其做的工作不是在形式和体例上消灭社会学，而是以历史唯物主义和辩证唯物主义来替代既有社会学的唯心论实质，构建一个形似而质异的新社会学，或者说以无产阶级的社会学替代资产阶级的社会学。进一步追溯，在实质体系上，既有社会学也不是否定经济因素对于社会各方面的根本性决定作用，而是认为自己是在这个不言而喻的前提下开展学科建设和研究的，马克思主义社会学做的工作就是将这一点显性化并且采取更为科学的方法来论述。由此可见，即使在实质内容上，马克思主义社会学同既有社会学之间亦非绝对对立的关系，而有对话和合作的空间。

三、李达对马克思主义社会学内涵的建构

李达在说明《现代社会学》的写作目的时说："此书之作，聊欲应用唯物史观作改造社会科学之一尝试而已，非敢谓于社会学

上之自标新帜也。"[1] 这一方面说明他是在社会学的形式性范畴之下来书写社会学的，另一方面要用唯物史观来替换唯心论即他所谓的社会心理学，重建新的社会学。这种重建，在李达看来，也可以被理解为用无产阶级的阶级性取代唯心论社会学中的资产阶级阶级性。本章前一部分从宏观上讨论了李达确实是在社会学范畴之中来建构马克思主义社会学的，本节则试图从微观角度分析他是如何建设马克思主义社会学。

（一）历史唯物论社会学的基本主张

社会学的不同流派有着共同的起源，那就是文艺复兴以来资本社会的兴起，也有着对未来社会的共同想象："社会学之派别甚多，其推论社会之最高原理也，亦各有其不同之见解。有谓未来社会为最大多数最大幸福之社会者，有谓为个性能充分发达之社会者，有谓为自由平等实现之社会者，就此等见解综合观察之，一切社会学者之学说实有一致之点，即社会必由强制乱暴不正义之状态进至自由平等博爱之状态是也。惟此种自由平等博爱之未来社会状态，非经济进化达于最高阶段不能实现，故所谓自由平等博爱之社会实际共产社会也。社会进化之极致必达于共产社会，此乃一切社会思想家所公认，而与近今社会学者之主张亦无冲突

---

1. 李达：《现代社会学》，载汪信砚主编：《李达全集·第四卷》，人民出版社 2016 年版，第 4 页。

之点。"[1] 这些都是李达所理解的社会学这一学科的共同之处。

当然，在这些形式上的"同"之下，是深刻的实质差异，譬如美好社会的实现方式，不同社会学流派的理解就不一样。李达将孔德之后的社会学分成两个派别，一个是生物学的社会学，一个是心理学派社会学，在讨论关于社会本质的学说时，他又引入了卢梭的契约论。对于生物学，李达批评其将动物社会的进化原理照搬至人类社会，作为"拥护资本主义社会组织之根据"。但是，李达在后面的论述中实际上是接受了其中的进化论和人类社会的起点是生物性欲望的观点，因此，他对这一派的批评只是点到为止。李达的对话对象主要是心理学派社会学，认为这是社会学的主流，齐美尔、塔尔德等人都是其中不同类型的代表："此派社会学在应用唯心论建筑社会学，以证明改良社会必先改良人心之原则者也。此派社会学，自19世纪末叶以来，日形发达。盖资本主义之发展，今已达于最后阶级，社会组织动摇，阶级冲突剧烈，欲讲求弥缝之策，惟有提倡改良主义，故社会学之趋向乃由唯物论转入唯心论，此心理学派社会学所以盛行于今日也。"[2]唯心派认为，社会的构成是基于社会心理和风俗，社会问题的涌现是因为心理、风俗与社会发展之间的不协调使然，因此，良序

---

1. 李达：《现代社会学》，载汪信砚主编：《李达全集·第四卷》，人民出版社2016年版，第188页。

2. 李达：《现代社会学》，载汪信砚主编：《李达全集·第四卷》，人民出版社2016年版，第7页。

社会的形成有赖于社会心理之调适而非经济改良："承认社会不良足以发生社会问题，并承认贫穷阶级发生之原因，有 80% 由于经济的关系，但不承认社会问题为经济问题，而认为生物的及心理的或道德的问题，故断定绝非经济改良所能解决。"正是在这一点上，李达认为，心理学派的社会学实质是"拥护资本社会"的。[1]

在对心理学派社会学做出定性后，李达表达了唯物主义的基本社会观："精神产自物质，物质要素为精神要素所从出之根本"。[2] 更为具体地说，社会的起点是人的生存欲、生殖欲等根本欲望，"人类种族之所以绵延发达，皆此等根本的欲望之力也。"为满足欲望，各个人必须"协力而行"，生产关系即社会关系由此而生。随着分工以及生产和交换范围的扩张，生产关系和社会关系不断变迁和进步。基于此，李达对唯物史观的社会学做了明确界定："社会生活之历程，即物质的生产历程，而物质的生产历程，完全受生产技术即生产力之支配。在物质的生产历程中，所谓精神文化，皆由物质的生产关系中产出，随生产力之发达而发达，随生产关系之变迁而变迁。社会之进步，亦即生产力之发达。此唯物史观的社会本质说之概要也。"一言以蔽之，"各个人为谋满

1. 李达：《现代社会学》，载汪信砚主编：《李达全集·第四卷》，人民出版社 2016 年版，第 9—10 页。
2. 李达：《现代社会学》，载汪信砚主编：《李达全集·第四卷》，人民出版社 2016 年版，第 11 页。

足欲望而加入生产关系之结合，谓之社会"。[1] 这样，李达就将被唯心论的社会学所颠倒的社会观纠正过来，明确了马克思主义社会学的基本预设。

有了唯物史观基础，李达就可以进一步解释社会的组织形式和进步动力：首先是因"协力而行"组成各种"共同团体"，如氏族，他们内部基本平等，团结协作，对外开展交往或者战争，争夺稀缺的物质资料；其次是因在生产关系中位置不一样，即使共同团体内部也会出现阶级分化，阶级分化必然导致斗争，阶级斗争从此主导着社会关系和社会变迁。总之，人群斗争构成社会发达的直接动力："第一，社会内部裂成征服与被征服之二大阶级，互相对抗，不可调和，故征服阶级利用优势势力，建立国家以调剂之。第二，相异之两共同团体接触之后，必于其自然环境中发见相异之生产手段或生活手段。生产手段或生活手段相异，则其生产方式、生活方法即生产物亦必相异。于是发生新交换关系。交换之范围扩张，生产之范围亦随之扩张，转能促进生产之发展形成新生产关系。第三，相异之共同团体，其双方所持有之政教风俗习惯语言学术等项亦必互相融合而形成与新生产关系之相适应之新文化"。[2]

---

1. 李达：《现代社会学》，载汪信砚主编：《李达全集·第四卷》，人民出版社 2016 年版，第 20—22 页。
2. 李达：《现代社会学》，载汪信砚主编：《李达全集·第四卷》，人民出版社 2016 年版，第 39 页。

到此为止，李达确立了社会构成和变迁的动力和机制：物质因素是根本，阶级斗争是形式。有了这两点，就可以解释：人类是如何从个体、家庭、氏族一步步脱胎出来进入国家；人类社会是如何从低级社会阶段向高级社会阶段迈进，最终走向无阶级的美好社会；社会文物制度、社会意识是如何形成和变迁、具体动力机制是什么；社会问题的本质是什么；为什么要通过阶级斗争来解决社会问题，等等。总之，一个马克思主义的社会学体系得以建立起来，同唯心论的社会学体系分庭抗礼。

（二）社会学的使命

1925 年，李达给友人写了一封信，发表在《民国日报》副刊《觉悟》上，解释自己为什么要到社会学系读书："学'做一个社会的医生'，不是个人的医生"。[1] 这封信显然是虚拟的，因为当时李达已经在湖南法政专门学校即后来的湖南大学法学院任教。当然，我们也可以将这封信理解为李达给社会学系制作的招生广告。通过这封公开信，可以发现，李达赋予社会学以特殊的使命，那就是学习马克思主义理论，以社会学为武器，推进"社会之进化"。在《现代社会学》中，李达将这一目的说得很清楚："社会学之使命，惟在于发见社会组织之核心，探求社会进化之方向，明示社会改造之方针而已。"这里的"社会改造"其实就是"社会

---

1. 李达：《致友人论入社会学系事》，载汪信砚主编：《李达全集·第三卷》，人民出版社 2016 年版，第 376 页。

革命"，就是对资本主义剥削制度的反抗和推翻。当然，李达并不完全从二元论角度来看待唯心论社会学与唯物论社会学在促进社会进化的道路选择上的区别，"普通社会学者恒侈言改良而讳言改造。彼等之意，以为社会学在以科学方法研究社会组织及变化，而推求其真理，促进社会之改造，苟谈及社会之改造，便含有破坏性质，逸出科学范围，即不能称为社会学。此大谬也。社会学研究社会所得之真理，可以促进社会之改良，亦可以促进社会之改造"。[1] 马克思主义社会学坚持社会改造之路径，但也不排斥社会改良的路径，可以因时因势做出恰当的选择。这种理解，也许正是李达要在社会学传统中来建设马克思主义社会学的出发点。

对社会学使命的上述界定，让李达将社会运动纳入社会学的研究对象。他把这一纳入视为他对社会学的一个创新，是马克思主义社会学的内在要求。在 1925 年给友人的信中，李达罗列了自己在社会学系计划学习的科目，以给友人做"自修"之参考。这些科目包括普通社会学、现代经济学、比较政治学、中国问题，等等。他特别强调第三类科目"社会运动学"："这科目是我自己杜造的。在这项科目中应当研究的，不外社会运动的种种方法的研究，详究它究竟哪几种方式最有效的，哪几种是没效的，它们

---

1. 李达：《现代社会学》，载汪信砚主编：《李达全集·第四卷》，人民出版社 2016 年版，第 12 页。

的原因安在：有效的方法，宜如何注意；无效的方法，在怎么样的特殊环境中也可以施用。我认为这门功课是十分要紧的，宜详细地研究，宜占全体功课中四五分之一。"[1]1926 年出版的教材《现代社会学》也专列了"社会运动"章。在该章中，李达解释了社会运动的广义和狭义两种内涵，然后区分了狭义的现代社会运动的实质："现代社会运动，若就上述之狭义解释，即无产阶级一切解放运动之总称也。"这类运动"以谋无产阶级之解放为目的。而所谓解放之内容，则含有物质的及精神的两部分，无产阶级欲谋得精神的解放，必先谋得物质的解放。欲谋得物质的解放，必先脱离资本之支配，占得物质的独立之地位；欲脱离资本之支配，必从速扑灭资本主义之经济组织"。[2]李达自诩的通过学习社会学来学习做"社会的医生"，就是在从历史唯物主义角度出发把握社会的构成逻辑和发展趋势的基础上，审时度势地学会开展社会运动，实现社会超越资本主义的大变革。通过对社会运动的认知这一点，李达的社会学同他所批判的唯心论社会学的分道扬镳就显而易见了。

（三）妇女解放：社会学的主要议题

在论及社会运动时，李达提到了三种类型，即劳工运动、妇

---

1. 李达：《致友人论入社会学系事》，载汪信砚主编：《李达全集·第三卷》，人民出版社 2016 年版，第 377 页。
2. 李达：《现代社会学》，载汪信砚主编：《李达全集·第四卷》，人民出版社 2016 年版，第 163—164 页。

女运动和准无产者运动。[1] 其中，劳工运动和妇女运动是其关注的重点，这跟他对劳工问题和妇女问题的重点关注是一脉相承的，这从本章第一部分罗列的李达的社会学著述名录中可以证实。在劳工问题上，他呼应历史唯物主义对于工人运动的重视，强调"劳工神圣"；在妇女问题上，他的译著和论述最多，他系统性地将唯物史观的社会学理论运用于这一议题，探索妇女解放的根本理由和必要路径。

早在 1919 年，李达就撰文提倡妇女解放，他是以"天赋人权"为依据来倡导妇女解放的。李达强调，这里的"人"不只是指男人，应该同时包括男人和女人。既然女性拥有"天赋人权"，为何在人类历史上恰恰成为了男性和统治阶级的奴役对象呢？李达从历史唯物主义角度出发，回顾了从早期社会的男女平等走向女性被男性压制和支配的社会原因和生产原因。他承认，资本主义制度对妇女解放产生了意料之外的积极效果，那就是女性进入工厂接受剥削，在沦为无产阶级的同时却获得了相对于家庭男性的经济独立地位。进一步解放妇女，本质上是女性获得物质自由和精神自由，其中物质自由是精神自由的前提和基础，有了物质自由，精神自由就会出现。[2] 这就将女性解放纳入了无产阶级运动

---

1. 李达：《现代社会学》，载汪信砚主编：《李达全集·第四卷》，人民出版社 2016 年版，第 167 页。
2. 李达：《女子解放论》，载汪信砚主编：《李达全集·第一卷》，人民出版社 2016 年版，第 15 页。

的范畴。

女性解放遭遇的一个基本问题是如何看待家庭在现代社会的命运。对此，李达没有做正面回答，而是说："社会制度，是应时代的要求改变的……是活的，并不是死的，并不是不可改变的。家庭制度，是社会制度的一种。若无可以破坏的理由，谁也不能破坏。否则人虽不破坏它，它自己也会消灭的。共同生活，是人类的社会发达的枢纽，是文明的一个恩人。凡是社会的文化如何，总是共同生活的发达如何为定。解放女子，并不是破坏家庭，不过使妇人加入共同生活，要他变为共同生产者的一员，完成社会的真价值。"[1] 不难看出，在李达看来，女性解放作为"天赋人权"的题中应有之义，是本体性的。换言之，人的权利才是根本的，社会制度包括家庭只是服务于人的共同生活需求的工具，是可选择的；如果实现权利平等的人在共同生活中不再需要家庭，那人们对家庭的消亡亦无需如丧考妣，而应该平心静气地接受，毕竟人们一定能生产出适合他们要求的更好的社会制度和生活方式，社会只会变得更好而非更差。这种理解，也体现在他对一夫一妻制的认识上。在他看来，无私产之新社会是根本性的，若一夫一妻制必须以私有制为基础，那么，人们为了追求无私产之新社会即本质上的"自由人的联合体"而牺牲一夫一妻制，也是历史的

---

1. 李达：《女子解放论》，载汪信砚主编：《李达全集·第一卷》，人民出版社 2016 年版，第 25—26 页。

必然趋势，应该在所不惜："无私产之新社会实现，则一夫一妻制所借以成立之经济基础亦归于覆灭。原一夫一妻制系由传授遗产于子孙之必要而生，新社会即无私产，则男性传授遗产于子孙之观念势必改变。一夫一妻制既因经济的理由而生、经济的理由而消灭，则一夫一妻制亦必随而消灭。"但是，在此时，他的辩证唯物主义思维开始发挥作用。他猜想，私有制的消灭很可能只是消灭一夫一妻制背后的物质支配，即夫对妻的物质支配，这样反而可能让完全平等个体之间的爱情彻底无遮蔽地发挥作用，促进真正基于平等爱情的一夫一妻制的重生："与其谓消灭，即谓一夫一妻制之完全实现，亦无不可也。生产手段既归社会共有，女子斯无委身男子谋生之必要，而根据恋爱结合之一夫一妻制定能实现。至此则男性之状态必与旧日相反，而女性之状态亦必大生变化。生产手段既转为公共财产，则单一家族，已非社会之经济单位。私的家计成为一种社会的产业。子女之抚养及教育成为公共事务，社会对于一切儿童，无嫡出私生之别，一律平等保护。于是男女自由恋爱之障碍消除，而真正之恋爱成立。"

李达之所以能得出如此乐观的结论，当然根源还是在辩证唯物主义，一方面如前所述给了他辩证的思维方式，另一方面给了他历史辩证地向前发展的进化思维："历史为进化的而非退化的。一切社会制度，因时势之必要而生，亦随时势之必要而亡。家族制度为社会制度之一，苟于人类之存在有绝对必要，虽欲破坏而无从，苟于人类有害，虽欲保存之亦不得也。母系制度废除之后，人类至今犹存，则父系制之废除，人类又焉有绝灭之患哉。"[1] 相比于几乎同时期中国其他知识分子对于妇女、婚姻、家庭的直观想象，[2] 李达的思考真正体现了辩证法和唯物史观的复杂性和开放性。

结 语

"唯物史观说于社会学有充分之真理，爱立为根据，别建一体系以研究之，苟于斯学有丝毫之贡献，则本书之幸也。"[3] 《现代社会学》多处有类似表达，本章亦有引述。正如前文指出的，这一方面说明李达接受了社会学这一学科的基本脉络，另一方面说明他要对社会学做釜底抽薪地彻底改造，建设唯物史观的社会学。上文论述既从形式又从实质内容上论证了李达的努力确实在很大程度上实现了他的初衷。因此，重新从社会学角度来认识李达的贡献，不仅有助于推进马克思主义哲学的社会学化，也有助于客观地回顾中国社会学发展史的整体脉络。

---

1. 李达：《现代社会学》，载汪信砚主编：《李达全集·第四卷》，人民出版社 2016 年版，第 49 页。
2. 参见肖瑛：《从创造性适应到创造性转化：社会学的中国主体追求》，《北京大学教育评论》2018 年第 3 期。
3. 李达：《现代社会学》，载汪信砚主编：《李达全集·第四卷》，人民出版社 2016 年版，第 12 页。

艾思奇的《大众哲学》与
马克思主义哲学大众化

张远新 *

艾思奇

艾思奇（1910—1966），原名李生萱，云南腾冲人，著名的马克思主义哲学家。他早年留学日本，九一八事变后回国。1932 年初，艾思奇来到上海，在泉漳中学任教，同时参加中国共产党领导下的爱国组织"上海反帝大同盟"。1933 年，他开始发表研究和宣传马克思主义哲学的文章，并参加中国社会科学家联盟，曾担任"社联"研究部部长。1934 年 6 月，在"社联"的安排下，艾思奇进入《申报》流通读书指导部工作。1934 年 11 月至 1935 年 10 月，他在上海《读书生活》半月刊上连载题为《哲学讲话》的长

* 本文作者：张远新，上海交通大学马克思主义学院教授。

文，1936 年 1 月由上海读书出版社出版了单行本，同年 6 月在出版第 4版时，改名为《大众哲学》，后又经多次修订出版。[1]

《大众哲学》共四章：第一章"绪论"，讲述哲学与生活的关系，指出哲学并不神秘。哲学与日常生活的感想有共通点，但同时又有差异。"哲学思想是人们的根本思想，也可以说是人们对于世界一切的根

艾思奇：《大众哲学》，
上海读书出版社 1936 年版

本认识和根本态度。——这就是哲学的真面目。"第二章"本体论"（世界观），从现实生活中人们四种不同世界观谈起，把世界观归结成两大类：观念论和唯物论。第三章"认识论"，论述唯物主义的可知论。认识的辩证发展过程，真理的客观性问题，尤其是强

1.《大众哲学》的版本很多。自 1936 年 1 月在上海初版后，不断流传到中共领导的各解放区和根据地的读者中，也引起强烈反响。各解放区有很多翻印的版本，如1946 年辽东建国书店、1947 年晋察冀新华书店、1947 年华中新华书店、1947 年华北新华书店、1947 年大连中苏友协、1948 年山西太岳新华书店、哈尔滨光华书店等，都分别再版或翻印《大众哲学》。中华人民共和国成立后，艾思奇在 1958 年对《大众哲学》作了修订，增加了许多内容。20 世纪 70 年代末期以后，《大众哲学》又不断再版，如 1979 年三联书店、1998 年上海书店、2000 年中国社会出版社、2001 年新华出版社、2004 年人民出版社分别再版《大众哲学》。人民出版社于1981 年、2006 年分别出版《艾思奇文集》（2 卷本）、《艾思奇全书》（8 卷本）中，均收录了《大众哲学》。

调了实践在认识中的重要意义。第四章"方法论"，主要讲述唯物辩证法的三大基本规律和五大范畴。《大众哲学》以通俗的语言，深入浅出的事例，简明扼要而深刻地阐述了马克思唯物主义原理、认识论内容和辩证法的基本规律及范畴，促进了马克思主义哲学在中国的传播。

《大众哲学》一经推出，便将马克思主义哲学思想、中国大众的话语接受习惯以及中国革命现状完美融合在一起，成为脍炙人口、经久不衰的经典之作，对人民大众和中共革命领袖都产生了深远影响，成为推动马克思主义哲学大众化的代表作，影响了中国几代读者，引领一代又一代人选择了正确的人生道路。《大众哲学》的问世，消除了 20 世纪初以来中国哲学界被各种思潮遮蔽着的"彷徨与迷茫"，它像一股强烈的"思想闪电"在广大进步青年内心深处激发了一种全新的世界观，成为他们的"救命之书"。毛泽东对《大众哲学》给予了很高评价。在艾思奇初到延安时，毛泽东曾亲切地对他说："思奇同志，你的《大众哲学》我读过好几遍了。"延安时期，毛泽东曾专门发电给叶剑英、刘鼎，叮嘱其速购一批书给干部阅读，其中就有《大众哲学》。1941 年 1 月 31 日，毛泽东给当时在苏联的两个儿子写信，并给在苏联的留学生送去一批书籍，其中也有《大众哲学》。1959 年 10 月，毛泽东外出视察时也不忘随身携带《大众哲学》，以供途中阅读。可见，《大众哲学》在毛泽东心中的分量。

一、《大众哲学》产生的社会背景：艾思奇的理论魅力与社会革命思潮的浮现

（一）根本动因：五四以来社会革命话语的理论启蒙

任何理论的产生离不开时代的主题。五四时期，以"政党""主义""阶级斗争""民众"等为重要范畴的"社会革命"话语，是中国共产党革命话语体系产生的源头。面对五四时期多元的"社会改造"话语系统，"社会革命"话语为什么会产生，它的出场语境是什么？以及它对中国共产党的成立又有哪些影响？五四后，一批早期具备初步共产主义思想的知识分子在实践中学会了用马克思主义理论武器分析中国的实际问题，革命话语由理论话语发展为实践话语阶段，即由理论阐释、思想论战逐渐过渡到动员群众、革命运动的实践阶段，"社会革命"话语因此被吸收到新民主主义革命的宏大叙事空间之中。马克思主义革命话语的出场逻辑，说明了早期进步知识分子学习和传播马克思主义话语的历史主动，反映了他们构建社会革命话语的理论自觉与实践超越。

五四前后的"问题与主义"之争本质上反映了自新文化运动以来知识界的政治话语与理论话语之间的互动调和。新文化运动后，知识界长期关注理论话语的探索，似乎想要用西方社会思想理论来打开解决中国社会问题的"大门"。然而，缺乏正确的政治

话语导引的理论观照，最终只能流于对中国社会现实"浮光掠影"式的探索。随着马克思主义在中国的广泛传播，进步知识分子迫切需要学习和运用马克思主义为中国社会问题找到答案，迫切需要构建社会革命话语来指导实践。五四时期所构建的"社会革命"话语，是在十月革命的实践语境和工人阶级运动下形成发展起来的。毛泽东指出："十月革命帮助了中国的先进分子，用无产阶级的宇宙观作为观察国家命运的工具，重新考虑自己的问题。走俄国人的路——这就是结论。"[1] 然而，没有先进思想引领的工人运动不可能会产生"社会革命"思想，更谈不上"革命话语"。五四运动前，先进知识分子苦苦寻求救国救民之道，但都因忽视工农群众的伟大革命力量而最终失败。直到十月革命，掌握了科学理论的知识分子迈出了与工人阶级相结合的第一步，工人阶级开始接受马克思主义理论指导，知识分子越来越感受到：只有和人民群众一起，真正依靠和发动人民群众进行斗争，才能根本改造中国。正是基于马克思主义与中国工人运动相结合，孕育出以"阶级斗争"为核心范畴的"社会革命"话语。

艾思奇的哲学探索本质上反映了早期先进知识分子尝试运用马克思主义解决中国社会问题的历史主动。五四时期是一个既鲜活又矛盾的历史时期，它沿着鸦片战争以来近代中国半殖民半封

1.《毛泽东选集》第 4 卷，人民出版社 1991 年版，第 1471 页。

建社会的历史脉络，在五四运动这个特殊的历史时期通过社会文化系统的话语生产，将五四话语由"思想改造"转向"社会改造"。在"社会改造"话语的历史背景下，五四时期的中国思想活跃，百家争鸣。马克思主义正是同各种其他思潮的"学理对话"中，以无可辩驳的真理性取得了话语权，阐释了中国社会问题根本解决的历史逻辑。置身于五四时期话语变革潮流之中的先进知识分子积极投身革命实践，自觉掌握了马克思主义的思想武器，在历史发展的潮流中主动推动着先进知识分子由构建"社会改造"话语向构建"社会革命"话语转变。

（二）深层缘因：革命斗争发展迫切需要提高党员干部的马克思主义素养

《大众哲学》一经出版，立刻成为进步青年的"精神粮食"，这背后的根本缘由在于人是革命的主体。1936年1月初，艾思奇会同柳湜、郑易里等在上海成立读书生活出版社（后改为"读书出版社"），所出版的第一部书就是艾思奇的《哲学讲话》（同年6月更名为《大众哲学》）。由于王明的"左"倾冒险主义路线的错误领导，此时的中国共产党领导的革命正遭受自大革命失败后的第二次挫折，中央红军被迫进行长征。而在"白区"，以王明的教条主义错误表现为"关门主义"路线，使得党组织发展和"地下工作"面临艰难境地。党的组织大部分遭到破坏，白色恐怖威胁到每个党员的安危，一些党员与党组织失去联系。在严峻的革命形势下，中国共产党迫切需要正确的思想理论指导革命实践，为广大党员拨开思想上的"迷雾"。而在建党之初虽然翻译了一些马列著作，但都是从外文直接翻译过来，理论色彩较浓，对一些知识储备不够的党员来说，不易读懂。这就造成了很多党员虽然加入了共产党，但对马列主义理论掌握不够，全党的马列主义理论水平不高，在思想上容易被错误的思想路线蒙蔽。因此，从挫折中走出来的中国共产党，深刻认识到需要在全党范围内开展一场学习革命，以正确开展工作，指导革命斗争。而提高党员的马克思主义理论水平，需要出版一批适合广大党员干部文化水平的出版读物，这也客观推动了马克思主义大众化的"浪潮"。

（三）现实动因：党领导"文艺大众化"推动马克思主义的传播

从媒介叙事角度看，媒介人民性的内容和形式集中体现在"文艺大众化"话语叙事之中。所谓文艺大众化，毛泽东指出，"文艺工作者的思想感情和工农兵大众的思想情感上打成一片。而要打成一片，就应当认真学习群众语言"[1]。这表明，从事媒介传播的工作者和人民群众之间的话语主客体关系产生了根本变革，即延安时期以前的媒介传播，面向的是作为话语主体的作

---

1. 毛泽东：《在延安文艺座谈会上的讲话》,《毛泽东选集》(第3卷),人民出版社1991年版，第849—851页。

者如何迎合作为客体的平民读者之间的矛盾。那么，这一时期作为读者的工农群众才是媒介的话语主体，因为在新政权下的工农群众已经转变为文化自觉性的群体，党相信他们的创造精神，可以和作者一起共同构建话语内容。媒介人民性将传播内容从少数人手中解放出来走向"觉醒的大多数"，使它成为生活在新政权下的人民群众向党和群众表达自己内心真实情感的重要工具。

媒介的人民性要求作品内容和形式的统一。在内容方面要求传播者能够真正了解人民的思想情感，通过人民群众喜闻乐见的民间艺术形式来呈现他们的个人奋斗、切身利益和未来愿景。进一步说，媒介传播内容的人民性要以形式的大众化表现出来。这与五四以来的文艺改造运动截然不同的是，后者只注重在内容上贴近群众，但在话语形式上依然是精英知识分子自己的"想象"。1942 年 5 月，毛泽东在延安文艺座谈会上发表讲话，号召文艺创作要向群众学习，强调发挥民间文艺的媒介形式，传播革命思想的新内容。他进一步提出不仅要"阳春白雪"，还要"下里巴人"，运用"阳春白雪和下里巴人的统一"[1]。在党中央的号召下，大批知识分子广泛深入基层，开展向人民群众学习的活动，掀起了媒介

---

1. 毛泽东：《在延安文艺座谈会上的讲话》，《毛泽东选集》（第 3 卷），人民出版社 1991 年版，第 865 页。

人民性运动。1934 年 6 月，在"社联"的安排下，艾思奇进入《申报》工作。《申报》当时设有副刊《读书问答》专栏，刊登读书指导部回答读者提问的文章，由艾思奇、柳湜和夏征农轮流撰稿，公开解答各地读者提出的思想问题，深受读者欢迎。更难能可贵的是，媒介让人民成为话语主体的同时，在形式上并没有把人民群众理想化和客体化；相反，而是通过民间文艺表现形式让群众自己发声，让先进步起来的"新文化人"给其他群众传播新观念、构建新思想。在这一过程中，传播媒介充分认识到农民的认知水平、话语习惯、接受方式，并深深扎根于民间文化土壤之中，赓续民间文化的形式传统，改造传播内容，在马克思主义传播中赋予人民群众的话语主体性。边区政府先后开展了改编民歌、新秧歌运动、改造说书人等文艺革命化的改造手段，帮助普通群众从媒介传播的旁观者迅速成长为媒介传播内容的构建者，从话语的被动受众转变为话语的传播主体，从而在红色话语的传播实践中实现了自上而下的精英话语和自下而上的人民话语的互动融合，构建了戛戛独造的文艺传播网络。

二、《大众哲学》的主要内容

《大众哲学》的主要内容是由马克思主义世界观、认识论和方法论构成。艾思奇对马克思主义哲学的大众化解读，是通过这三个方面阐释展开的。

（一）世界观的解蔽：大众哲学对马克思主义世界观的大众化解读

世界观是哲学的根本问题，也是基本立场。不同的世界观，会产生截然不同的哲学体系。艾思奇从本体论角度阐释了马克思主义的世界观，分析和说明了观念论和唯物论这两种世界观的对立，阐明了唯物论的基本原理。

但是世界观问题本身是一个抽象的哲学命题，如何让人们辨识正确和错误的世界观？艾思奇从世界本体入手，深入浅出地指出了不同世界观引发的不同哲学立场以及错误所在。他指出，世界上千差万别的一切事物可以分为两部分："一部分是属于我们自己的，例如我们的思想，感觉，意志，感情等等，一部分是属于我们以外的，这就是天上地下以及周围的一切事物。属于我们自己的我们叫做主观的事物，属于外界的我们叫做客观的事物，这就是世界一切事物的两大根本分类"。[1] 艾思奇通过将世界上万事万物进行主客二分的根本分类，进而得出怎样认识主观和客观的关系问题是区别世界

《艾思奇全书》，人民出版社 2006 年版

1.《艾思奇全书》第一卷，人民出版社 2006 年版，第 456 页。

观的根本问题，也是任何哲学所要面对的根本问题。艾思奇解释说："主观与客观的这种关系，是无时无刻不存在的。但为什么会发生关系呢？无形的主观思想怎样能与有形的客观事物互相影响呢？这是哲学上的一个最根本的问题。因为主观与客观是世界上一切事物的两大根本分类，所以只要解决了这问题，就对于世界得到了一种根本的见解，也就是有了一种世界观，也就是对于世界有了一种根本的态度和方法"。[1] 所以，怎样区分观念论和唯物论的世界观，就看它怎样认识和解决主观和客观的关系。艾思奇指出，"过分夸大了主观，以至于否定了客观事物"。或是把客观事物当作绝对意志支配，把客观事物等同于人主观的事物；或是把世界看作是受到某种神秘力量的支配，如宿命论等，此类世界观都是否定客观事物的客观独立性，是观念论的表现。而唯物论的世界观"认为客观的世界是在主观之外独立地存在着，并不是幻影；客观事物的种种变化，也是依照着它自己的性质变化的，并不是神灵的心意要它这样它才这样。它的变化有一定的方式，这方式，科学家称为'法则'，一种事物的变化有一种的法则，我们不能够随着自己的心意妄想将法则更动，我们若要改变事物，只能利用这法则，随着这法则去推动事物，才能达到目的"。[2] "所以我们的主观并不能自由改变客观事物，只能利用客观事物本身的

1.《艾思奇全书》第一卷，人民出版社 2006 年版，第 456 页。
2.《艾思奇全书》第一卷，人民出版社 2006 年版，第 457 页。

法则去推动它。还有，这种世界观不但承认客观事物有独立的存在和独立的法则，并且认为，就是主观也只是从客观事物中产生出来的，是从客观世界中派生出来的""这样，承认客观事物的独立存在和独立法则，又承认主观是由客观中派生出来，这一大类的世界观，我们就叫做唯物论的世界观。"[1] 艾思奇指出："观念论和唯物论，是一切哲学上的两大类；这是哲学史上互相斗争的两大阵营。无论哪一种哲学，不管他标榜着什么招牌，总可以归入任何一类，总会倾向于两类中的一类。世界上找不到第三类的哲学，即使有，也只是把两类拉连一下，弄得一半是观念论，一半是唯物论，也并不是纯粹的第三种东西。这叫做二元论。"[2]

对于如何认识观念论，艾思奇认为因人们从观念出发认识事物的角度不同，观念论也分主观和客观两种。他分析了主观观念论的基本观点，批判了主观唯心主义的谬误。他指出，主观的观念论（主观唯心主义）"完全否认了客观东西的存在，以为世界的一切只是主观的东西"。艾思奇揭示了唯心论与宗教的关系，指出唯心论的错误在于夸大精神因素的作用，同时还分析了宗教的性质和特点。艾思奇说："凡是一切的观念论者，直接间接地都和宗教有点缘法。因为，一切观念论的根本性质，就是在于夸大了主观的东西，换一句话说，它夸大了感觉，思想，心灵等等一切属于精神方

1.《艾思奇全书》第一卷，人民出版社 2006 年版，第 458 页。
2.《艾思奇全书》第一卷，人民出版社 2006 年版，第 458 页。

面的东西。结果才以为只有精神，没有物质，至少也主张物质完全受精神支配。而宗教的世界里，最高的支配者是神，是神的心意，或精神支配物质，这一点，不是很和观念论相同的吗？自然，宗教也有宗教独自的特点，不能与观念论完全混为一谈。宗教的世界观是用迷信和神话来表现的，宗教里还有种种规定的仪式，用仪式来坚强人们的信心。这一切特点都不是哲学的观念论所有的。但是，观念论虽然没有迷信和仪式，它的根本思想却与宗教一致，它用冠冕堂皇的道理和巧妙的言论来说服你，使你信服那与宗教一致的根本思想，无意中把你拖到宗教的庙子里去。观念论本身虽然不是宗教，但它却是走向宗教去的一条坚硬的桥梁，迷信和仪式只能使无知的人去烧香拜佛，但有了观念论的帮助，就是学者思想家也会去念经敲木鱼。它的力量其实是不小的。"

然而，唯物论也有真假之分。艾思奇阐述了唯物论的基本观点，正确地划分了唯物论、机械唯物论与新唯物论的界限。他指出，唯物论就是承认客观事物的真实存在，相信世界不是主观反映。"说到唯物论，它的第一个特点，就是承认客观的东西。主观的观念论把世界全当做我们的感觉思想，说世界只是我们心中的幻影，说'人生如梦'。但唯物论决不这样，它相信世界不是幻影，而是真实地在外界存在着的东西。这是唯物论的根本的思想，没有这一点，就没有资格算做唯物论。""客观的东西是些什么，唯物论的答复是'客观的东西就只有物质，不是死的物质，物质本身会自己运动，用不着其他的力量来推它，宇宙间一切千变万化的现象，都是物质自己运动的过程。'"这就是说，所谓唯物论就是肯定客观事物的真实存在，是意识的本源，物质决定意识；人的意识来源于物质，是客观存在的反映。

机械唯物论"主张一切物质的变化运动，都是机械的变化和运动。所谓机械的运动，简单地说来，就是单单位置上和数量上的变化，而不是性质上的变化。机械论者以为，世界上的物质性质是永远不变的，我们所看见的事物的种种样样的性质，都可以用位置和数量的变化来解释"。由于机械唯物论自己的缺点，如它不能解释人类的思想和感情，被客观唯心论所取代。客观唯心论也由于自己的缺点被新唯物论（实践的唯物论）打败了。

新唯物论"不但承认物质的数量和位置的变动，同时更看重性质的变化。不但看重性质的变化并且认为性质能够发展，能够进化。因为性质的发展和进化，所以物质又能够从低级的简单的状态变化成高级的状态，高级的物质就具有着高级的性质。人类是世界上的最高级的物质，人类的思想就是一种高级的物质性质。因为，思想或精神只是物质发展到最高阶段的产物，是由物质中派生出来的。这一种唯物论，是最近七八十年来一天比一天普遍起来的新唯物论，它能合理地解释思想和精神发生的原因。所以不再会被客观的观念论打败"。艾思奇当时说的这种新唯物论，就是马克思主义的辩证唯物主义。

（二）认识论革命：《大众哲学》对马克思主义认识论的独造性阐释

认识论是关于人怎样看待和认识世界的问题。《大众哲学》关于马克思主义认识论的独创性解读，是全书在理论上最有创见的部分。艾思奇坚持并阐释了唯物论的可知论，明确主张认识分为感性认识和理性认识，否定了不可知论。

艾思奇用照相机照相来比喻唯物论的认识论。他说："人类认识周围的事物，情形与这照相机有点仿佛。通常我们总是说，因为人类有意识，有思想，有精神……所以人类能认识周围的一切。当我们碰见一间房屋时，我们的意识能使我们确实知道这儿有房屋；当我们走在路上时，我们精神能够知道这儿有一条路。但我们更应该知道的，是这认识的能力，这精神和意识，也就好像摄影的能力一样，不是凭空地可以存的。镜头等等适当地配合起来才能摄影，同样，要有了人类的肉体，以及人类的头脑和五官，才会有精神和意识的现象，才能够认识事物。肉体、头脑和五官，都是物质的东西，所以，物质的东西是精神的基础，没有物质的基础，决没有精神和意识，物质是第一性的，根本的东西，而意识和精神只是附属的，派生的东西——这是唯物论的认识论的第一个大前提。"[1] "唯物论不但承认客观世界里有独立地存在着的物

1.《艾思奇全书》第一卷，人民出版社 2006 年版，第 478 页。

质，并且认为物质的本身也是可以认识到的。用照相的话来说，唯物论就认为照相机是能够摄取外物的真相的"。[1] 人的认识最初是事物在人大脑中的反映，就像照相机照相，这一阶段的认识只能关照事物的外表，这是认识的感性阶段。但人除了感性认识之外，还会利用判断、推理、记忆等在大脑中创造一些客观世界中所没有的东西，这并不能用照相反映出来。所以，人的认识必须从感性认识到理性认识，通过理性认识把握事物本质。然而人的理性认识毕竟是大脑加工的产物，不一定可靠，还需要回到客观世界中，和客观事物进行对比。所以，"我们认识一切，都是在主观与客观的统一中实现的；并不单只是主观的幻觉，也有着一滴滴的客观物质的真实面影。这是唯物论的认识论中最重要的一点。"[2]

面对感性认识和理性认识之间的矛盾，20 世纪 30 年代，介绍认识论的著作大都按照几组矛盾去讲，这种论述既枯燥，又很难让大众所能理解。但是，《大众哲学》另辟蹊径，抓住了认识过程几组矛盾关系来阐释认识论。艾思奇用"卓别林和希特勒的分别"这个标题来讲感性与理性的矛盾，使感性与理性这两个哲学概念一下子生动活泼、通俗易懂、吸引眼球了。单靠感性认识两者之间都是有胡子；但是，两者身份不一样。卓别林是戏剧大王，但是戏剧大王不只是卓别林。希特勒是独裁者，但独裁者不仅仅是

1.《艾思奇全书》第一卷，人民出版社 2006 年版，第 480 页。
2.《艾思奇全书》第一卷，人民出版社 2006 年版，第 481 页。

希特勒一人。他认为之所以会存在矛盾，是因为"这种感觉器官所摄取的表面影像，我们叫做'感性的东西'，由感觉器官所得到的认识"。[1] 而理性认识，就是上升到事物内在本质规律的看法，是关乎事物内部和事物之间的内在统一和关联。"这种统一，这种关联，都不是感觉器官可以直接看得到的，但是我们能了解它，我们能用我们的理解力去了解它。用理解力去了解，这一种认识，我们叫做'理性的认识'。"[2] 那么，如何使感性认识到理性认识？艾思奇进一步指出，"感性的认识就好像照相一样，从周围摄取形形色色的影像。理性的认识却更进一步，把那感性的认识所看不见的东西也抽将出来，抽出了普遍的和整个的东西，这叫做抽象"。[3] 但是，抽象至上认识的一个阶段，并不能无限依赖。艾思奇正确地说明了感性认识和理性认识的作用和地位。他说："感性的认识和理性的认识同样地都在人类的认识中有地位，反映论也就承认了他们的地位。这两种认识能力是互相抬杠互相矛盾的，反映论也就承认了这矛盾。它并不像形而上学那样怕矛盾，并且它还指出矛盾是非有不可的。"[4] 因此，理性认识的产生，必须依赖感性认识的具体。没有一个个"具体"，就不会产生一个个"一般"。

实现了感性认识到理性认识的阶段，也不一定能真正认识事

1.《艾思奇全书》第一卷，人民出版社 2006 年版，第 483 页。
2.《艾思奇全书》第一卷，人民出版社 2006 年版，第 485 页。
3.《艾思奇全书》第一卷，人民出版社 2006 年版，第 485 页。
4.《艾思奇全书》第一卷，人民出版社 2006 年版，第 488 页。

物的全貌，而可能只是主观真理。艾思奇还阐释了认识与实践的辩证关系，指出了实践在认识中的重要地位和作用。他给"实践"这个概念下了这样的定义："所谓实践，简单地说，就是改变世界、改变环境的活动。只有在改变世界的活动中，才能够和世界上的一切事物密切地相接触，我们对于世界一切的认识是否真实，是否不落在空想里，也才可以在这里得到证明，得到矫正。"[1]艾思奇把理性认识和感性认识的矛盾、实践和认识的矛盾叫做"抬杠"。在马克思以来的旧唯物论，不能看到人认识论规律中的辩证关系，总是陷入偏袒一方的错误解释之中，实际上这两个认识阶段在认识发生发展过程中同样重要，关注一方忽略另一方都不可能完全认识事物，而真正解决两者之间矛盾关系的是实践。

在实践和认识的"抬杠"过程中，实践使认识"和客观的世界接触起来，使主观的思想能与客观的事物更一致，这叫做主观和客观的统一，实践就能使主观客观统一"。通过实践，"一面矫正了主观的错误，一面又得到新的感性的认识，所以又有新的认识过程发生了"。[2]"抬杠"一词是中国人日常生活的"俗语"，艾思奇创造性地拿来形容马克思主义认识论，很好表达了认识过程中的矛盾关系。正是因为一系列的"抬杠"，才会"真理越辨越明"的科学认识过程。"从感性到理性，从理性到实践，又由实践得到

1.《艾思奇全书》第一卷，人民出版社 2006 年版，第 494 页。
2.《艾思奇全书》第一卷，人民出版社 2006 年版，第 495 页。

新的感性，走向新的理性，这种过程，是无穷地连续下去，循环下去，但循环一次，我们的认识也就愈更丰富，所以这种循环，是螺旋式的循环，而不是圆圈式的循环，它永远在发展、进步，决不会停滞在原来的圈子里"。[1] "认识的过程是由感性的认识到理性的认识，又再由理性的认识走向实践，在实践中，又再开始新的进一步的认识，这样不断地像螺旋一般地循环下去，每循环一次，我们所晓得的东西就进步一次。这就是认识的运动过程"。[2] 以上关于感性认识、理性认识相统一的论述，初步揭示了马克思主义认识论的基本精髓，为毛泽东《矛盾论》《实践论》的诞生提供了理论依据。

（三）方法论的启蒙：《大众哲学》对马克思主义方法论的通俗化表达

艾思奇在《大众哲学》中对于方法论的通俗化表达，对于引导人民群众如何运用马克思主义世界观和认识论去认识客观的外部世界，起到了非常重要的工具作用。唯有掌握科学的认识方法，才能贯穿使用科学的基本理论，以及辨识其他形形色色学说的真伪。最终，才能让人民群众拨开思想"迷雾"，走向社会革命。

根据马克思主义认识论，世界是可以认识的，关键在于怎么认识。于是，有人从不可知论角度，对于不可认识的领域只有

1.《艾思奇全书》第一卷，人民出版社 2006 年版，第 495 页。

2.《艾思奇全书》第一卷，人民出版社 2006 年版，第 500—511 页。

"天晓得"，从而引用康德的理论对人的认识能力披上精美的"哲学外衣"。实际上，艾思奇并不赞同这个观点。因为"认识的能力，并不是固定不变的；认识是一种历史的过程，一种发展的过程，是一种运动，没有静止的认识"。[1] 那么，我们到底如何推动认识的进步呢？马克思从三个基本定律即矛盾的统一律、质量互变律和否定之否定律出发，揭示了人的认识会随着社会发展不断进步，也决定了人民群众最终会在新思想的指引下认识社会发展的规律，推翻一个"旧世界"去创造和建设一个"新世界"。

（1）对立统一律揭示了事物的根本内容和发展的根本动力，是唯物辩证法的实质和核心。艾思奇首先用"不是变戏法"作标题阐释了矛盾的统一律（对立统一规律）。艾思奇认为，世界上的万事万物都在不断运动变化中。运动变化是绝对的，不存在永远静止的事物，而事物运动变化的根本原因在于事物内部矛盾。世界上一切事物都存在内部矛盾。矛盾的存在是普遍的、绝对的，而统一是暂时的、相对的。艾思奇说："一件事物内部所统一的不只是差异，并且统一着的矛盾，因此它的内部就不断有冲突，因此这种统一则是暂时的、相对的，只有矛盾才是永久存在的，绝对的东西。因为这种矛盾和冲突永久存在着，而统一只是暂时的，所以任何事物都常常会被否定、被消灭，而转变成与自己相反的

1.《艾思奇全书》第一卷，人民出版社 2006 年版，第 509 页。

东西，一个活人迟早总不免要变成死人，一个不合理的社会，迟早总要变成更合理的社会。"[1] 艾思奇指出，这种变化与"变戏法"不同。"变戏法"是表面变化，其内部根本没有变，历史也没有进步；马克思主义哲学讲的"变动"是内部发生根本变化，历史是按照一定规律不断向前发展的。"矛盾的统一，是动的逻辑的第一条法则。人类的思想的变动和发展，以及思想所反映的世界上一切的变动和发展，都只有这条法则才能给予最根本的说明。我们要认识一切事物的运动变动，也得要从它们的内部的矛盾认识起。所以，动的逻辑的创始者之一曾这样说：'所谓辩证法（即动的逻辑），就本来的意义讲，就是要研究对象本身内部的矛盾。'"[2] 以上论述，艾思奇鲜明地提出了自己的哲学主张，即方法启蒙的根本是要为社会革命服务。

（2）质量互变律揭示了动的逻辑的两种最基本的状态和形式，提出历史进步最终要打破这个"旧世界"，去建设一个"新世界"。艾思奇以"追论雷峰塔的倒塌"为标题，提出"数量的变（渐变）和质的变（突变），这是最普遍的两种变化过程，不单只包含在雷峰塔的倒塌中，世界上一切事物的变化，都离不了这两种过程的。"[3] 艾思奇指出，动的逻辑的第二条定律是以第一条定律为基

1.《艾思奇全书》第一卷，人民出版社 2006 年版，第 517—518 页。

2.《艾思奇全书》第一卷，人民出版社 2006 年版，第 518 页。

3.《艾思奇全书》第一卷，人民出版社 2006 年版，第 520 页。

础。没有对立统一规律的"奠基",不可能会产生第二条定律。他指出:"第一条法则是更根本的法则,要有了它,才能够说明第二条法则。任何一件事物都是包含着矛盾的,它的内部时时刻刻有一种和它本身的性质相反的倾向。矛盾的倾向是永久的,没有一时一刻会消灭,因此也没有一时一刻不和它本身性质在冲突,甚至于到了一定的时候会否定了本身的性质而转变成相反的性质。"[1]量变在表面上的数量变化,其说明事物内部矛盾在不断变化和增强。只有事物矛盾达到一定界限,矛盾变得不可调和之时,事物会出现自我否定,产生质变。那么,"为什么量变到一定的时候就转移成质变?答案就是根据第一条法则来的:因为在量变的过程中,矛盾也在不断地发展,这矛盾发展到最后,就使原来的东西变成和它自己相反的东西,这就不得不是质变。"[2]在这里,艾思奇讲清楚了矛盾统一律和质量互变律的关系,实际上为当时中国革命的前景提供了思想上的指引,为之后毛泽东《论持久战》提供了思想基础。

(3)否定之否定律揭示了事物发展的方向和道路,指出了世界上的万事万物都是依靠"肯定—否定—否定之否定"(正反合)不断向前进步的。"否定之否定"并非否定,而是肯定。这个阶段的"肯定"已经不是事物原来的状态了,已经通过两次否定之后,

1.《艾思奇全书》第一卷,人民出版社2006年版,第523页。
2.《艾思奇全书》第一卷,人民出版社2006年版,第523—524页。

跃迁或发展到更高阶段了，或者说是新的事物了。艾思奇用俗话"没有了"来介绍和阐释否定之否定规律，同样生动巧妙。他认为，"没有了"就是"否定"。他进一步阐释说："没有了（否定）所代表的真意其实并不是完全消灭，一方面没有了，一方面同时却另有了一些东西，或者也可以说是新发生了一些东西。"[1] 艾思奇坚持唯物辩证法的否定观，认为事物由于矛盾斗争而引起的前进发展，是通过肯定否定的反复过程来实现的。"否定之否定是发展的结果，所以它也不是简简单单地把旧东西恢复了就完事。恢复是有恢复的，但只恢复了某些的特征，在根本的性质上，却已经是更高级的东西，和旧的东西不同了。""世界上的一切事物，都是依着肯定—否定——否定之否定（或正、反、合）的三个阶段发展的。由肯定到了否定之否定的时候，这事物经过了两次的否定，就把它所有的矛盾的双方都解决了。于是达到了一个新的更高的基础上，再从此开始，新的正反合的发展和变化。每一个正反合，就成为事物的发展的每一个结节。这在动的逻辑上，成了第三个定律，和以前的矛盾统一律、质量互变律并行，称做否定之否定律。自然，三个定律仍是以矛盾统一律为最根本。否定之否定律和质量互变律同样都是由矛盾统一律展开而成的。"[2] 在这里，艾思奇更为明确地突出了对立统一律是揭示了事物变化发展的方向，

1.《艾思奇全书》第一卷，人民出版社 2006 年版，第 526 页。
2.《艾思奇全书》第一卷，人民出版社 2006 年版，第 530 页。

明确了其在唯物辩证法三大规律中的位置。艾思奇的思想，对于号召国人看清日本侵略者和国民党反动派的本质，以及后来建立一个民主联合政府的政治主张起到了思想指引作用。

三、《大众哲学》的反响与启示

（一）《大众哲学》的历史反响

艾思奇是马克思主义哲学大众化的主要开创者之一。《大众哲学》在国民党统治区、沦陷区、中国共产党领导的抗日根据地和解放区都产生了巨大影响。在它的影响下，许多青年接受了共产党的革命意识形态，走上了革命道路。《大众哲学》之所以能受到普遍的欢迎，就在于它的文字脍炙人口，理论深入浅出，阅读毫不费力。李公朴称赞说："这本书是用最通俗的笔法，日常讲话的体裁，融化专门的理论，使大众的读者不必费很大气力就能够接受。这种写法，在目前出版界中还是仅有的贡献。"[1] 他还进一步指出，有人怀疑"通俗会流于庸俗"，但《大众哲学》却"出浅入深"，"作者对于新哲学中的许多问题，有时解释得比其他一切的著作更明确。虽然是通俗化的著作，但也有许多深化了的地方。尤其是在认识论方面的解释"。[2]

《大众哲学》在篇目设置上，也尽量使用通俗易懂的俗话和口

1.《艾思奇全书》第一卷，人民出版社 2006 年版，第 589 页。
2.《艾思奇全书》第一卷，人民出版社 2006 年版，第 590 页。

语，如《哲学并不神秘》《卓别林和希特勒的分别》《猫是为吃老鼠
而生的》《不是变戏法》等，这种通俗易懂的写法揭开了哲学神秘
的面纱，使哲学从高高在上的神坛走进广大民众的生活。这成为
《大众哲学》成功的关键之一。在 20 世纪 30 年代，曾有"一支
歌""一本书"的说法，"一支歌"即聂耳的《义勇军进行曲》，"一
本书"就是艾思奇的《大众哲学》。因《大众哲学》一书，艾思奇
在广大知识青年中很知名。许许多多青年由于读了这本书才知道
辩证唯物主义的哲学，提高了对中国革命的认识。艾思奇也就因
此一下子出了名，在进步青年中间受到了崇敬。2006 年，人民出
版社在《大众哲学》的"修订再版说明"中对《大众哲学》作了
高度评价："《大众哲学》在哲学中国化、大众化、现实化、通俗
化上所起的开拓性意义，是绝大多数人所公认的。""《大众哲学》
的'永恒价值'和'常青意义'，就在于它不仅在历史上起过重要
作用，而且它在当今时代仍具有重要的现实意义。"

（二）《大众哲学》的重要启示

哲学到底要不要通俗化和大众化及如何通俗化和大众化？这
不仅是一个理论问题，更是一个实践问题。马克思指出，"批判
的武器当然不能代替武器的批判，物质力量只能用物质力量来摧
毁；但是理论一经掌握群众，也会变成物质力量。"[1]这充分说明，

---

1. 马克思：《〈黑格尔法哲学批判〉导言》（1843 年 10 月中—12 月中），《马克思恩格
   斯选集》第 1 卷，人民出版社 1995 年版，第 9 页。

哲学理论只有"说服群众",才能变成变革社会的力量。诞生于20世纪30年代的《大众哲学》,无论在解放区还是在国民党统治地区都引起普遍关注和强烈反响,改变了那个年代无数青年的世界观,积极投身抗日斗争并最终走向革命道路。同时,艾思奇的《大众哲学》以其新颖的理论与实践相结合的话语内容、表达方式,有力地推进了马克思主义哲学中国化、大众化和时代化,成为构建中国自主的哲学知识体系的先声。

(1)马克思主义哲学中国化的前提是要坚持马克思主义立场、观点和方法。哲学理论话语往往因高深莫测而显得玄之又玄,大众因理论的缺乏并不能理解哲学话语的精髓;而学者又为了保持学术的精确和完整,一般不轻易将理论话语"降格",这就造成了哲学给社会大众的印象是高深抽象甚至是晦涩难懂。艾思奇第一次将书本中抽象高深的哲学理论介绍给社会大众,开启了马克思主义哲学中国化、大众化的崭新道路,让广大人民群众特别是革命进步青年从迷茫懵懂中解放出来,并成为他们科学地观察世界、开展革命斗争实践的重要工具。李公朴曾这样评价《大众哲学》:"这本书的内容,目前全是站在新哲学的观点上写成的,新哲学本来就是大众的哲学,然而,过去却没有一本专为大众而写成的新哲学著作。"[1]为什么年仅24岁的艾思奇就能够写出这本可

---

1. 艾思奇:《大众哲学》,新华出版社2001年版,第232页。

以启迪一个时代，甚至对当前构建中国哲学社会科学话语体系具有借鉴意义的通俗化读本呢？本质是要坚持马克思主义立场、观点和方法，即坚持辩证唯物主义和历史唯物主义。具体来看，就是《大众哲学》坚持了实事求是和唯物辩证法。首先是要从中国革命在实践中遇到的问题出发，做到理论与实践的相统一。但是，"实践"在马克思主义那里是历史性的，它并不总是关乎"现在"，也要回溯"历史"，它更多的体现出人们在经济、政治、社会和文化等各个领域的生产实践中所产生的各类复杂的利益关系。为此，正确理解"实践"的方法是需要将历史和现在统一起来看问题。评价革命道路从"苏联模式"成功走向"民族国家模式"的标准，根本上不是纯客观的事实判断，而是在于"人的实践"本身。所以，"实事求是"作为《大众哲学》构建的思想路线，其是否得到有效落实的评价标准是人民群众的拥护。这对于一个以为人民服务为宗旨的马克思主义政党来说，其实蕴含着价值观因素就是坚持人民至上，这是新时代坚持习近平新时代中国特色社会主义思想构建中国哲学社会科学话语体系的一条主线。

（2）马克思主义哲学大众化的动力在于思想理论话语需要反映价值观的矛盾关系。怎样才能实现马克思主义哲学的大众化？再好的学者、再优秀的理论家没有对实践最切身的感悟，也不会产生"美丽的花朵"。哲学的本质是意识形态，其关键在于意识形态需要正确反映价值观的矛盾关系。《大众哲学》表达的价值观反映了社会矛盾普遍性和特殊性关系。哲学思想的本质是意识形态，而意识形态的实质是价值观的思想体系。因此，哲学话语的构建和表达背后必然反映价值观的矛盾关系。当社会利益分化并产生冲突甚至革命的时候，特别是利益的特殊性和普遍性产生矛盾的时候，统治阶级首先需要建立政权为协调各种利益关系的价值观的思想体系服务，以便把本阶级所代表的特殊利益表达成普遍利益，以维护统治阶级长期执政的合法性和合理性。因此，中国共产党在革命、建设和改革的不同历史时期，主流意识形态话语体系所反映的价值观的矛盾关系会有所不同：在革命年代，社会主义意识形态必须旗帜鲜明地为建立生产资料的社会主义公有制经济基础服务，其哲学话语必然要表达出所代表群体的特殊利益，同时揭示出该群体的利益符合中华民族根本利益的普遍性；然而，在建设和改革时期，社会主义意识形态应该毫不动摇地为社会主义现代化建设服务，哲学话语要逐步表达自己所代表的中华民族最高利益的普遍性，更符合全人类共同利益。所以，要推动马克思主义哲学大众化，需要继续处理好中国化的马克思主义所表达的价值普遍性和特殊性之间的关系，既要强调马克思主义基本原理与中国具体实际、中华优秀传统文化相结合，也要积极吸收西方哲学思想中反映现代化普遍规律的优秀成果，如艾思奇所说，"思想反映世界是离不开概念和范畴的"[1]，不断推进马克思主义哲学话语大众化。只有马克思主义中国化和大众化，只有哲学理论被广大人民群众受掌握，才能最终体现马克思主义中国化时代化。

（3）马克思主义意识形态的传播需要以人民为中心。《大众哲学》开启了思想理论以人民为中心的话语模式。人民是话语实践的目的本身，而不是实现话语目的的工具和手段。从横向比较来看，《大众哲学》所内涵的人民话语内核，在内容、逻辑和价值方面，改写了以往哲学理论著作一致呈现的话语与人民疏离的历史现状，形成了人民至上的价值向度，即一个国家、政党的思想理论宣传目的最直接体现就是这个国家中人民群众的根本利益，他们的精神和潜力得到充分发展，他们的生活得到了巨大改善，他们的权利得到体现，每一个人都自由而全面的发展。延安时期，以《大众哲学》为代表的马克思主义意识形态构建出的人民至上的动员模式，是党在长期的革命实践斗争中把马克思主义基本原理与中国革命规律相结合的结果，体现出党高度的理论自觉、精神主动和责任担当，它为以后的革命发展和社会建设建立奠定了思想基础，形成了中国化的马克思主义哲学特有的言说方式、思想体系和价值标准，形塑了人的世界观、人生观和价值观。

（4）马克思主义意识形态话语权的掌握需要在社会生活领域

---

1. 艾思奇：《大众哲学》，新华出版社 2001 年版，第 164 页。

回应人民群众的利益和需求。任何哲学思想不仅具有反映意识形态，而且还具有引导社会思想舆论的功能，即通过一定的语言形式对社会思想和社会舆论进行批判和规范。在这个过程中，某种思想或理论要获得话语权，不能单纯依靠政治权力，同时必须能真实反映人民群众的切身利益和需求。《大众哲学》取得巨大成功，一个很重要的原因就在于他很善于运用马克思主义基本理论与人民群众利益相结合，在理论传播过程中顺应人民群众的社会生活。如《大众哲学》第四章"方法论"中指出："要有正确的思想，必须分析事物的对立方面，揭露矛盾"。[1]"日寇投降后，情形变了，解放区发动了反对国民党反动派进攻的自卫战争，把减租减息政策改为耕者有其田的政策，这就因为要解决的当前的主要矛盾改变了，这时的主要矛盾是全中国人民与反动的四大家族之对立。"[2]这些论述深刻推进了马克思主义哲学的中国化，顺应了处在社会底层工农群众的愿望和要求，使党在革命转折过程中获得话语权。改革开放之初，邓小平在中央工作会议上发表重要讲话中指出："民主是解放思想的重要条件"[3]，以及当时提出的"实践是检验真理的唯一标准"、"发展才是硬道理"等话语，既是社会主义意识形态的核心话语，也深刻反映了人民群众的真实需求，从而

---

1. 艾思奇：《大众哲学》，新华出版社 2001 年版，第 138 页。

2. 艾思奇：《大众哲学》，新华出版社 2001 年版，第 142 页。

3.《邓小平文选》第二卷，人民出版社 1994 年版，第 144 页。

使"改革开放"明确成为社会生活的核心概念。由此，我们可以看到，思想理论要想真正获得话语权，仅仅依靠政治权力是不够的，还需要在社会生活中实现自己，即理论要掌握群众。面对社会利益关系分化，个人价值观极易受到多元思潮和社会利益的影响，导致一些人不能正确处理权与责、公与私、义与利、情与法等价值关系，出现价值混乱、价值错位、价值虚无等思想问题，而社会主义意识形态必须对各种价值观进行"过滤"，引导人们形成符合社会进步要求的价值观。中国话语体系的构建只有"彻底"实现对社会利益矛盾的价值批判和人民群众需求的阐释规范功能，才能真正满足人民群众的愿望和期待，进而提升马克思主义话语体系的阐释力和引导力，使其在社会生活领域真正掌握话语权。

（5）马克思主义中国化大众化时代化需要构建当代中国马克思主义的核心术语。《大众哲学》之所以能广受欢迎，根本原因在于艾思奇用中国话语来阐释马克思主义。列宁指出："自然界在人的认识中的反映形式，这种形式就是概念、规律和范畴等等。"[1] 范畴是人认识事物、科学思维和话语交往的基本工具。由范畴形成的表述，称之为术语，它是构建某一专业领域知识话语体系的基础。而在某一专业领域的知识话语体系中起主导作用的术语称之

1.《列宁全集》第 55 卷，人民出版社 1990 年版，第 153 页。

为核心术语，它是构建思想理论和知识体系的"基石"，是话语体系的"中心"。习近平总书记指出："把马克思主义基本原理同中国具体实际、同中华优秀传统文化相结合是我们在探索中国特色社会主义道路中得出的规律性的认识，是我们取得成功的最大法宝。"[1] 为此，构建当代中国马克思主义的核心术语的本质是要将马克思主义话语体系同中国具体实际、同中华优秀传统文化相结合，运用本民族已有知识体系吸收和借鉴世界上其他民族的优秀文明成果，独立自主地创造出一系列融通中外的新概念和新范畴，为中国话语体系提供理论框架和语言基础。创造当代中国马克思主义的核心术语，应重新界定社会层面的"根本利益和现实需求"、政治层面的"人民民主和党的领导"、经济层面的"市场经济和宏观调控"等基本范畴，加强学术话语对政治、经济和社会层面话语的理论阐释，并根本上将社会主义意识形态转化为人民群众的价值追求，从而真正引领社会思潮。

---

1. 习近平：《在文化传承发展座谈会上的讲话》，《求是》2023 年 9 月 1 日。

邓初民的马克思主义民主观

王向民　龙方弋 *

　　现代中国的哲学社会科学知识有三大源流：中国传统知识体系、西方现代知识体系、马克思主义知识体系。中国传统知识体系在现代化进程中必然地解体了，除非它们能转化为现代知识体系的某一学科，否则都散落为知识的素材。马克思主义知识体系与西方现代知识体系同出一源，都是西方社会回应"现代"的知识产物。相比于西方现代知识体系，马克思主义知识体系的学科界分不太清晰，这与其整体性、系统性，归根结底是实践性的特征有关。而西方现代知识体系的学术分科在 20 世纪初初步完成，直到今天仍处在进行时，呈现出学科细化和交叉、融合的多重趋向。

　　就此而言，现代中国的知识史就是马克思主义知识体系与西

---

* 本文作者：王向民，华东师范大学中国现代思想文化研究所暨政治与国际关系学院教授；龙方弋，华东师范大学政治与国际关系学院硕士研究生。本文是国家社科重大项目"百年来中国政治学史研究"（项目编号：19ZDA133）阶段性成果。

方现代知识体系的竞争史。由于马
克思主义知识体系对现代的理解更
契合于当时中国的现代转型进程，
20世纪20年代后，它被中国知识
界广泛接受，并于1952年院系调
整后在学科建制上全面取代西方现
代知识体系。

邓初民

　　马克思主义知识体系进入中国，
与西方现代知识体系发生了强烈的
碰撞和交流；为了在知识竞争中获
胜，它也需要在学科界分和研究方
法上精细化、学院化，推进社会科学化建构。具体来说，20世纪
20—30年代兴起的新兴社会科学运动是马克思主义政治观念和政
治理论社会科学化的一次重要契机，马克思主义政治学就此成型。
在此期间，"社联"正是推动马克思主义社会科学化的重要组织，
而马克思主义政治学开创者之一、曾担任"社联"主席的邓初民
（1889—1981）成为这次运动中的关键人物，他建构了马克思主义
政治学的民主理论及其论证推演，随着世界与中国政治形势的变
化，他还提出"旧型民主—新型民主—最新型民主"三种民主政
治的历史类型学，以此来理解世界与中国，并为马克思主义所设
想的世界与中国的政治前途提供知识论证。邓初民的民主论述充

分显示了马克思主义基本原理与中国国家转型的紧密结合，是基于中国本土的自主性知识体系的有益探索。

一、"民主"理解的转型

不同于根据地的马克思主义者在军事战火中体悟马克思主义，邓初民身处国统区大学体制，在学院派的阅读、反思以及时政评论的基础上，逐渐从自由主义转向马克思主义，并形成了学理性的马克思主义政治学尤其是民主理论。

（一）邓初民与"社联"：马克思主义政治学的形成 [1]

邓初民为何会接受马克思主义知识体系、投身于新兴社会科学运动？这与他的教育经历、思想倾向和革命活动密切相关。1913 年 5 月邓初民东渡日本，进入东京法政大学法学部攻读政治学，他认为"（我）在日本所受的教育，差不多完全是校外的，实践的，政治的，而理想中最好的政治也就是'民主政治'。"[2] 在此期间，邓初民认识了日本马克思主义学者河上肇，开始阅读马克思主义著作。同时，他密切关注中国的政治局势，积极参与留日

---

1. 本节关于邓初民的学术史和生活史，参见吴汉全、吴颖：《邓初民先生学术年表》，邓初民：《新政治学大纲》，商务印书馆 2011 年版，第 416—429 页；邓初民：《沧桑九十年》，《政治科学大纲》，中国社会科学出版社 1984 年版，第 219—230 页；吴伯就：《邓初民传略》，《政治科学大纲》，中国社会科学出版社 1984 年版，第 231—241 页；邓初民：《九十述感》，《中华文史资料文库·军政人物篇（第九卷）》，中国文史出版社 1996 年版，第 326—337 页。
2. 邓初民：《我受教育的经验和我教育的经验》，《新宇宙》第 1 卷第 1 期，1935 年。

学生的爱国团体和救亡活动。1915 年 2 月 11 日，为反对袁世凯接受日本提出灭亡中国的"二十一条"和复辟帝制的企图，李大钊等会合各中国留学生团体创立"中国留日学生总会"，邓初民任总会评议会会长。在此期间，邓初民与李大钊、高一涵三人共同主编会刊《民彝》，创刊号登载李大钊《民彝与政治》、邓初民《学生之声》等文。留日经历开启了邓初民与李大钊的长期交往，也奠定了邓初民的左翼思想底色。

1919 年，邓初民应聘于山西，先后在太原进山中学、山西公立法政专门学校任教，后任山西省政书总编辑、山西督军府秘书。在山西工作的六年间，邓初民开始有政治学文章的发表，并与同僚共办进步刊物《新觉路》。他还赴北京与李大钊相见——此时李大钊已经开始接触和传播马克思主义。1925 年 2 月，邓初民离开山西奔赴武汉投身国民革命，先任湖北省法科大学教务长，后在董必武邀请下进入国民党湖北省党部，任湖北省政府委员等职，并在干部训练班和武汉中山大学兼课。1927 年，邓初民受邀在毛泽东筹办的"中国国民党中央农民运动讲习所"任课，教授《政治常识》。授课者还有董必武、恽代英、李立三、李达、何翼人等，最主要的一门课程《农民问题》由毛泽东担任。此时，邓初民与中国共产党人发生了密切的生活交往和学术联系，在研究和教学上都浸润在马克思主义的知识氛围中。

如果说在武汉的革命活动是邓初民政治生活的转折点，那么之后在上海的学术活动就是他在知识上的转折点：邓初民接受了马克思主义理论并完成了马克思主义政治学的社会科学化建构。1927年底，邓初民在"清党"的政治氛围中潜往上海，受时任上海暨南大学历史社会系主任许德珩的邀请，1928年1月，他任教于暨南大学，还先后在上海的大陆大学、法政大学、艺术大学以及中国公学任课，此外还受到大夏大学的任课邀请。是年，邓初民与李达等人合办《双十》月刊，长期在该刊以及其他进步刊物上发表文章参与论战。

在国民革命后形形色色的论战中，"中国社会性质"论战是最早也是最重要的。1928年10月，陶希圣在《新生命》杂志上发表《中国社会到底是什么社会》一文，揭开了"中国社会性质"论战的序幕。此次论战是新兴社会科学运动的首次重大思想交锋，之后连锁引发了"中国社会史""中国农村社会性质""唯物辩证法"多次论战。为了在论战中"驳斥一切非马克思主义的思想——如民族改良主义，自由主义，及假马克思主义的理论——如社会民主主义，托洛茨基主义及机会主义"[1]，1930年5月，在中国共产党的领导下，邓初民同张庆孚、潘汉年、朱镜我、冯乃超、宁敦五、熊得山、钱铁如等人发起成立"中国社会科学家联盟"，邓初民当选主席。创立伊始，"社联"就形成了完善的组织架构与活动

1.《中国社会科学家联盟纲领》，《新思想月刊》第7号，1930年7月1日。

内容，明确"以发展马克思主义的社会科学运动为宗旨。"[1] "社联"在思想理论战线推动了中国革命的进展，其从事的"新兴社会科学运动"在学者群体、知识生产与理论普及三方面促进了中国马克思主义社会科学的形成。[2] 据邓初民的回忆，当时"社联"担负着三个主要任务：一是组织和统战工作，团结广大的进步知识分子；二是马克思主义社会科学的专业化生产，如出版著作和刊物，组织读书会和社会科学研究小组；三是马克思主义知识的传播，在学生和职工中开展业余文化教育。[3] 作为"社联"主席，邓初民积极投身于新兴社会科学运动，开始系统学习研究辩证唯物主义哲学和马列主义关于阶级斗争的理论，并在1929年和1932年相继撰写和出版了《政治科学大纲》《国家论之基础知识》《政治学》三部著作。由此，邓初民开始了马克思主义政治学的知识生产，其中特别建构了马克思主义民主观的政治学诸议题及其论证推演。

在上海的六年间，邓初民经常在校内外参加座谈会和大会演讲，引起了国民政府和租界巡捕房的注意，他多次在进步同学和职工的掩护下脱险。1933年，国民政府教育部强制暨南大学校

1.《中国社会科学家联盟简章》，《自由运动》第2期，1930年7月25日。

2. 武克全：《30年代中国社联的活动及其历史功绩》，《学术月刊》2000年第8期。

3. 邓初民：《九十述感》，《中华文史资料文库·军政人物篇》第九卷，中国文史出版社1996年版，第330页。

长郑洪年解聘邓初民，之后，邓初民相继任教于广州中山大学和桂林广西大学。抗战全面爆发后，邓初民受聘于湖北朝阳学院并随校迁往成都。1941年1月，邓初民到重庆，在周恩来的直接领导下投身于民主运动，同时以民主教授的身份从事国民党上层的统战工作。1947年4月，迫于国民政府的政治高压，邓初民被迫转移到香港，最终在1949年1月新政协召开前夕抵达东北解放区。

（二）邓初民与民主：理解中国和回应中国

从民主视角理解和回应中国并非马克思主义政治学的特色。从新文化运动对"德先生"的呼吁开始，民主几乎成为中国知识

邓初民：《新政治学大纲》

邓初民：《政治科学大纲》

分子所追求的共同价值。在学术上，"如何建设一个现代的民主中国"也是民国政治学的基本议题。但是，自由主义者、国家主义者和马克思主义者等，都有各自的民主观念和民主理论，反映出他们在理解中国和回应中国问题上的认知差异。在现代中国国家建构的时代问题中，面对其他派别的政治立场和政治知识，邓初民在马克思主义政治学的理论基础上，提出了一整套马克思主义民主观的理论阐述，力图对民主及其背后的中国问题正本清源。

邓初民的马克思主义政治学包括两类文字：一类是架构清晰、逻辑严密的著作，如《政治学》《政治科学大纲》《新政治学大纲》等；另一类是报刊发表的文章，多为政论性质，其间杂有学理性论述。要理解马克思主义政治学，两者不可偏废：前者能够提供完整、清晰的框架和内容，后者则反映了邓初民如何以马克思主义政治学理解中国、回应中国。实际上，"民主"在马克思主义政治学的理论体系中的顺位并不优先。在邓初民的著作中，马克思主义政治学的基本结构主要包含"阶级论、国家论、政府论、政党论、革命论"五个部分，条分缕析，清晰严密；其中，关于民主的论述或被放在政府论中，或被放在国家论中，只是国家或政府形式的与独裁相对的特征，篇幅较短。[1] 这并非邓初民有意隐藏

---

1. 邓初民：《新政治学大纲》，商务印书馆 2011 年版，第 196—198 页；邓初民：《政治科学大纲》，中国社会科学出版社 1984 年版，第 186—190 页。

民主在马克思主义政治学中的重要意义，而是这种严密的教科书式的论述方式重于系统性的学理阐述，无法将民主这一回应中国现实的核心线索凸显出来。

相对而言，政论文章由于与现实政治形势距离更近，更能凸显马克思主义政治学的价值关照，体现马克思主义政治学与中国问题的联系。因此，邓初民在报刊上发表的论文中，"民主"不仅是高频词汇，也是他理解中国、回应中国的核心概念，他关注的政治学议题最终都要归结到"民主"上来。因此，在马克思主义政治学的系统性论述之间，邓初民抓住"民主"作为马克思主义政治学理解中国、回应中国的核心线索："今天一切问题，无论中国的世界的，都只是一个政治问题。而政治问题的基本问题又只是民主不民主的问题，关键则在政权拿在什么人手上的问题。"[1]

邓初民主编的《唯民周刊》在刊名与发刊词中说明了"民主"在马克思主义政治学中的首要地位："'唯民'之义，极近似于哲学上的'唯心''唯物'。……人类实践的历史与科学的历史，已证明唯物论的正确。……唯民论是政治学上的真理。……唯民论者主张民是本源，是基础，即主张民是第一义的，什么国家、党派，在人民的面前都是第二义的。因为任何国家与党派，在实际上都

---

1. 邓初民：《中国政治之路（二）》，《唯民周刊》第 1 卷第 2 期，1946 年。

不是目的，只是手段——达成人民利益的手段。"[1] 换言之，民主是政治学的根本价值旨归，政治学的一切概念、研究，都必须以民主为指向。那么，如何理解邓初民所论述的民主，就是至关重要的问题。《唯民周刊》的发刊词已经凸显出马克思主义政治学民主理论的特征和线索：以历史唯物主义理解和阐释民主。

邓初民马克思主义民主观的政治学论述，最终在 1945 年后形成了两部专著：《民主的理论与实践》《世界民主政治的新趋势》。[2] 这两部著作并非全新论述，而是抗战爆发后邓初民已发表论文的选择性汇集，是马克思主义政治学民主理论的完成形态的文集呈现。但是，邓初民的民主理论，以及他对近代中国民主运动的理解和思考，经历了一个漫长的演化；而且，世界与中国政治形势的变化对其民主理论的具体内容具有重要影响。也就是说，这两部著作呈现的最终形态的民主理论，是在国共争端的形势下产生的，它无法反映邓初民民主理论的发展过程，尤其是抗战阶段的民主思考。本文以邓初民从 20 世纪 20—40 年代公开发表的关于民主的论文为材料，全面梳理邓初民马克思主义政治学民主理论的结构与内容。

---

1. 编者：《代发刊词："唯民"解》，《唯民周刊》第 1 卷第 1 期，1946 年。
2. 邓初民：《民主的理论与实践》，文治出版社 1945 年版；邓初民：《民主的理论与实践》，文治出版社 1946 年版；邓初民：《世界民主政治的新趋势》，华夏书店 1947 年版。

二、民主理论的唯物史观阐述

在系统性学习马克思主义理论之前，邓初民对"民主"已有初步论述：他将民主政治等同于西方国家的民主代议制，包括宪法、国会、政党等要素，是现代的政治形式，"近代政治简单的公式，即号称民治国家以上，就必须有一套成文或不成文的宪法，有一个一院制或两院制的国会。环国会而活动者，又必有其两大党或数小党相对抗之政党"。[1] 这与当时民国政治学人关于民主政治的一般认识差别不大；而且，当时邓初民已经注意到苏维埃政权的直接民主制，但还未能系统性地定位和理解它。[2] 接受马克思主义后，邓初民以辩证唯物主义与历史唯物主义重塑了民主观念，发展出一套完整的马克思主义民主观论述。

（一）马克思主义的"民主政治"概念

马克思主义政治学的民主论述，并没有完全推翻邓初民早年对民主的理解。他仍然将民主政治视为现代政治的本质特征。实际上，马克思主义政治学的民主论述是对"民主是现代政治形式"这一判断的丰富和超越。它以辩证唯物主义与历史唯物主义的理论框架，历史性地理解民主政治的一般范畴和特殊内容。

邓初民以马克思主义哲学的眼光来重新理解民主政治，推翻

---

1. 邓初民：《近代政治与政党》，《民国日报·觉悟》1923 年 11 月 18 日，第 1 版。
2. 邓初民：《与王恒君论党》，《民国日报·觉悟》1923 年 11 月 1 日，第 1 版。

了"民主政治即民主代议制"这一简单认识。马克思主义哲学认为一切事物都是发展变化的，民主也不是抽象的、绝对的、静止的概念，"民主政治，绝不是一个不可超越的界限"。因此，不仅不能简单地以民主代议制来认识民主政治，而且也不存在"纯粹的一般的民主"。邓初民提出，应该在社会史中动态地分析民主政治的起源和发展，以唯物史观的历史规律把握民主政治的发展规律："社会经济条件的发展运动，即因历史内容的不同，可以由低级的民主逐渐扩大为较高级的民主，由形式的民主逐渐接近于实质的民主。"[1]

马克思主义政治学对"民主—专政（独裁）"这一对概念的理解，具有极强的辩证唯物主义哲学色彩，两者之间存在着相互转化的辩证关系："因社会经济条件的变动，可由民主转变为它的反对物，专政。例如德意有产者的民主转变为金融独占资本的法西斯独裁，有产者的形式民主，即是实质的专政，形式的转变是导源于实质的。反之，专政亦可转变为它的反对物——民主，例如苏联无产者的专政转变为斯大林宪法的民主，无产者的专政，即是实质上的民主。"[2]民主与专政的辩证关系，将时刻体现在马克思主义民主论述的具体内容中。

邓初民强调"民主不是一个空虚的绝对的概念"，并不意味着

1. 邓初民：《论民主政治》，《理论与现实（重庆）》第 1 卷第 2 期，1939 年。
2. 邓初民：《论民主政治》，《理论与现实（重庆）》第 1 卷第 2 期，1939 年。

民主没有一般范畴或无法用抽象的理论表述。诚然，历史唯物主义要求一切认识都必须来自经验实践，然而民主理论的唯物史观阐述，不可能完全在历史材料中实现，它需要一个较高层次的框架，对"民主"的外在起源与一般范畴进行规定。

（二）作为现代政治形式的民主：民主政治的发生

民主是现代政治形式，这是马克思主义政治学的基本判断。[1]如何理解这一判断？古代曾出现过的民主政治现象，如雅典城邦的民主制度为何被邓初民排除在其民主理论之外？这还要归因于他对"民主"的历史唯物主义的理解：民主是现代资本主义社会的经济关系所产生的政治制度及社会意识，因此，关于民主政治的论述，只能从现代资本主义社会的产生和发展开始。[2]

1944 年《民主政治的历史范畴及其特质》详细阐述了唯物史观的民主政治范畴。其中前三节根据马克思主义的政治经济学理论，阐述了近代民主政治的社会经济内容：资本的集聚、无产者的激增，以及生产力与生产关系的进步，意味着从封建社会内部产生和发展出来的资本主义，明显地表现为一种新的社会制度。这是民主政治产生的经济基础。后五节进入民主革命和民主政治的讨论：资本主义社会在发展过程中面临着封建残余和民族压迫

---

1. 邓初民：《政治科学大纲》，中国社会科学出版社 1984 年版，第 159 页。
2. 邓初民：《论民主的主潮》，《民主周刊（昆明）》第 1 卷第 11 期，1945 年；邓初民：《论民主政治》，《理论与现实（重庆）》第 1 卷第 2 期，1939 年。

的双重障碍。其中，封建残余即经济上的封建剥削关系与政治上的封建专制统治及封建割据状态。

从"资本主义社会的发展要求打破民族压迫"出发，进而讨论民主政治与民族国家的关系，是马克思主义政治学的特色。邓初民指出，在某些国家，资本主义发展的另一重障碍是民族压迫：先行的西欧资本主义通过殖民扩张的方式掠夺其他落后地区的财富，破坏了被压迫民族的旧生产力与生产关系，也阻碍了其新生产力与生产关系的发展，从而造成强烈的反对异民族压迫，建立民族国家的斗争。到垄断资本主义阶段，帝国主义国家高度依存于它的殖民地，一方面加速了被压迫民族的资本主义的发展，同时也使殖民地与半殖民地追求政治独立与经济发展的斗争更加激烈。由于帝国主义造成被压迫民族的分裂，反对民族压迫的斗争，不仅是追求被压迫民族的独立解放，也是要实现本民族国家的统一。[1]

资本主义社会制度的产生和发展，需要以民主革命破除封建残余和民族压迫的双重障碍。在民主理论的唯物史观阐述中，反民族压迫的民族革命与反封建统治的民主革命，可总称为民主革命；民主主义与民族主义是"相互并行的支流"，因此"它必然一面是反封建的，另一面是反异民族压迫的"。[2]资产阶级性质的民主革命破除了民族压迫和封建残余，造成一种适合于现代资本主义

---

1. 邓初民：《民主政治的历史范畴及其特质》，《宪政》第 11 期，1944 年。
2. 邓初民：《论民主的主潮》，《民主周刊（昆明）》第 1 卷第 11 期，1945 年。

经济的政治形态，即是现代的民族国家与民主政治。[1]

（三）民主政治的一般范畴

以上是马克思主义政治学关于现代的民主政治发生的阐释。那么，民主政治的一般范畴是什么？它如何是适应于资本主义经济的政治形态？邓初民从三个层次阐述民主政治的一般范畴：首先是民主的理念，其次是民主的制度，最后是民主的实现。

民主的理念。邓初民并不考察"民主"的古代词义或概念史，而强调现代的、一般的知识性理解："民主这个名词，是近代社会科学成立后的产物，是由英文 democracy 翻译而来。"[2] 他认为，"民主"的中文字义与西方语境下的"民主"涵义（以林肯的"民有、民治、民享"为准）是相同的：国家的主权在于人民，国家的统治权在于人民。[3]

民主的制度。民主的理念是抽象的，要实现"国家的主权和统治权在于人民"，需要民主的制度；民主制度需要宪法来规定和保障，宪法规定法律上一切人的平等，并且由法律身份的平等，扩展为种族、性别、宗教、职业等的平等；宪法规定人民的自由权利，包括个人权利（身体自由、居住自由、职业自由、财产自由、意见自由、信仰自由、通信秘密的自由、集会结社的自由等）

---

1. 邓初民：《论民主政治》，《理论与现实（重庆）》第 1 卷第 2 期，1939 年。
2. 邓初民：《生活民主化》，《唯民周刊》第 2 卷第 6、7 期，1946 年。
3. 邓初民：《民主辨》，《职业青年（重庆）》第 1 卷第 3 期，1946 年。

与社会权利（生存权、劳动权、受教育权等）。此外，宪法还需要规定民主政治的制度机构，这里邓初民所依据的经验对象是西方民主国家，其一般形式是立法、行政、司法机关的三权分立。[1] 在三权分立的一般形式的基础上，根据具体细节的差异，形成了诸种制度变体，如君主立宪制或民主立宪制、总统制或内阁制、三权分立制或二权分立制、直接选举制或间接选举制、限制选举制或普选制、区域代表制或职业代表制，等等。[2]

民主的实现是邓初民特别关注的部分。他认为，宪法条文对于人民平等、自由权利，以及国家政体形式的规定，并不意味着民主政治的实现；要考察民主政治的实现，仍然应该关心具体的民主设施以及自由权利的保障情况，如是否存在书报检查制度等实际问题。[3] 而判断民主能否实现的实质条件，在于政权拿在谁手上，即民众是否有切实的政治参与："政府各级机构无论是司法行政立法等机构都必须有人民自己参加，否则便是假民主。"[4] 尤其是暴力机关——警察和军队必须要掌握在人民手中，才能彻底地实现民主政治。[5]

国家机关由人民掌握，是政治民主的实质。但政治民主的真

---

1. 邓初民：《抗战与宪政》，《文化批判（北平）》第 6 卷第 2 期，1940 年。
2. 邓初民：《民主政治的历史范畴及其特质》，《宪政》第 11 期，1944 年。
3. 邓初民：《论民主的具体内容》，《中苏文化杂志》第 15 卷第 1 期，1944 年。
4. 邓初民：《民主辨》，《职业青年（重庆）》第 1 卷第 3 期，1946 年。
5. 邓初民：《生活民主化》，《唯民周刊》第 2 卷第 6、7 期，1946 年。

正实现有赖于经济民主，而实现经济的民主又必须以政治民主作保障；政治民主与经济民主是相互为用的关系。邓初民举例，"农人要求自己占有土地进行生产，除纳粮以外全部收入应归己有，工人对工厂管理与自身利益，能自己组织工会进行争取，不完全受厂主支配……资本家要能自由投资自由经营不受非法统制的剥削与官僚资本的侵害，都必须要有政治的民主作保障才能做到。"但邓初民同时也认为，以上例证的经济民主依然是资本主义的私有财产制度下的产物，国家社会财富还不能充分合理分配，不是完全彻底的经济民主。只有在生产资料公有制的基础上，才能实现彻底的经济民主，从而实现彻底的政治民主。[1]

三、民主政治的历史类型学

历史唯物主义为马克思主义政治学的民主理论提供了分析框架，同时总结出了民主政治的发生基础与一般范畴。在此基础上，马克思主义政治学的民主理论还需要考察民主政治的发展阶段及其具体内容，也即民主政治的历史类型学。在1939年《论民主政治》中，邓初民将现代民主政治划分为"资本主义下的民主"与"劳动者的民主"两种形态。此后，随着中国抗日战争与世界反法西斯战争的合流，邓初民的民主政治论述在1944年发生了一次重

---

1. 邓初民：《生活民主化》，《唯民周刊》第 2 卷第 6、7 期，1946 年。

大变化：从"资本主义民主"下另外划分出一个阶段，最终形成了"旧型民主—新型民主—最新型民主"的三个历史阶段及其三种民主类型。

（一）资本主义下的民主：旧型民主

任何民主政治的发展形态都不能脱离民主政治的一般范畴；反之，由于资本主义民主是现代民主政治的起始阶段和主要形态，邓初民关于民主政治一般范畴的理解，来自资本主义民主的诸种特征。

资本主义民主的首要特征是宪法政治：它以宪法取消了封建社会的等级制，法律面前人人平等；它废除了封建统治对于人民的一切束缚与奴役关系，把一切自由权利，尤其是私有财产不可侵犯的权利，写在民主革命后的宪法上；它改变了封建社会的专制政治机构，而代之以新的资本主义的民主政治机构，即立法、行政、司法三权分立的机关。[1] 资本主义民主的政体形式的根本特征是代议制，"主权在民"与"统治权在民"的民主理念，是通过议会制度和代表原则来实行的，通过人民选举而组织的议会是形式上的国家主权所在的首领机构。[2]

资本主义民主的产生，不仅有其社会经济的内容，还有政治

---

1. 邓初民：《民主政治与民主教育》，《文萃》第 11 期，1945 年；邓初民：《民主政治的历史范畴及其特质》，《宪政》第 11 期，1944 年。
2. 邓初民：《论民主政治》，《理论与现实（重庆）》第 1 卷第 2 期，1939 年。

思想的内容；启蒙运动以来的民主思想为资本主义民主奠定了理论基础。邓初民特别注意到"由'人性论'的天赋自由平等概念出发的有名的卢梭之民主理论"，认为它是"绝对的资本主义的民主理论"，构造了自由、平等、博爱三大民主原则，成为资本主义民主的思想基础。根据卢梭的社会契约论，在自然状态下的人群具有天赋的权利，人们为了更好地保障自身的生存权和财产权，因此缔结社会契约，自愿交出部分权利而结成社会共同体。[1] 但在邓初民看来，这一民主思想的出发点有违历史唯物主义，因此造就了资本主义民主的"有限性、片面性、虚伪性"："正确的哲学观点，必然要以社会化的人类实践作根据，因而不能从个人的利己主义出发，也不能只注意形式的法律的平等而不注意实际的和经济的不平等，以致其流弊走到从资产阶级的专政到法西斯的野蛮疯狂。"[2] 由此，马克思主义政治学批判资本主义民主是形式的民主，实质的专政。

资本主义民主之所以为形式的民主，其根源仍然在于其社会经济制度，尤其是它强调"私有财产不可侵犯"的至高原则；资本主义社会以剥削剩余价值为本质的经济制度，决定了其民主政治的不彻底性。[3] 具体来说，资本主义的经济关系孕育于封建社

---

1. ［法］卢梭：《社会契约论》，李平沤译，商务印书馆 2017 年版，第 17—20 页。
2. 邓初民：《论民主思想》，《清明（上海）》创刊号，1946 年。
3. 邓初民：《民主政治的历史范畴及其特质》，《宪政》第 11 期，1944 年。

会的内部，其政治形式也导源于封建社会内部，因此，资本主义革命的目的并非为了取消剥削制度，而只企图改变剥削形式，把经济和政治权力从贵族和地主转移到资本家手中。所以，资本主义民主制的国家形式，并不是根本破坏，而是改造封建国家的国家机构，使其适合于新的有产者的需要。一旦资本主义国家内部的阶级矛盾和民族矛盾尖锐化，它甚至否定形式的民主而转化为实质的独裁——法西斯主义。即使是未转变为法西斯主义的资本主义国家，其形式的民主仍然具有弱点：它们将民主局限于有产者的根本利益，在外交上表现为对法西斯主义的绥靖政策；在国内，日益尖锐的阶级矛盾使政治民主并不彻底。邓初民甚至批评法国 1936 年选举产生的包括共产党在内的"人民阵线"左翼政府，认为它"对于人民某些权利的给予，总是在动摇不定中"。[1]

（二）劳动者的民主：最新型民主

资本主义下的民主是民主政治的初始阶段；劳动者的民主，则是民主政治更高阶段的发展形态。劳动者的民主的国家形式是"苏维埃"制度。这种新型的国家形式，源于法国 1871 年的巴黎公社和 1905 年的工人代表苏维埃。苏维埃既是立法机关，又是行政机关，它彻底破坏了旧国家机构，在官吏的选举和武装人民来代替常备军制等的新的基础上建设了其制度体系。

邓初民相信，苏维埃实行对于人民大众较彻底的民主，给予

---

1. 邓初民：《论民主政治》，《理论与现实（重庆）》第 1 卷第 2 期，1939 年。

了人民大众各种自由权利，以及国内各民族的平等与公民的平等。苏维埃政权的根本特点，在于真正吸引广大人民参加国家大事和社会事业管理。在选举制度上，苏维埃不是按照地域，而是以生产机关为单位；不仅苏维埃代表是选举的，一切官吏（包括法官）都是选举的。而且，苏维埃注重选举制度的政治训练功能，以公民代替官僚，把选举期限缩短为一年或一年半一次，以训练广大的民众来参与国家机构。假使选举者认为必要——例如被选举者不努力工作或违反大众利益，选举人随时可以撤销或调换他。此外，国家武装力量的新的组织形式，即组织了以工农大众为主的红军，也是劳动者的民主的重要特征。

在劳动者的民主下，民主与专政对立统一、相互转化的辩证关系呈现为两个特点。第一，劳动者的民主是人民大众的民主与对反动分子的专政。第二，这种专政虽然表现为高度集中的国家权力，但它的任务是消灭一切生产资料的私有制，最终也必然要消灭自身而达到完全的民主："拿专政制裁旧统治者的反动，联合并改造勤劳大众的全部生活，建立新的合理的生产制度，亦即消灭一切生产手段的私有权，消灭一切社会阶级的对立和斗争，同时，自然也消灭了专政本身。"因此，邓初民对劳动者民主的历史定位，是较资本主义民主更高级，又是由资本主义到共产主义过渡的民主，"犹之资本主义的民主，是由封建制到资本主义过渡阶段的民主一样"。

劳动者的民主是实质的民主，因此在国内与国际政策上，苏联与英美法等国完全相反。它要求在国家内部消灭阶级差异，"扩大了国内劳苦大众享受文明幸福的自由平等权"；在国际世界坚定地反对法西斯主义，"成为世界民主统一阵线的组织者，领导者，在一切战线上都尽了'为民主制作普遍的斗争'的任务。"在民族问题上，苏联的劳动者民主要求在国内和国际上都反对民族压迫、实现民族平等："它对国内一百多种文化和生活不同的民族，不仅有着相互间的自由平等，把它们联结成保卫和建设社会主义的要素，而且建立从国内各民族平等到援助全世界弱小民族的真正友谊。"[1]

（三）新型的民主：在两种民主之间

"旧型的民主—新型的民主—最新型的民主，这是民主政治发展之必然的次序。"因此，需要在旧型民主与最新型民主之间来理解新型民主。旧型民主是资本主义发展前一阶段，即自由竞争资本主义阶段的产物，其根本特征是政治权力掌握在资产阶级手里。而新型民主是旧型民主和最新型民主（劳动者的民主）的中间阶段，它是资本主义发展后一阶段——垄断资本主义的产物，其根本特征为政权"掌握在资本所有者，小资本所有者，或非资本所有者各社会阶层联合手里"，而且"联合政权的重心，反而是由非资本所有者所支持"。邓初民认为，旧型民主已经没落，苏联的最

---

1. 邓初民：《论民主政治》,《理论与现实（重庆）》第 1 卷第 2 期，1939 年。

新型民主还没有在世界范围内达成的条件，因此，新型民主是当前世界和中国民主进程的主要阶段。

与旧型民主和最新型民主相比，新型民主的独特性在于，它不能完全解决社会矛盾，但"要尽可能消灭（至少是缓和）民主、民族问题的矛盾"。因此，新型民主不仅要求实现国内的政治平等，还要求实现世界范围内普遍的民族平等和经济平等："它处理民主问题的根本方针，是广泛的民主自由（政治的平等）；处理民族问题的根本方针，是彻底的民族自决（民族的平等）；处理人民生活问题的根本方针，是普遍的民生幸福（经济的平等）。"政治平等、民族平等、经济平等，都依赖于新型民主的阶级属性。新型民主的革命性质虽然仍是资产阶级性的，但革命果实不能为资产阶级所独占，而为各革命阶级——尤其是工农阶级所分享，表现为"革命阶级各革命党派的联合政权"。[1]

邓初民仍然在唯物史观的框架内解释新型民主产生的社会经济基础：资本主义的发展，社会矛盾的加深，在资本主义社会上生长的民主政治也随之发展；到垄断资本主义时代，民主政治就由旧型的民主发展为新型的民主。[2]具体来说，资本主义的最高阶段帝国主义造成阶级矛盾和民族矛盾极端尖锐，导致一些国家，如德日，走向法西斯主义；而矛盾不那么尖锐的美英等国，在

---

1. 邓初民：《论民主的主潮》，《民主周刊（昆明）》第 1 卷第 11 期，1945 年。
2. 邓初民：《民主政治的历史范畴及其特质》，《宪政》第 11 期，1944 年。

反法西斯战争中，也由旧型的民主转向新型的民主。就时间上来看，"新型的民主主义——从国内的民主扩展到国际的民主，从政治的民主扩展到经济的民主，只是在最近几十年内才发其端"。[1]

如何理解新型民主在世界民主运动中的总体定位？邓初民认为，由于世界各国经济政治发展的不平衡，在世界革命的范围内，要有两个战争阶段：一，民主革命阶段；二，社会革命阶段。当前在民主革命这一战略阶段，其经济内容，不是彻底反对私有制，其政治内容，是新型的民主。相比于旧型民主，新型民主具有进步性，但它最终要走向最新型民主即"劳动者的民主"。这一社会革命阶段的任务，邓初民将其寄希望于苏联："苏联更加能从容完成其两个战略阶段的任务，首先在世界范围内争取新型的民主主义的胜利，以便把革命向下一战略阶段发展。"[2]

四、民主的中国：从抗战到建国

邓初民的马克思主义民主观的政治学论述与中国政治形势密切相关。他不是在理论上空谈民主，而是以民主理论解释和分析中国的政治现实，构想中国的未来道路。他以唯物史观创造了中国民主运动的完整的历史叙事。在民主中国的具体内容上，抗

---

1. 邓初民：《人民的世纪》，《大学（成都）》第 3 卷第 9、10 期，1944 年。
2. 邓初民：《人民是最后的判决者》，《民主周刊（昆明）》第 1 卷第 4 期，1944 年。

战前期，邓初民提出"抗战建国的民主"作为民主中国的特殊形态；1944 年后，配合着"旧型民主—新型民主—最新型民主"的理论发展，邓初民以"新型民主"作为理解中国政治的核心概念。

（一）以民主理解中国：中国政治的社会史分析

在提出适用于中国的民主概念之前，邓初民首先需要整体性地评估近代中国民主运动的历史进程。1939 年《纪念辛亥革命廿八周年：辛亥革命与民主政治》认为，中国自鸦片战争以来的民主运动，其性质是反对封建、反对民族压迫的资产阶级民主革命，其任务是"开辟资本主义独立发展，一直达到资产阶级的政治的支配，亦即资产阶级民主政治的确立"。但是，由于中国资产阶级的薄弱，民主革命以及民主政治，"要由农民和都市平民要素及其他革命民众的联合革命运动，亦即反封建的统一战线"来实现。

邓初民将辛亥革命视为近代中国民主运动最重要的事件，它是中国第一次真正意义上的资产阶级民主革命，试图完全破除中国民族资本主义发展所面临的双重障碍："中国如要实行资产阶级的民主革命，一开始就要把颠覆封建统治与帝国主义压迫的两重任务联系为一。"但是，"它并未完成民主革命的任务，更说不到资产阶级政治的支配——民主政治的确立"。辛亥革命虽然制定了包含资本主义民主诸特征的《临时约法》，但随着袁世凯当选总统后取缔国民党、停开国会、修改约法，"袁氏便从根本上消灭了民主的政权形式"。[1]

1928 年《民主斗争运动》接续辛亥革命及北洋政府的历史，对国民革命时期的中国民主运动历程的理解。当时，他站在国民党左派的立场，认为国民革命与北伐战争是资产阶级民主运动的继续，并在当时就已提出"建设工农与小有产者联盟的民主专政的民权"，而批判"清党"的国民党右派是"一个挂党的招牌的新军阀的专制"。[2]

虽然以上两篇文章的写作时间差距较大，因此作者所处的政治局势和政治立场也不尽相同，但它们的内容及其所依据的民主理论一以贯之，完整地串联起中国近代民主运动的历史叙事。基于此，邓初民以马克思主义政治学民主理论的框架和内容，进而发展出独特的理解中国和回应中国的民主概念。

（二）抗战建国的民主：中国民主的特殊形态

全面抗战爆发后，邓初民仍然首先对当下民主运动进行历史评估。他认为，在抗战的现阶段，争取抗战胜利以实现中国的民族解放，是当前中国民主运动的主要任务。因此，"抓住时代环节来谈现阶段的中国民主，一句话，就是：'抗战建国'的民主"。

抗战建国的民主是"半殖民地民族解放过程中特有的一种国

---

1. 邓初民：《纪念辛亥革命廿八周年：辛亥革命与民主政治》，《中苏文化杂志》第 4 卷第 3 期，1939 年。
2. 肥遯：《民主斗争运动》，《双十月刊》第 4 期，1928 年。

家形式，反法西斯世界战争中半殖民地革命任务所自己规定的一种民主制"。它的根本特征是"无阶级、党派、宗教、性别之分的全民性"；它既不是资本主义民主，也不是劳动者的民主，因为抗战民主具有全民性而非阶级性。邓初民相信，在"全民性"的基础上，中国可以建立起革命的抗战民主机构，即全民抗日统一战线；在全世界范围内，抗战民主亦与各国人民反法西斯的统一战线密不可分。

邓初民根据中国的特殊国情——抗战的艰巨性及政治动员的紧迫性、成熟的革命政党和革命民众、帝国主义矛盾尖锐化的国际形势——认为需要以下政治原则和国家制度：建立以三民主义为主要内容的统一的民主共和国，从国民大会的选举与召集、宪法的起草与批评都能自由发表意见做起，实现民主宪法、民主国会、民主政府、民主政策。这一民主共和国是资本主义性质的，但是各阶层民众的联盟，是新型的民主，而且将走向社会主义民主。这一民主共和国的组织原则是"民主集中制"，既要代表民意政府，也需要行政权力的集中。[1] 为实现以上原则和制度，邓初民提出的具体方案是，抗战民主要从最低限度的任务——争取人民的自由权利开始，"即刻执行抗战建国纲领所规定的'于抗战期间不违反三民主义最高原则及法令范围内：对于言论、出版、集会、

---

1. 邓初民：《论当前宪政之意义》，《理论与现实（重庆）》第1卷第4期，1940年。

结社予以充分之保障'"。此外，需要立刻建立各级民意机关，并
加强民意机关的发展，把现存的国民参政会及正在筹备中的省参
议会，逐渐变为真正民意代表机关；县、市、乡、镇的民意机关，
亦即应筹设成立；实行基层政权保甲长的民选、实现敌后民主制
的建立，等等。[1]

（三）新型民主在中国

1944 年，抗战胜利在即，战后的中国前途逐渐成为政界和学
界的首要议程。作为一位左倾的党外人士与国统区的大学教授、
政治学家，邓初民在马克思主义的立场上又开始了关于民主政治
的密集写作。此时，他关于中国的民主概念发生了微妙的变化，
即从"抗战建国的民主"转向了"新型的民主"。

与"抗战建国的民主"相比，"新型民主"不再是中国民主的
特殊形态，而是以普遍性的民主理论解释中国。实际上，邓初民
之所以于 1944 年在"资本主义民主"与"劳动者民主"之间增
加"新型民主"的历史类型，既是出于对世界政治局势的观察和
反思，也是他评估和展望中国民主运动的最终结果。针对 1944 年
正面战场的豫湘桂大溃败，邓初民将其归咎于中国民主力量发展
的不均衡：由于国民政府"殖民地半殖民地的政权性质，不能不
表露出它的动摇与不自信"，因此，与中共根据地相比，国统区的

---

1. 邓初民：《论民主政治》，《理论与现实（重庆）》第 1 卷第 2 期，1939 年。

民主力量受到压制和阻碍而异常薄弱。在这种情况下，邓初民主张中国亟需争取新型民主："如何实现民主以及实现民主的具体办法，便成为今日惟一严重迫切的问题。"[1]

1947 年，战争形势的变化迫使邓初民转移到香港，他开始畅想国民政府崩溃后"新型民主"的制度形式与宪法问题。《反动统治崩溃后新建政权诸问题释疑》是对《论联合政府》的理论呼应，认为中国资产阶级性的民主革命，需要建立新的国家制度，表现为新政权的构成是"中国最大多数人的革命的民主的各阶层各党派的联合与共同"。在这篇文章中，邓初民竭力论证中国共产党不会立刻走向"劳动者民主"的无产阶级专政；但他同时认为，由于工农阶层在中国社会构成中占大多数，因此，各阶层各党派的民主联合政府必须以代表工农阶层利益的中国共产党为中心。[2]

为响应中国共产党号召建立民主联合政府的"五一口号"，1948 年，邓初民在香港发表《新政协的任务及其产生的历史条件》，指出新型民主需要以中国共产党倡导的政治协商会议来实现；讨论并实现召开人民代表大会，成立民主联合政府，都需要新政协来负责。因此，新政协不仅是实现新型民主的准备阶段，其本身就成为一个关键性的政治机构。在此基础上，邓初民进一步设想了"新型民主"甚至"最新型民主"未来的制度承

---

1. 邓初民：《人民是最后的判决者》，《民主周刊（昆明）》第 1 卷第 4 期，1944 年。
2. 邓初民：《反动统治崩溃后新建政权诸问题释疑》，《民潮》第 12 期，1947 年。

载——人民代表大会，具体来说，如何从新政协中产生人民代表大会？"人民代表大会应由谁来召集？人民代表是要经过普遍的，平等的，直接的，而且是秘密投票的方式选举产生的。人民代表的选举和宣传的自由，应由谁来保证？人民代表大会职权的充分行使（如制宪与组织政府等）应由谁来作后盾？"一系列问题都要在新政协上得到解决。[1]

新政协的号召和开幕，是邓初民理解"民主中国"的关键节点：他在过去二十年间建构的马克思主义政治学的民主理论，最终凝结为"新型民主"，落实在新政协与它产生的人大的国家政体和政治机构，以及《共同纲领》和1954年宪法上。马克思主义民主观的发展，实际上构成了新中国建国的知识社会学——它不仅是马克思主义政治学民主理论以"新型民主"理解和回应中国的结果，也是"新型民主"在新中国国家政体与制度形式上的开端。

马克思主义政治学，是20世纪上半叶救亡危机下中国政治知识的自主性探索。自主知识体系包含两个向度：一方面，它的经验对象和理论阐释是本土化的，它必须就中国自身的历史和特质开展知识生产；另一方面，它不能局限于自身，而应返回世界，具有普遍的理论效力。就此而言，邓初民在这一方面做出了重要

1. 邓初民：《新政协的任务及其产生的历史条件》,《光明报》新1卷第9期，1948年。

的贡献，马克思主义民主观的社会科学化，即马克思主义政治学民主理论，当之无愧地是中国政治学自主知识体系早期建构的一个典范：它不仅以马克思主义基本原理为基础，抓住"民主"作为理解和回应中国政治前途的核心线索，更以中国的政治经验为材料，发展出"新型民主"的历史类型，以此理解和回应世界政治的前景。

王学文和马克思主义经济学的传播与中国化

张　申　程　霖[*]

王学文（1895—1985），原名王守椿，江苏徐州人。是中国社会科学家联盟的核心盟员，在中国社会科学家联盟的发起成立和早期活动中扮演了关键角色，在马克思主义经济学的传播与中国化的过程中也起到了重要作用。他通过翻译编写专著、创办刊物并发表文章参与中国社会性质论战，以及开办讲学、讲座等，积

王学文

[*] 本文作者：张申，上海社会科学院经济研究所副研究员；程霖，上海财经大学经济学院 / 中国经济思想发展研究院教授。本文是国家社会科学基金重大项目"近代以来中国经济学构建的探索与实践研究"（项目编号：17ZDA034）和教育部哲学社会科学研究重大专项"中国自主的经济思想史知识体系构建研究"（批准号：2023JZDZ027）阶段性研究成果。

极推动马克思主义经济学在中国的普及。此过程中，他将马克思主义基本原理与中国具体实际相结合，形成了中国半殖民地半封建社会性质、新民主主义经济建设等的科学分析。王学文将马克思主义经济学的传播与中国化贯穿一生，在中华人民共和国成立以来，通过开展关于政治经济学意义、对象与方法等基本问题以及社会主义经济理论体系与经济规律等的探讨，紧随时代需求，实现了对马克思主义经济学的发展与开拓。王学文不仅对传播研究马克思主义、宣扬党的路线做出了重要贡献，而且对中国经济学学科体系和知识体系的建设及发展也发挥了深远影响。

一、推进马克思主义经济学中国化的卓越代表

1930 年 5 月 20 日，中国社会科学家联盟在上海成立，通过了《中国社会科学家联盟纲领》，以发展马克思主义的社会科学运动为宗旨，成为中国共产党领导下的文化理论团体和重要革命力量。《中国社会科学家联盟纲领》提出了五大任务，第一条即为"以马克思主义的观点分析中国及国际的政治经济，促进中国革命"。[1] 因此，经济学成为"社联"开展研究和建设的一个重要落脚点，也集中了李达、沈志远、王学文、钱俊瑞、许涤新等重要马克思主义经济学者，在马克思主义经济学的传播与中国化上作出重要贡献。

1.《中国社会科学家联盟底成立及其纲领》，《新思想月刊》1930 年第 7 期。

其中，作为"社联"创始人之一的王学文是一位卓越代表。王学文 1910 年赴日本留学，1921 年进入京都大学经济学部，1925 年取得经济学学士学位后，作为研究人员留任本校，受教于著名马克思主义经济学家河上肇。1927 年回国，加入中国共产党。1928 年秋在上海讲授政治经济学和经济思想史，参与创办"社联"和组织进步青年学习研

王学文经济学文选
（一九二五—一九四九年）

经济科学出版社

《王学文经济学文选》

究马列主义基础知识的社会科学研究会，并在多个刊物上发表文章。"社联"解散后，王学文不断结合中国实践，将马克思主义经济学的传播与中国化贯穿一生。1937 年调职延安，任中央党校教务主任，后任中央马列学院副院长兼教务主任、总政治部敌工部长兼敌军工作干部学校校长、中央党校研究室主任、华北财经学院院长、中央马列学院教授等职，1945 年作为正式代表出席了中国共产党第七次全国代表大会。中华人民共和国成立以来，任第一、四届全国人大代表，第二、三届全国政协委员，第四、五届全国政协常委，中国科学院哲学社会科学部学部委员，教育部政治经济学教学委员会主任委员，新经济学会筹备会常委，《资本论》研究会名誉会长等。王学文在马克思主义经济学传播与研究领域成果颇

丰，著有《政治经济学教程绪论》（新华书店 1950 年版）、《政治经济学方法论的几个问题》（武汉人民出版社 1956 年版）、《马克思主义政治经济学的特点》（科学出版社 1958 年版）等，论文则主要被收集在《王学文〈资本论〉研究文集》（中国社会科学出版社 1982 年版）、《王学文经济学文选（1925—1949 年）》（经济科学出版社 1986 年版）、《王学文经济文选》（中国时代出版社 2011 年版）。

已有研究对于王学文经济思想的考察主要分为三类：一是对王学文作为中国革命家、中国共产党的优秀党员和著名马克思主义经济学家，进行人物生平和经济学术轨迹的系统回溯和缅怀纪念；[1] 二是对王学文经济思想中的部分内容进行阐释和提炼；[2] 三是在研究马克思主义经济学中国化学术史、中国社会主义经济思想

---

1. 王义为：《中国社联创始人之一　社会科学研究会第一任党团书记　王学文传略》，载于史先民编著：《中国社会科学家联盟资料选编》，中国展望出版社 1985 年版，第 184—199 页；王义侠、王义为：《孜孜不倦的马克思主义经济学家王学文》，载于林圃、孙连成主编：《中国当代著名经济学家》第二集，四川人民出版社 1987 年版，第 97—167 页；任维衷、王义为：《王学文》，《经济学动态》1980 年第 11 期；王义为：《追求真理的学者诲人不倦的导师——怀念父亲王学文》，《经济研究》1985 年第 10 期；莫文骅：《永远感谢王学文同志对我的帮助》，《经济研究》1985 年第 10 期；苏星：《学习王学文同志为传播和研究马克思主义经理理论奋斗终生的精神》，《经济研究》1985 年第 10 期；杨国光：《经济学家王学文的传奇革命生涯》，《百年潮》2012 年第 7 期；韩毓海：《风起陕甘宁》，生活·读书·新知三联书店 2023 年版；万晓庆：《我们的学习是为了实际和工作——经济学家王学文的治学之道》，《学习时报》2023 年 3 月 1 日第 5 版。
2. 叶世昌、丁孝智：《王学文在民主革命时期的经济思想》，《江西财经大学学报》1999 年第 3 期；靳明全：《论王学文在日撰写的经济学论文与河上肇学说之影响》，《江苏科技大学学报（社会科学版）》2011 年第 2 期。

史时，将王学文作为一个案例进行考察。[1]总体而言，对于这样一位积极传播并多年从事马克思主义经济学研究的著名学者而言，目前学界对其最重要的事业和贡献——马克思主义经济学的传播与中国化的考察，还有很大拓展空间。特别是已有研究大多关注1949年之前，未覆盖王学文在中华人民共和国成立以后，坚持不懈、与时俱进推动马克思主义经济学的传播与中国化的学术探索与使命担当。因此，有必要深入系统研究王学文关于马克思主义经济学的传播与中国化的重要探索。此一则作为对"社联"历史意义和学术贡献的明确和纪念；二则有助于加强马克思主义经济学的传播与中国化历史进程的系统研究；三则有助于树立推进马克思主义经济学中国化、发展中国经济学的学术典范，并为当前加快建构中国自主的经济学知识体系、推进中国式现代化提供历史镜鉴。

二、坚定科学信仰，积极传播马克思主义经济学

近代以来中国经济思想转型的最终走向是以马克思主义经济学为主导，[2]但这个过程绝非一蹴而就，而是有一代又一代的有志

---

1. 吴汉全、王忠萍：《中国马克思主义学术史（1919—1949）经济学卷》，吉林人民出版社 2008 年版；王毅武主编：《中国社会主义经济思想史简编》，青海人民出版社 1988 年版。
2. 胡寄窗：《中国近代经济思想史大纲》，中国社会科学出版社 1984 年版，绪论第 10 页。

之士科学认识、坚定选择了马克思主义经济学，并将其积极传入中国。[1] 王学文就是其中的重要一员，他在新民主主义革命时期、社会主义革命和建设时期以及改革开放和社会主义现代化建设新时期都坚持宣传马克思主义经济学，不仅有对其内容的系统介绍，也注重对其原理的深刻阐释，显示出非常高的马克思主义经济学的理论素养。特别是王学文全面传播马克思主义经济学之时，正处于第一次国内革命战争后中国社会对中国革命理论产生迫切需求的历史阶段之中，所以更具有非常重要的学术贡献和历史价值。

（一）始终强调马克思主义经济学的核心地位

20 世纪 10 年代王学文赴日求学时，正值中国遭受列强侵略、国内军阀混战的背景之下。为了寻求救国救民的真理，王学文着眼于经济学，尤其是政治经济学原理，兼社会经济发展史、社会经济思想发展史。正是在此时期，王学文接触到马克思主义经济学，系统研读了《资本论》《剩余价值学说》《哥达纲领批判》等经典著作，成为了一位坚定的马克思主义信仰者。[2]

王学文认为，马克思主义经济学之于其他资本主义经济学存在优越性，而这种优越性来自历史唯物主义，即认识到经济学具

---

1. 谈敏：《20 世纪 20 年代马克思主义经济学在中国的传播启示》，《经济思想史学刊》2021 年第 1 期。
2. 林圃、孙连成主编：《中国当代著名经济学家》第二集，四川人民出版社 1987 年版，第 109—113 页。

有时代和阶级的特征，所以资本主义的发展在推进了经济学的同时，也为后者带来了局限。这种观点在他 1930 年出版的《近世欧洲经济思想史》一书中有详细论述。书中指出，"在一定经济关系之下，才有一定的经济行为，因有一定的经济行为才能有一定的经济生活"，"由这来说，经济学——形成社会的上部结构之一部的经济学，是精神上的产物，也同时是社会的产物"，结合当前经济学的发展，"是近代资本家的社会之精神的产物"，这为经济学作为科学的成立发挥了重大影响。但也因其发展处于"资本一般最初的自由的存在形式"，所以"其理论的分析，只能由流通过程之表面的现象出发"。由此，王学文介绍了重商主义、重农主义、古典学派和社会主义学派，并指出不同于古典学派，社会主义学派是产生在"社会的阶级斗争尖锐化"的时期，"不把资本家的生产方式认为绝对的终局的存在"，故而"能阐明资本家的生产方式发生发展和没落的全过程的法则"，而其中，马克思主义经济学是"科学的经济学之最高发展者"。[1]

王学文在开展经济学学习与研究的过程中，长期论证马克思主义的核心地位，强化了作为马克思主义经济学者的理论自信。在有学者质疑马克思主义的科学性时，王学文以《反科学的马克思主义？还是反马克思主义的"科学"？》对其论点进行了全面驳

---

1. 王学文：《近世欧洲经济思想史》，乐华图书公司 1930 年版，第 2、8、65、66 页。

斥。[1] 在有留美经济学者对劳动价值论提出五条诘问后，王学文认同并尊敬诘问者"尽可批评"的"学者研究学术的态度"，对劳动、社会平均劳动、价值的形成与价值的实现、价值的构成、价值的计算等劳动价值论的问题做出了一一解答。[2] 在社会主义流派中，王学文也始终坚持马克思主义的科学观点，这一点在 20 世纪30 年代的中国社会性质论战中表现得尤为突出。他强调，在分析社会的生产力、生产关系和生产方式时，应该要看见"在一定支配的生产关系下，有被支配的旧的关系的残迹与新的关系萌芽虽然并存，形成支配的生产关系与被支配的生产关系的复杂错综的关系"。在这一框架下，可以看到，动力派学者严灵峰、任曙即是混同了支配与被支配的关系，且仅在交换环节上着眼，所以得出了资本主义已在中国取得优势地位的错误论断。[3] 王学文所开展的上述讨论，是因其认识到马克思主义经济学发生发展的根源和属性，即"无产阶级和无产阶级领导一切被压迫被支配的分子向一切支配阶级压迫阶级斗争之理论的武器"，从而认识到，其是要被"现代社会统治阶级和其理论的代表者排斥、驳击并压迫"的，所

---

1. 王学文（署名王昂）：《反科学的马克思主义？还是反马克思主义的"科学"？》，《新思潮》1930 年第 4、6 期。

2. 王学文（署名王秋心）：《马寅初博士的劳动价值说批评》，《学艺》1926 年第 8 卷第 4 号。

3. 王学文（署名思云）：《中国经济的性质是什么——评中国几位社会科学家的见解》，《读者》1931 年第 1 卷第 1 期。

以也必须做出积极回应，并"予以理论上的答复"。[1] 这再次体现了他对马克思主义经济学的深刻领悟。

（二）长期坚持宣传马克思主义经济学

正是在上述认识下，王学文在传播和宣扬马克思主义经济学上做出了长期工作和积极贡献：一是翻译马克思主义经典理论与著作。1927 年王学文再次前往京都后，就曾着手翻译恩格斯《家族、私有财产和国家的起源》一书，并将没有译完的稿件交给了中国共产党早期党员之一、马克思主义教育理论家杨贤江同志。[2] 1930 年，王学文在《新思潮》的第 5 期和第 6 期组织编辑推出《统一译语草案》，对马克思主义中的一些术语，提出了中文译法，包括"意识形态（Ideology, Ideologie）""生产手段"（Means of Production, Prodüktino-miteel）"生产方式（Prodüktionsweise, Method of Production）""上层构造（Uelerbau, Superconstruction）""下层构造（Unterbau, Underconstruction）"等，共计 90 个。[3] 20 世纪 30 年代王学文调到延安后，在时任党的总书记和中央马列学院院长的张闻天同志安排下，作为副院长兼教务主任的王学文校对了"政治经济学论丛"（其中包括马克思的《雇佣劳动与资本》和《价

---

1. 王学文（署名王昂）:《反科学的马克思主义？还是反马克思主义的"科学"?》,《新思潮》1930 年第 4、6 期。
2. 史先民编著:《中国社会科学家联盟资料选编》, 中国展望出版社 1985 年版, 第 188 页。
3. 编辑部:《统一译语草案》,《新思潮》1930 年第 5、7 期。

值价格与利润》等）和《〈资本论〉提纲》，这两本书都由延安解放社收入"马恩丛书"出版。[1]

二是组织发表并自行撰写发表与出版马克思主义经济理论研究文章和著作。作为"社联"成员，王学文担任其机关刊物《新思潮》的编委，组织发表了一批文章，使该杂志成为中国社会性质论战中传播马克思主义和中国共产党革命理论的主要阵地。此外，王学文在日本和上海时期曾于《孤军》《东方》《思想月刊》《独立青年》等，在延安及解放区时期曾于《共产党人》《中国青年》《中国文化》以及在新中国成立后于《光明日报》《经济研究》《红旗》等发表政治经济学相关研究文章数十篇。[2] 除了文章，王学文还完成了若干较为系统的马克思主义经济原理著述。如 1927 年出版《社会问题概论》，全书共七章，运用唯物辩证主义的基本方法，概述了历史唯物论和科学社会主义的基本观点。[3] 1940 年，王学文和何思敬在给日本工农学校学院讲课时，依托讲稿形成了《社会科学基础知识》一书，后由求实出版社出版。1948 年受董必

1. 史先民编著：《中国社会科学家联盟资料选编》，中国展望出版社 1985 年版，第 193 页。

2. 根据《王学文〈资本论〉研究文集》（中国社会科学出版社 1982 年版）、《王学文经济学文选（1925—1949）》（经济科学出版社 1986 年版）、《王学文经济文选》（中国时代出版社 2011 年版）统计，有明确出版信息，发表于期刊报纸的文章数量如下：1925—1936 年有 19 篇，1937—1949 年 9 月有 12 篇，1949 年 10 月以来 43 篇（连载文章按照分期期数计算）。

3. 王学文：《社会问题概论》，商务印书馆 1927 年版。

武同志委托，王学文开始撰写政治经济学教程，于 1950 年以《政治经济学教程绪论》为名，由新华书店出版。[1] 该书共有五章，是作为王学文广义政治经济学写作的第一部分，重点探讨政治经济学的研究对象、任务及其特点，[2] 被认为是在中华人民共和国成立初期很有影响的经济学教科书。[3] 正如人民出版社 1983 年重印该书时评价道，该书"对新中国千百万读者进行了马克思主义的宣传教育，对在中国传播马克思主义政治经济学做出了贡献"。[4]1958—1963 年，王学文因讲授《资本论》，形成了系统介绍《资本论》的基本立场、基本观点和方法论的讲稿，并为了力求准确，通过核查德文原文以及中文、日文各种版本，在已有研究基础上又进一步深化，而这些讲稿也被作为教材铅印。[5]

三是开展马克思主义经济学教育宣讲工作。20 世纪 30 年代在上海期间，王学文作为"社联"的主要成员，曾在上海艺术大学、中华艺术大学、上海政法学院、群治大学、暨南大学等讲授政治经济学，并通过社会科学研究会组织进步青年学习、研究马列主

1. 史先民编著：《中国社会科学家联盟资料选编》，中国展望出版社 1985 年版，第 192—193 页。
2. 王学文：《政治经济学绪论》，新华出版社 1950 年版。
3. 王毅武主编：《中国社会主义经济思想史简编》，青海人民出版社 1988 年版，第 341 页。
4. 王学文：《政治经济学教程绪论》，人民出版社 1983 年版，重印说明。
5. 史先民编著：《中国社会科学家联盟资料选编》，中国展望出版社 1985 年版，第 196—197 页。

义基础知识。[1] 1937 年春王学文奉中央之名到达陕北，先后在中央党校、陕甘宁边区党校和中央马列学院讲授课程。中华人民共和国成立后，王学文又先后在北京大学、中宣部办的景山大学和中央党校等地讲授政治经济学，在华北军区政治部、中共人民银行总行、高等军事学院、中央财政部等处作报告。日本学者香川孝志曾形容在延安听王学文讲课，"先生把那么难懂的马克思主义经济学的初步理论讲解得那样通俗易懂"。[2] 中国人民解放军优秀的政治工作领导者和军事指挥员莫文骅同志也曾表示，"王学文同志是我党不可多得的教育家和我国著名的经济学家"，"他对我帮助很大"。[3]

三、立足中国本土，科学运用马克思主义经济学

作为马克思主义经济学家，王学文不仅积极传播马克思主义，更是将马克思主义作为分析中国问题、寻找中国出路的有力武器。《中国社会科学家联盟纲领》指出，"马克思主义，不限于理论，它的伟大的特点，还在于它是和实际运动相联系的，理论与行动的合一，是马克思主义的一个基本原则。"[4] 王学文正是在该领域身

---

1. 根据《中国社会科学家联盟资料选编》《中国社会科学家联盟史》《中国社会科学家联盟成立 55 周年纪念专辑》整理。
2. 转引自苏星：《学习王学文同志为传播和研究马克思主义经济理论奋斗终生的精神》，《经济研究》1985 年第 10 期。
3. 莫文骅：《永远感谢王学文同志对我的帮助》，《经济研究》1985 年第 10 期。
4. 史先民编著：《中国社会科学家联盟资料选编》，中国展望出版社 1985 年版，第 21 页。

体力行，长期探索的重要代表，正如有研究评论道，王学文"展示马克思主义经济学的学术意义与现实价值，表现出较高的马克思主义经济学的理论修养"。[1] 他关于中国社会性质的分析，以及在此基础上如何进一步开展新民主主义经济建设的分析，不仅科学准确地运用了马克思主义，增强了马克思主义的现实意义，而且对中国革命理论的论证和中国马克思主义经济学的推进都起到了积极作用。

（一）开展中国半殖民地半封建社会性质研究

中国社会性质论战的产生，以及在论战中发挥重要作用的"社联"的成立，具有深刻的历史原因。1927 年第一次国内革命战争失败后，中国兴起新兴社会科学运动，既与资本主义爆发危机的世界发展潮流紧密关联，也是中国国内各种矛盾激化、革命运动重新高涨的必然结果。[2] 而在社会科学研究热潮中，也存在着不同理论派别，如资产阶级社会科学、民族改良主义和中国托派等，迫切需要马克思主义者抢夺思想阵地。[3] 特别是，彼时摆在中国人民面前的重大问题就是中国向何处去？为了回答这个问题，就必须明确中国社会的性质，明确中国革命的任务、对象和动力。由

---

1. 吴汉全、王忠萍：《中国马克思主义学术史（1919—1949）经济学卷》，吉林人民出版社 2008 年版，第 130 页。
2. 徐素华编著：《中国社会科学家联盟史》，中国卓越出版公司 1990 年版，第 4 页。
3. 史先民、任守春：《中国社会科学家联盟成立的意义及其历史地位》，《史学月刊》1985 年第 3 期。

此，"社联"在中国共产党的指示下组建，以对各种错误观点予以回应，并增强革命理论对中国革命实践的指导作用。

在这样的现实与理论背景下，1930年"社联"在《新思潮》第5期开辟"中国经济研究专号"，王学文受党的委托发表了一系列文章，引发强烈反响。事实上，早在20年代王学文就对中国的经济情况进行了分析。他认识到了中国社会复杂的性质，即"中国之经济组织，在今日言之，已经过数千年间之史的发展；旧经济组织之各种遗迹，与新经济组织之种种萌芽杂然并存，……今日中国经济有二种不同之代表形态，旧时低级之封建经济与新兴高级之资本主义的经济交错并存"。[1]并且，他直接点明了中国经济发展的两大障碍：军阀官僚和外国资本家。[2]随后在30年代，面对中国经济分析的诸种看法，王学文批判了认为中国已经是国民经济初级阶段、抑或是资本主义经济第一期的观点，指出其是"只能一般地抽象地全民式地认为构成现代社会的分子是同一东西"，未能认识到有阶级的差别，未能认识到社会根本矛盾的存在，而只照搬了"欧美资产经济学者对于近代社会经济的错误认识"。他同时批判了认为中国经济是封建经济与资本主义经济二者杂然错

1. 王学文（署名王首春）：《中国经济现状概观——其过渡的性质，余之观察法》，《孤军杂志》1925年第3卷第4期。
2. 王学文（署名王首春）：《中国经济现状之一面观》，《东方杂志》1925年第22卷第21号。

综的观点，指出这只是孤立地看待中国经济的不同形态，也没有从变动过程上进行观察。他还反对把中国经济分解成货币问题、资本问题、利息问题、农工问题等的观点，主张整个的经济"并不等于部分的个别的经济之单纯的算术的总和"。[1]

在具体地认识中国经济实际情况，并建立了"支配与被支配"的这一辩证分析矛盾的理论框架后[2]，王学文分析指出，近代中国内部有五种经济要素：一是原始家长制的自给自足经济，二是小规模的单纯商品经济，三是私资本主义经济，四是国家资本主义经济，五是新兴经济（即新民主主义经济）的萌芽。而剖析各种要素后即可发现，资本主义经济不居于优势地位。因为，"封建的生产方式和生产关系的存在，是中国资本主义发展的障碍物，在这些旧式生产方式和生产关系仍有束缚资本主义经济发展的力量的时候，就在中国经济的各种成分中占得优越的地位"。但是，束缚资本主义经济并占有优势地位的中国封建经济，发展到近代已逐渐崩坏，不仅出现了广泛的商品经济和货币经济，剥削关系也随之较传统的封建经济发生变化，故而是半封建性的。同时，这种半封建性也表现在中国经济受到国际金融和各国帝国主义支配，

---

1. 王学文（署名王昂）：《中国资本主义在中国经济中的地位其发展及其前途》，《新思潮》1930 年第 5 期。
2. 有观点将王学文该思想总结为"中间环节分析法"。王毅武主编：《中国社会主义经济思想史简编》，青海人民出版社 1988 年版，第 342 页。

"其被支配一部分的中国经济当然是其支配剥削的对象带有半殖民地性的特征"，这也进一步解释了为何"中国资本也没有独立存在和发展的前途"。所以，在看到中国经济各种要素的相互作用关系和变动趋势后，王学文断定，中国经济最重要的特性就是半封建性和半殖民地性，其中，"中国的半封建经济是不断走向崩坏的道路，其半殖民地化是不断加强的表现"。[1]

历史学家何干之1937年对论战进行评述时指出，"在中国思想界最先规定中国社会为半殖民性与半封建性的，是'新思潮派'王学文"，"这是中国社会问题论战的第一声，是非常可宝贵的"，"有极大的历史价值"，"这功绩是不可磨灭的"。[2] 也有观点认为，以王学文为代表的学者从生产力与生产关系的矛盾运动中论证了中国是半殖民地半封建社会，实际上是"探索了中国马克思主义政治经济学的研究对象，为中国马克思主义政治经济学撰写了总论"。[3]

（二）开展中国新民主主义经济建设研究

正因为对中国社会性质有了正确判断，明确了帝国主义、封建主义和官僚资本主义是束缚生产力发展、阻碍社会进步的主要

1. 王学文（署名思云）：《中国经济的性质是什么——评中国几位社会科学家的见解》，《读者》1931年第1卷第1期。
2. 何干之：《中国社会性质问题论战》，上海生活书店1937年版，第59、60、67页。
3. 张问敏：《马克思主义政治经济学在中国的传播和发展概述》，《经济研究》1991年第6期。

矛盾，明确了中国应该走新民主主义革命道路，王学文在 20 世纪 40 年代开始进一步探索中国经济的出路，投入到新民主主义经济建设的研究之中。尤其在解放区工作期间，王学文进行了大量研究，不仅宣传了党的经济政策，而且对解放区经济的发展也提出了自己的建设性主张。[1]

王学文部分地论述了新民主主义经济中的成分及其关系。首先，根据毛泽东《论联合政府》中，"在现阶段上，中国经济必须是由国家经营、私人经营和合作经营三者组成的"[2] 重要论述，王学文指出，解放区的工业也有三种形式，即公营、私营与合作经营，三者皆为重要组成。特别是在解放区不断扩大的形势下，一个重要判断是，"政府从事大规模各种轻重工业建设时，必须动员解放区人士与资本家通力合作，并且经过了多年经济建设的基础与所获得的经验，现在已有这种可能，于是改变若干公营工厂为私营或公私合营"。可见，私营和合作经营对于现阶段的工业恢复与建立具有必不可少的意义，所以解放区采取的各种政策与办法，对三种工业都应该适用，从而使其相互配合联系，提高工业生产力。[3] 其次，王学文也看到，解放区的资本主义已经具有了不同的

1. 吴汉全、王忠萍：《中国马克思主义学术史（1919—1949）经济学卷》，吉林人民出版社 2008 年版，第 272 页。
2. 毛泽东：《毛泽东选集》第三卷，人民出版社 1990 年版，第 1004 页。
3. 王学文：《王学文经济学文选（1925—1949）》，经济科学出版社 1986 年版，第 418、421 页。

发展趋势。解放区民主政权代表中国工农业生产者，发展了生产力，而农业生产的发展即为中国资本主义的发展开辟了道路，创造了有利条件。同时，国营经济与合作经济的存在对私人资本主义经济也不构成妨碍，反而能相互促进。因此，"解放区有民主政权，实行削弱封建有利于生产以及人民经济的经济政策，资本主义经济所以能够发展"。[1]再次，王学文肯定资本主义经济的同时也要求对其予以一定的限制，要"保护工人的利益，是在兼顾劳资双方的方针之下，发展资本主义经济，不容许资本主义国家那样对工人的剥削"。[2]

王学文从多个角度对解放区的经济建设给出了具体政策意见。包括：第一，工业政策。王学文主张要将提高生产力、降低生产费和获得一定程度利润作为工业经营的中心。因此，工厂组织要精简，管理制度要严密周道，劳动组织要适当分工合作，生产技术要提高，要重视新技术的采用而不仅仅是技术的改进。同时配套方面，要加大物美价廉的原料与辅助材料的生产，要改变当前落后的交通运输状况，要促进解放区部分工业品的外销。王学文还特别强调，商品的出售一定要按照生产费计算，如若不能充分

---

1. 王学文：《由解放区土地改革来看中国资本主义经济发展的前途》，《解放日报》1946 年 1 月 22 日。
2. 王学文：《王学文经济学文选（1925—1949）》，经济科学出版社 1986 年版，第414 页。

掌握市场情况，可先采用订货制等办法。[1] 第二，土地政策。王学文明确了土地政策的目的、作用和重要性，即"发动农民，扶助农民，削弱封建剥削，促进农民生产与资本主义生产的发展"，"以巩固农村中统一战线"。因此，他建议针对地主采取斗争与团结相结合的政策，针对农民采取先减租减息、后交租交息的政策，针对地主农民双方采取保障双方、调节双方的政策。[2] 第三，物价政策。王学文分析了解放区物价与工农业生产、交通、金融和财政等方面的相互关系，指出，解放区的物价要在稳定与自由放任间，选择稳定；在绝对稳定和相对稳定间，选择相对稳定，即公营经济只掌握主要物资，而在主要市场上稳定调剂。此外，对于需要的物品要采取高价举措，反之低价；输出物资时针对对方需要的要高价出售，反之低价。[3] 第四，货币政策。王学文认为，应该有计划地有步骤地统一解放区货币，同时适当地控制货币发行数量，按照地区、季节、商品流通和税收需要适当吞吐货币数量，调节金融和物价。王学文坚决反对经济上依靠敌方的投降主义观点，在对外贸易和金融上尤其强调独立自主。[4] 这种认识，和他在

---

1. 王学文：《王学文经济学文选（1925—1949）》，经济科学出版社 1986 年版，第
   419—420 页。

2. 王学文：《王学文经济学文选（1925—1949）》，经济科学出版社 1986 年版，第
   391 页。

3. 王学文：《王学文经济学文选（1925—1949）》，经济科学出版社 1986 年版，第
   450—451 页。

4. 王学文：《王学文经济学文选（1925—1949）》，经济科学出版社 1986 年版，第
   440、470 页。

陕甘宁地区工作时坚持要求边币独立自主、不能把边币变成蒋管区"法币"的附属这一经验是一致的。[1]另外，王学文在农业政策、商业政策、财政政策、经济调查、集体劳动等方面也有很多论述，内容丰富，涵盖面广，且非常具体，很有实践应用价值。

四、紧随时代需求，坚持发展马克思主义经济学

在传播、应用的基础上，王学文还非常重视马克思主义经济学的发展。这一方面是他作为一个经济学理论工作者的学术追求，另一方面也是因为他始终坚持同中国共产党从事中国社会经济变革与经济建设的实践紧密联系在一起。中华人民共和国成立后，我国国民经济全面恢复，并实现了新民主主义经济向社会主义经济的过渡，王学文在理论层面也实现了对马克思主义经济学的持续推动。

（一）对政治经济学基本问题的探讨

此处的基本问题，一是指政治经济学的理论体系，二是指政治经济学的基本理论问题。这一层面的研究，体现了王学文在传播、应用基础上对马克思主义经济学的深入思考。早在20世纪30年代，他就曾通过《政治经济学方法》《政治经济学研究大纲》等文章，对马克思主义政治经济学的研究对象、研究方法、主要特点、内容体系等做出了讨论。虽重点在于介绍，但其间不乏王学

---

1. 王学文：《王学文经济学文选（1925—1949）》，经济科学出版社1986年版，序言。

文自己的理解，如他曾对无产阶级政治经济学给出了"科学性、统一性、完整性""历史性、发展性、远见性""阶级性、党派性、国际性"和"批判性、战斗性、实践性"的特点总结。[1] 中华人民共和国成立后，为了培养干部和青年，王学文形成了更多关于介绍政治经济学框架、开展学习和研究所需要注意的问题和方法等的文章和讲话，如《怎样学习政治经济学？》《学习政治经济学的目的和方法》《怎样研究政治经济学》《政治经济学的研究对象》等。[2] 这些探索为其发展马克思主义经济学提供了必要的理论准备。

在基本理论问题上，王学文的一个重要工作就是论证生产力是由劳动力、劳动手段和劳动对象三个因素构成的生产力三因素论。1949—1978 年，我国学界对生产力规律的挖掘较多，其中，20 世纪 50 年代伴随着我国国民经济的恢复和发展进入关键期，生产力问题尤其是生产力的要素构成得到高度关注。[3] 事实上，我国早期的马克思主义学者持有生产力三因素论的观点。[4] 但中华人民共和国成立以来，主张生产力是由劳动者和劳动手段构成的生产

---

1. 王学文：《王学文经济学文选（1925—1949）》，经济科学出版社 1986 年版，第 298 页。
2. 参见王学文：《王学文经济文选》，中国时代出版社 2011 年版。
3. 宋保仁：《生产力的科学发展研究》，世界图书出版广东有限公司 2011 年版，第 19 页。
4. 如李达认为，劳动力、劳动手段和劳动对象，是劳动过程中的三个要素，这三者相互结合而参加生产过程时发挥出来的制造物资的能力，就是生产力。李达：《社会学大纲》，武汉大学出版社 2007 年版，第 231 页。

力两因素论兴起。两种观点的争论反映出经济学界的浓厚学术氛围，[1] 但也不乏斯大林的作用。斯大林认为，"用来生产物质资料的生产工具，以及有一定的生产经验和劳动技能来使用生产工具、实现物质资料生产的人，——所有这些因素共同构成社会的生产力"。[2] 这一观点使得生产力两因素论在当时造成了很大影响。因此，1960 年前后曾对生产力进行过系统探讨[3]的李平心也曾表示，"一切经过劳动作用的物资，只要是投入生产中供生产消费的，都是生产力的组成部分"，[4] 但也未得到充分重视。

王学文在《政治经济学绪论》中集中对生产力进行了论述，而该书在出版前也曾以连载形式在《人民日报》发表。《政治经济学绪论》开宗明义，"政治经济学是以生产方式为研究对象的。生产方式是生产力与生产关系的统一"。[5] 所以该书的第一章第一节，就是生产力。首先，王学文介绍了生产力的构成。"如果把生产手段中的两要素——劳动对象与劳动手段分开来，再加上劳动力，就成为生产力的三要素"。[6] 其次，王学文对劳动对象这一争议

1. 参见《经济研究》编辑部：《论生产力——建国以来关于生产力问题的论文选》（上、下），吉林人民出版社 1980 年版。
2. ［苏］斯大林：《斯大林选集》（下），人民出版社 1979 年版，第 442 页。
3. 参见平心：《论生产力问题》，生活·读书·新知三联书店 1980 年版。
4. 平心：《关于生产力性质几个问题的发言》，《学术月刊》1960 年第 4 期。
5. 王学文：《政治经济学绪论》，新华书店 1950 年版，第 1 页。
6. 王学文：《政治经济学绪论》，新华书店 1950 年版，第 3 页。

较大的要素做出了具体解释，指出，其"就是劳动所能加工的一切对象"，"一部分是自然或自然供给，一部分是经人类劳动由自然获得来的"。他还分析了两部分的发展趋势，即在生产与生产力发展的背景下，"自然物经过劳动获得经过加工制造而成为劳动对象的东西，就一天一天的增多起来，以后还要继续不断地增加起来"。[1]再次，王学文论证了劳动对象作为要素构成的必要性。一方面，"原材料和辅助材料它们数量的多寡，质量的好坏，对于生产和生产力都有影响"，另一方面，劳动力，生产手段（包括劳动手段与劳动对象）如果分散地存在，"只是可能的生产力"，只有把三者结合，"才能发挥生产的能力和作用，把它们的生产力表现出来"。[2]这些观点的形成，以及王学文对于自身观点的坚持，都是难能可贵的。

王学文探索并发展政治经济学的基本问题，具有很明确的目标导向。他曾指出，在中华人民共和国成立后，财经理论工作者的新任务就在于"马列主义政治经济学的中国化"。[3]而其所参与的生产力要素的争论，也引申出一个问题，就是政治经济学的研究对象讨论。孙尚清在1961年即表示，政治经济学要研究生产力。[4]孙冶方辩证地把握了生产力与生产关系之间的关系，并将其作为

1. 王学文：《政治经济学绪论》，新华书店1950年版，第6、8页。
2. 王学文：《政治经济学绪论》，新华书店1950年版，第7、31页。
3. 王学文：《王学文经济文选》，中国时代出版社2011年版，第66页。
4. 孙尚清：《论研究生产力在政治经济学中的地位》，《经济研究》1961年第12期。

政治经济学的研究对象。[1] 于光远也在 20 世纪 60 年代提出关于构建生产力经济学的想法，并于 1980 年建立中国生产力学会。[2] 这些探索都对于推动马克思主义政治经济学在中国的发展具有十分重要的积极作用。

（二）对社会主义经济的探讨

中华人民共和国成立初期，王学文对新民主主义经济的性质和政策进行了系列讨论，如《关于我国新民主主义经济建设与经济政策的几个问题》《论新民主主义的经济形式》[3] 等。在社会主义基本经济制度确立后，王学文随即对社会主义经济展开了研究。这不仅是对马克思主义经济学研究内容和视野的扩充和更新，更是践行了王学文主张的理念，即，"理论联系实际，不只联系外国经济，还要联系中国经济，尤其是要联系中国经济"，"联系中国经济，不只限于经济基础或经济本身，还可联系到上层建筑与经济基础的关系"，"随着社会主义经济的前进发展，社会主义经济理论也要发展提高"。[4]

王学文曾尝试建立一个社会主义经济的理论体系。20 世纪 60

1. 张申、赵家杰：《孙冶方马克思主义经济学中国化的探索》，《上海经济研究》2023年第 12 期。

2. 中国生产力经济学研究会秘书处编：《生产力经济学文集》，贵州人民出版社 1981年版，第 2 页。

3. 参见王学文：《王学文经济文选》，中国时代出版社 2011 年版。

4. 参见王学文：《王学文经济文选》，中国时代出版社 2011 年版，第 143—144、210 页。

年代初，他即指出，社会主义政治经济学的研究对象是"社会主义的生产方式与生产关系（经济关系）"，研究目的是"阐明社会主义经济的运动规律（其性质与作用），阐明由社会主义经济向共产主义经济过渡的规律"，研究方法是"唯物辩证的方法，辩证法的几个规律（其统一性）"，研究体系是"由生产过程到流通过程到分配过程（到消费过程）"，并且在经济运动过程中要叙述诸种经济规律，要运用已有经济范畴并阐释其间的关系，同时也要有"新范畴的建立"。[1]他相应地设计了社会主义政治经济学的理论体系，具体包括导论、生产论、交换论（流通论）、分配论、消费论、社会经济运动论、经济与政治、社会经济问题和结论九个部分。[2]王学文尤其强调，该研究应该"是由系统的、科学的著作（要通过实践来逐步完成）"，不是经济政策或论文集。而且，社会主义政治经济学的建立，是以社会主义经济的成长和建设为背景，虽然受到现有条件限制，但仍可对现阶段情况的发展变动趋势有所探讨的掌握，并经过一定过程，由不完备到初步的完成，由初步的完成到进一步完成。[3]

王学文对社会主义的商品和价值规律以及经济规律也进行了讨论。而这也是中华人民共和国成立初期经济学界讨论得最为热

---

1. 参见王学文：《王学文经济文选》，中国时代出版社 2011 年版，第 229—230 页。
2. 参见王学文：《王学文经济文选》，中国时代出版社 2011 年版，第 225—228 页。
3. 参见王学文：《王学文经济文选》，中国时代出版社 2011 年版，第 231 页。

烈、发表文章数量最多的问题。[1] 王学文认为，从集体所有制和全民所有制共同存在及彼此间存在分工的客观情况出发，生产品需要交换，"就是通过商品关系，货币关系"。同时，由于我国现阶段生产力水平还不够高，所以发展商品生产，运用价值规律非常有必要，所以，"社会主义的经济存在着商品生产、商品交换（商品流通），并且通过物品交换进行生产物的分配。总的来说，我国国民经济发展的现阶段，存在着商品经济"。正因有商品经济的存在，价值规律就会存在，即"社会必要劳动决定价值的规律是在商品生产和商品交换的过程中起作用的"。[2] 更进一步的，王学文讨论了价值规律的意义，他认为，"价值规律是商品生产与商品交换的规律，是经济关系的规律"，在社会主义条件下，价值规律及价值形式的作用主要有三个方面，"第一，正确表现并调整人们之间的经济关系"，"第二，通过对经济关系的表现与调整，促进生产力的发展"，"第三，实行价值形式的经济核算"。王学文尤其强调第三点作用，指出"社会主义的生产，就是要以最少的劳动，生产最多最好的产品，最大限度地满足社会的需要"。[3] 1979 年，王学文进一步发表《认识掌握和运用社会主义经济运动规律的重要

1. 张闻敏、张卓元、吴敬琏：《建国以来社会主义商品生产和价值规律论文选》（上），上海人民出版社 1979 年版，编者的话。
2. 王学文：《关于现阶段的商品经济与价值规律》，《经济研究》1959 年第 2 期。
3. 王学文：《社会主义制度下的商品关系与价值规律》，《经济研究》1959 年第 5 期。

性》，全面阐述了其经济规律思想。王学文指出，经济规律有三个层次：其一是适用于各个时代的共同规律，首先表现为生产力和生产关系对立统一的规律；其二是适用于某一时代或某一阶段的特殊规律；其三是适用于几个时代经济某些方面的规律，解决的是几个时代某些方面的共同矛盾，例如凡是有商品生产和商品流通，就有价值规律、货币流通规律发生作用。由此，王学文提出了社会主义的经济运动规律体系，包括：社会主义基本经济规律，社会经济有计划按比例发展规律，各尽所能、按劳分配规律，社会主义人口规律，价值规律，另外还有社会主义积累规律，社会主义在生产规律与流通规律等。[1]

王学文还指出了社会主义经济所具有的过渡性质。他表示，过渡性是社会主义经济的一个重要特征，主要表现为：其一是由资本主义经济向共产主义经济过渡，也就是由私有经济向公有经济过渡。所以，"在一定范围内还存在劳动者个体经济作为公有经济的必要补充"，"在一定时期、一定范围和一定条件下甚至还允许资本主义经济的存在"。其二是由商品经济向高级非商品经济过渡。所以，社会主义经济同时存在着非商品经济的因素和商品经济的因素。甚至，因为我国是由半殖民地半封建社会发展而来，商品经济不够发达，所以"还面临一个发展商品经济的补课

---

1. 王学文：《认识掌握和运用社会经济运动规律的重要性》，《红旗》1979 年第 11 期。

问题"。其三，是由生产过程支配人向人支配生产过程过渡，换言之，现阶段"除了用计划调节经济外，在仍然存在商品经济的情况下，同时还要发挥市场调节的辅助作用"。总而言之，王学文表示，要正确认识社会主义经济的过渡性，正确处理社会主义经济过渡性中的矛盾。[1]这些观点发表于1983年，从某种程度上，对后续关于社会主义认识的不断深化，形成了一定的思想积累。

学界对王学文对社会主义经济的分析有很高评价。有观点认为，王学文是我国经济理论界最早探索社会主义经济规律及其体系的经济学家之一。他对社会主义经济规律的总结，是其对社会主义经济理论的主要贡献之一。另外，他也对社会主义商品经济持有高度重视。因此，"从经济思想史的角度看，应该说王学文的经济思想，在中国社会主义经济思想史上占有不容忽视的地位。"[2]

结 语

党的二十大报告指出，"实践告诉我们，中国共产党为什么能，中国特色社会主义为什么好，归根到底是马克思主义行，是

---

1. 王学文、王义为：《社会主义经济的过渡性》，《徐州师范学院学报》1983年第3期。
2. 王毅武主编：《中国社会主义经济思想史简编》，青海人民出版社1988年版，第343、349、353、357页。

中国化时代化的马克思主义行。"[1] 在践行马克思主义"行"的过程中，"社联"成员王学文是一位做出积极贡献的卓越代表和重要典范。他积极推进马克思主义经济学的中国化，推动了马克思主义经济学在中国的传播、应用与发展。而其之所以能够成功实现上述过程，首先源于他对马克思主义的深厚信仰。他坚信马克思主义的科学性和革命性，认为它是揭示人类社会发展规律、解决中国现实问题并指引发展方向的强大思想武器。其次，他始终坚持从中国的实际出发，深入研究中国的社会经济状况，将马克思主义基本原理与中国具体实际相结合，有力地剖析了中国经济的症结，并展示了中国经济发展的前途。再次，他注重理论与实践的结合，不仅在实际工作中使马克思主义经济学服务于中国的革命和建设事业，而且基于不断推进着的中国经济实践，推动马克思主义经济学的发展与开拓。这对于当前加快构建中国自主的经济学知识体系、更好服务中国式现代化建设具有重要启示：首先，应进一步坚定对马克思主义的信仰，将其作为经济学研究的指导思想，不断深化对马克思主义经济学的研究和理解。其次，要立足中国国情，深入研究中国特色社会主义经济发展的规律和特点，形成具有中国特色的经济学理论体系。再次，要注重理论与实践

---

1. 习近平：《高举中国特色社会主义伟大旗帜　为全面建设社会主义现代化国家而团结奋斗——在中国共产党第二十次全国代表大会上的报告》，《人民日报》2022 年 10 月 26 日第 1 版。

的结合，用中国经济的伟大实践支撑经济学的创新研究，将经济学的理论成果应用于实践进行指导和检验，推动中国经济高质量发展，有力支撑以马克思主义为指导的中国自主的经济学知识体系屹立于世界学术之林。

沈志远与马克思主义政治经济学的中国化

沈开艳　徐　昂[*]

沈志远（1902—1965）是马克思主义理论在中国的卓越传播者，也是我国马克思主义政治经济学研究的先驱和重要学者。从 20 世纪 20 年代起，沈志远开始在革命斗争中接触、学习马克思主义理论。1931 年 12 月，他结束了在苏联整整五年的学习和工作，回到了上海，开始着力于传播、研究马克思主义理论，

沈志远

推动马克思主义理论的中国化。1932 年初到 1933 年 6 月，沈志远先后担任中共江苏省文委委员和中央文委委员，其间担任了"社联"的委员、常委，参加了《研究》杂志的编辑工作。正是在"社联"期间，沈志远开始撰写社会科学理论的研究文章，成为马

---

* 本文作者：沈开艳，上海社会科学院经济研究所所长、研究员；徐昂，上海社会科学院经济研究所助理研究员。

克思主义哲学社会科学的重要研究者和传播者。1955 年，沈志远当选为中国科学院哲学社会科学部委员。1956 年，中央决定在上海成立一个与孙冶方任所长的中国科学院经济研究所平级的"中国科学院上海经济研究所"，沈志远被任命为该所的筹备主任，负责筹建该所的工作，并为创办《学术月刊》做了大量工作。[1]

原中国社会科学院院长胡绳曾评价道："沈志远同志是一个为传播马克思主义做过许多贡献的经济学家。在 30 年代中国革命的重要转折关头，他积极从事马克思主义政治经济学、哲学的著述和翻译，阐述马克思主义的基本理论，帮助很多人掌握马克思主义基本原则和基本方法。无论在什么环境中，他对马克思主义的信念都是坚定不移的，坚信马克思主义是科学的真理，并以传播这个真理为己任。"[2]

一、从理论战线投身中国革命事业

1902 年，沈志远生于浙江萧山的一个农村，原名沈会春。1919 年升入著名的浙江省立一中，从这时起他就开始了参与革命斗争的一生。因为参加"五四"爱国运动，沈志远被校方"劝告退学"，前往上海交大附中继续求学。1924 年他认识了中共早期工

---

1. 沈骥如：《沈志远与〈新经济学大纲〉》，载沈志远：《新经济学大纲》，商务印书馆 2023 年版，第 864、870 页。
2. 胡绳：《纪念沈志远逝世二十周年》，《经济学动态》1986 年第 2 期。

人运动领袖侯绍裘，并被介绍到当时"革命摇篮"上海大学的中学部任教，当时上海大学的教务长是陈望道先生，并云集了我党早期众多的理论工作者。沈志远后来回忆道，他当时是在上海大学的中学部任教，而张闻天、王稼祥等人在出国前也正是在中学部从事革命宣传活动。

1925 年沈志远加入中国共产党，并参与了五卅运动。1926 年 12 月，受党组织派遣，赴苏联莫斯科学习，同时从上海前往苏联的还有张闻天、王稼祥、王明等人。1929 年他毕业于莫斯科中山大学，其间学习了包括政治经济学、欧洲社会发展史、辩证唯物主义在内的课程，并勤勉自学了英语、俄语和德语。他因成绩优异，后又进入莫斯科中国问题研究所当研究生，打下了深厚的马列主义理论基础。在苏联时期，沈志远还曾在共产国际东方部从事报道和编译工作，参与了《共产国际》杂志和《列宁选集》六卷本的中文编译工作。这为他日后从事马克思主义政治经济学和哲学的大量著述和翻译工作打下基础。

1931 年底，沈志远将 4 岁的儿子留在苏联，只身回国参加中共江苏省委的革命工作，并先后担任中共江苏省文委委员和中央文委委员，其间与冯雪峰、阳翰笙等共事。1933 年 6 月至 8 月在一场伤寒病后，他与党组织失去了联系。此后，他先后辗转于上海暨南大学、北平大学、西北大学、香港达德学院、新疆学院以及各抗日根据地的讲台上讲授马克思主义学说。

1936 年，沈志远在上海参加了"救国会"的成立工作。国民党教育部于 1938 年底解聘了沈志远、曹靖华等八位进步教授后，沈志远前往重庆，在邹韬奋主办的生活书店任副总编，并主编《生活书店》大型理论季刊《理论与现实》。

1940 年 10 月，皖南事变后，经周恩来的安排，沈志远与一批文化界进步人士疏散至香港。在港期间，他参与复刊后的《大众生活》周刊的编辑工作，与邹韬奋、茅盾、金仲华等九人在《大众生活》新四号上发表了《我们对国事的态度和主张》，谴责国民党政府对抗日进步力量的摧残，提出抗日的九条主张。

1945 年 6 月 11 日，沈志远在成都主编《大学》（月刊），这是当时受中国共产党影响的一份刊物，基本立场是反法西斯、反对蒋介石个人专制独裁，争取民主政治，探讨实现社会主义道路和人民民主。在该刊第 3 卷第 4 期上，沈志远发表了《从经济制度展望世界和平》，提出"建设一个独立、民主、繁荣的新中国，必先澈底清除买办官僚资本的操纵和澈底改革现存的不合理的土地制度。"1945 年 11 月，沈志远受到党的指示，回到上海复刊《理论与现实》。

1944 年，沈志远以救国会成员身份，经沈钧儒、马哲民介绍加入民盟。1945 年 10 月，在民盟第一次全国代表会议上被选为中央委员，并任救国会中央执行委员。1946 年 2 月，民盟中央在沪委员举行茶会，宣布成立民盟上海市支部筹备委员会，推定沈志远、黄竞武为召集人。1948 年 1 月，沈志远出席在香港召开的民盟中央一届三中全会，任民盟中央宣传委员会代理主任。民盟一届三中全会经过激烈辩论，摒弃了"中间路线"，接受了中国共产党的新民主主义革命纲领，反对蒋介石的独裁统治。根据千家驹回忆，正是沈志远起草了这次会议的宣言。

为响应中国共产党关于召开新政协会议的号召，沈志远于 1948 年 10 月到达东北。1949 年 6 月被选入新政治协商会议筹备会第三小组，周恩来和许德珩分别担任组长和副组长。该组的任务即是起草新政治协商会议共同纲领（后定名为《中国人民政治协商会议共同纲领》）。同年 9 月 21 日，参加第一届中国人民政治协商会议。1949 年 10 月 1 日，沈志远登上天安门城楼，参加开国大典。中华人民共和国成立初期，沈志远历任中央人民政府教育委员会委员、中央人民政府出版总署编译局局长、中国人民银行顾问、华东军政委员会委员兼参事室主任等职。1954 年，沈志远当选为第一届全国人大代表，1959 年起任第三、四届全国政协委员。

二、普及马克思主义政治经济学的基本方法论

沈志远的第一部马克思主义哲学著作是 1932 年出版的《黑格尔与辩证法》。这本 12 万字的著作主要论述了辩证法从黑格尔经马克思到列宁的三个发展阶段，其重点是马克思主义辩证法的主

黑格爾與辯證法

沈志遠 著

筆耕堂書店刷

沈志远：《黑格尔与辩证法》，
笔耕堂书店 1932 年版

要内容。沈志远在该书的序言中写道："现代哲学不是别的，恰恰就是辩证的唯物论和唯物的辩证法。这是整个马克思主义底宇宙观"，"马克思把唯物的辩证法应用于资本主义底研究，发现了资本主义底内在法则，……根据这些法则，资本主义是不可避免地要转变到它的相反方面；他又证明资本主义所赖以生存的直接生产者底被剥夺，必然要为剥夺者底被剥夺——即无产阶级独裁——所代替"。[1] 这部著作的最大特点，是多方论述了辩证法是无产阶级认识世界、改造世界的认识论和方法论，是革命的逻辑，强调了理论与实践的统一。这也是沈志远研究马克思主义哲学的学术指导思想。

20 世纪 30 年代的中国已经有了不少马克思主义的普及读物，而沈志远的译作和著述特别受到欢迎。1939 年，抗日军政大学副校长、后任八路军野战政治部主任的罗瑞卿在谈到军队干部的教育问题时说道，团以上高级干部应当读几本哲学书，而哲学书应当首推沈志远所翻译的《辩证唯物论与历史唯物论》。日后负责经

---

1. 沈志远：《黑格尔与辩证法》序，上海笔耕堂书店 1932 年版。

济工作的薄一波同志也曾公开提到这本书对他的影响。

沈志远的这本译作，对马克思主义的中国化有过更为深远的影响。1936 年 12 月，由苏联学者米丁等著《辩证唯物论与历史唯物论》（上册），在 1937 年 7 月以前，毛泽东仔细研读了这本书，同时作了批注。全书 491 页中达 186 页，留有毛泽东的笔记和符号，批注字数达两千六百多字。这些重要的批注，后来被集结编入了 1988 年版的《毛泽东哲学批注集》。而实际上这些批注是 1937 年毛泽东为红军大学上哲学课的做的讲义准备，这份讲义题为"辩证法唯物论（讲授提纲）"，其中一部分成为了这一年"两论"（发展论和实践论）发表的最初形态。在著译中，沈志远的译者序对马克思主义学说的组成部分、实践性、发展性做了精要的导读。比如他就概括到："马克思主义的创造者认为宇宙间一切都是变的发展的，他本身也不是例外"等等。他还指出这本书更偏重于俄国和苏联的实践情况，要中国读者留心书中的理论与中国的斗争实践有一定距离并且将当时，并对涉及苏联党内斗争和宣传作用的语句进行了适当的删除。

沈志远于 1933 年撰写并交付出版的《新哲学辞典》是第一部由中国人编著的马克思主义哲学辞典，这本辞典再版 15 次，成为大量青年自修马克思主义的工具书。沈志远在这本 300 页的词典中，收录了许多马克思主义哲学的概念、范畴，有的条目长达 3 页。1936 年，沈志远出版了《现代哲学的基本问题》，全书把理论跟大众生活和社会实践密切地联系起来，以便提供给"终日埋头苦干、时间经济两穷的朋友们"。《读书与出版》杂志评价道："虽然只有四万多字，但是它把现代哲学的骨干完全清晰地浮雕出来了。"[1] 据不完全统计，该书从 1936 年到 1951 年陆续再版了 15 次之多。

在方法论上，沈志远一生的学术思想都注重理论与中国实践的结合。1932 年起，沈志远写作《新经济学大纲》的一个重要目的就是"（给予读者）研究现实问题的有系统的方法论的指示"。"它所讲的都是原理问题，可是它处处跟实际问题联系着，随时都在指示读者理解现实问题的途径"。[2]

著名生物学家、遗传学家谈家桢院士曾写道："我认识沈志远，最早是通过他的著名专著和译著《新经济学大纲》《黑格尔与辩证法》《辩证唯物论与历史唯物论》等，这几本书在我们那一代知识分子中间曾产生过很大的影响。"[3] 此外，沈志远还写了《近代哲学批判》（1936 年）、《近代辩证法史》（1946 年）两本十余万字的马克思主义哲学书籍，后者多次再版，直至 1954 年。他的《新人生观讲话》，1941 年 8 月至 10 月分十一次在《青年知识》创刊

1. 寒风、姜：《"现代哲学的基本问题"》，《读书与生活》1936 年 14 号，第 1 页。
2. 沈志远：《自序》（1934 年 3 月），《新经济学大纲》，北平经济学社 1936 年版，第 3—4 页。
3. 谈家桢：《怀念沈志远先生》，《群言》，2002 年第 12 期。

号至十一期连载，1946 年由生活书店出版了 126 页的单行本。这本书多次再版，受到了当时进步青年的广泛欢迎。

三、首次系统、完整介绍马克思主义政治经济学

1933 年，沈志远出版了《计划经济学大纲》一书。当时，空前的经济危机席卷了整个资本主义世界。西方有些经济学家企图在不改变资本主义制度的条件下把苏联的计划方法移植到资本主义社会，挽救资本主义。当时国内也有人附和这种观点。沈志远在《计划经济学大纲》中针对这种改良主义观点指出："只有在社会主义制度下，计划化才有实现的可能。"他指出，资本主义生产的无政府状态和生产力与购买力之间的矛盾的根源，"恰恰就是资本主义生产方式——即具有生产底社会性与占取底私有性之间的矛盾的生产方式"。[1] 因此，不改变资本主义生产方式，而想消灭生产的无政府状态和使消费赶上生产的发展，是不可能的。

沈志远的成名作《新经济学大纲》（1934 年出版）是我国第一部系统、完整地介绍马克思主义政治经济学的专著。这部用流畅的白话文叙述的著作从 1934 年北平经济学社的初版到第 18 次再版，一本书从 32 万字不断修订到 62 万字，中华人民共和国成立后成为各高校政治经济学的主要教科书。在出版序言中，他写到

---

1. 沈志远：《计划经济学大纲》，收于《申报丛书》（11），上海科学技术文献出版社 2012 年版，第 44、49 页。

沈志远：《新经济学大纲》，
北平经济学社 1936 年版

此书为的就是"使一般没有受大学教育机会的广大知识饥饿人群，阅读此书之后能够正确地理解现实问题。"[1]

把马列主义政治经济学理论体系完整地展示出来，是《新经济学大纲》的一大特色。在该书的上篇，不但包含了马克思《资本论》的主要内容，而且包含了列宁的《帝国主义是资本主义的最高阶段》一书的主要内容。该书的下篇，论述了当时其他政治经济学著作很少论述的社会主义经济理论的内容。在 1936 年该书的第三版，又充实了前资本主义经济形态的论述。全书以通俗的语言和雄辩的逻辑，以马克思主义的观点，论证了资本主义必然要被社会主义所取代的人类历史发展趋势。

沈志远的另一部代表作《近代经济学说史》，是中国第一部以马克思主义为指导的具有系统性的近代经济学说史。该书于 1937 年由生活书店出版，在发行了两版之后，于 1944 年的修订版改名为《近代经济学说史纲》。到 1950 年为止，先后再版了至少七

---

1. 沈志远：《自序》（1934 年 3 月），《新经济学大纲》，北平经济学社 1936 年版，第 3 页。

次。在 20 世纪 30 年代，中国的经济学界充斥着西方的各种经济学说，并对西方经济理论缺乏批判性地吸收。沈志远在 1944 年修订版的自序中写道："本书底特点……就在第一用新经济学方法论去揭发每一种经济学说底历史背景，从社会经济发展特定的历史阶段，去说明这一经济学说底根源及其发展动向；第二用历史主义的观点，去对每一学派作一适当的评价；第三则用现代最新的经济科学底观点，对过去各派经济学说逐一作严正的批判性介绍。"[1] 此处，"新经济学方法论"就是当时对"马克思主义经济学方法论"的委婉说法；"历史主义的观点"就是"唯物主义史观"；"现代最新的经济科学底观点"就是"马克思主义经济学的观点"。

为了帮助青年学习《资本论》原典，沈志远在 1939 年编写了《研习〈资本论〉入门》一书（后改名为《研习〈资本论〉的准备》）。该书内容扼要，通俗易懂，向读者介绍马克思是如何用毕生的精力来研究政治经济学、创作《资本论》的，介绍了恩格斯对这部巨著所作的贡献，阐述了《资本论》的主要内容及其意义，介绍了资产阶级和修正主义者是如何惧怕、攻击和歪曲《资本论》的，说明了研习《资本论》的方法，成为广大青年学习《资本论》的良师。1939 年，沈志远还准确、流畅地翻译了马克思的《雇佣

---

1. 沈志远：《近代经济学说史纲》，生活·读书·新知三联书店 1950 年版。

劳动与资本》，作为学习《资本论》的先导读物。此书出版后也一
再添印，直到 20 世纪 50 年代中期。

四、《新经济学大纲》与马克思主义政治经济学中国化的先声

20 世纪 20 年代末 30 年代初，经济危机笼罩着整个资本主义
世界，资产阶级经济学、改良主义的经济学，都在现实生活面前
碰得头破血流。进步的青年，都在寻求中国的出路，迫切要求能
够给他们新的经济学理论，马克思的学说让他们产生了日益浓厚
的兴趣。同一时期，中国已经出现了不少从国外翻译、引进的马
克思主义政治经济学书籍，其中比较有名的有河上肇的《马克思
主义经济学基础理论》、考茨基的《马克思经济学说》和马克思的
《政治经济学批判》等。沈志远认为这些书籍对于自修和教学都很
有用处，可"当作一种高深的学院式的专门学问"，但缺乏与中国
现实生活的结合："它们不是内容太专门化，便是译文太外国化或
歪曲原意，它们的理论都不跟现实问题联系起来；换句话说，它
们都没有能够把经济学底原理达到大众化，现实化的地步。"这反
映了当时中国马克思主义学者们的共同评价。

中国的马克思主义政治经济学急需"一本适合广大的读者群
（指非专门研究者和大学生程度以下的一般读者）的理解程度的经
济学课本。"沈志远认为："这是一个事实，是一个不容坐视其继

续存着的事实"。[1] 他认为要把和当代世界经济生活有关系的问题，如当时全球的经济危机、苏联的计划经济和战后资本主义的发展等都要加以系统的研讨，避免脱离实际的空谈理论。

1934 年 5 月沈志远《新经济学大纲》的出版，为中国的思想界、学术界吹来了一股新风，立刻受到进步舆论的好评。马克思主义学者李平心撰文评价："我们当然需要一部内容通俗切合现实兼论新旧经济组织的新经济学书籍"，而沈志远的《新经济学大纲》，"我以为是相当能满足这种要求的，它可以说是荒野里的一株冷艳的山花"。[2]

沈志远在《新经济学大纲》1934 年初版自序中，指出写作《新经济学大纲》必须具备的五个特点：

"第一是观点要新，第二是方法要新，第三是取材要新，第四是内容要尽量地包括一切问题和尽量地现实化，第五是说明要尽量通俗化。关于观点，当然是以劳动价值论为基础的经济学为最新而最正确。关于方法，应采取所谓'动的逻辑'，'矛盾逻辑'底方法。至于内容取材方面，应该尽量把理论与现实，把理论与实践打成一片；要做到这一步，诸凡与现代世界经济生活有关的

---

1. 沈志远：《自序》（1934 年 3 月），《新经济学大纲》，北平经济学社 1936 年版，第 3 页。
2. 邵翰齐：《漫话经济学新书——并评沈志远著〈新经济学大纲〉》，《读书生活》1935 年 11 月 16 日第七号。

问题，都应在讨论之列。"[1]

在马克思主义政治经济学理论的中国化方面，《新经济学大纲》有三个特点：

第一，该书实现了将中国实际与马克思主义政治经济学理论进行了系统化、动态化的深入结合。

在讲述前资本主义经济形态的部分，《新经济学大纲》分别结合中国的原始社会、奴隶制社会和封建社会发展的情况，进行中西方的对比，并批驳了"中国封建时代经济状况是在不断'循环''回复'中绕圈子"的观点；在推导商品经济与剩余价值理论的部分资本论述中，《大纲》关注到"物价惨跌""商品过剩""通货膨胀""失业""破产"等等与中国人生活密切相关的问题。书中间或以当时中国人较为熟知的造船业、纺织业、五金业、火柴业以及中国本土的钱庄、银号、银行、保险、信托等金融机构为例。在论述"帝国主义"部分，书中结合了帝国主义对中国的资本输出情况。直到20世纪40年代，国内有的大学教科书《政治经济学》资本主义部分的内容（甚至连小标题的格式）还是仿照了《新经济学大纲》一书。

沈志远遵循马克思主义"动的逻辑"，不断追踪世界形势的发展，不断修订、增订《新经济学大纲》。较大的修订、增补有四

---

1. 沈志远：《自序》（1934年3月）《新经济学大纲》，北平经济学社1936年版，第4页。

次。第一次，在 1936 年的第三版中，把他 1935 年出版的《世界经济危机》一书的主要内容增补进去，增加了"资本主义周期律与经济危机"一章，并对"特种萧条"问题进行了专门论述。还增加了对苏联斯达汉诺夫运动的论述。第二次，在 1940 年的第七版，充实了对列宁的帝国主义论的分析，并完全改写了"社会主义计划经济篇"，修改和增订了六万字。第三次，1945 年对第九版进行了不少修改。经过不断的修订，《新经济学大纲》的篇幅从 1934 年初版时的 32 万字增加到 1940 年的 42 万字，再增加到 1949 年的 62 万字。这种与时俱进的增补，反映了沈志远治学的严谨态度。

第二，《新经济学大纲》开启中国本土政治经济学理论上篇论述商品资本主义经济，下篇论述过渡时期和社会主义的计划经济的理论框架。

20 世纪 30 年代国内学界普遍认为经济学主要研究商品经济和资本主义，而沈志远在写作此书时起就系统地介绍计划经济，研究社会主义经济，并密切关注苏联计划经济的运行情况。他同时也开始注意苏联计划体制中出现的问题，他认为："苏维埃经济中某种形式的经济困难或紊乱是有可能的，但不是必然的"，"这种'恐慌'之发生，不是由于苏维埃经济之内在的规律性，……而是由于自外在的、主观上的处置失策或指导与组织未尽完善所致"。沈志远认为社会主义计划经济的规律性和过渡时期经济的规律性，已经成为客观的事实，就都该列入政治经济学的研究任务中去。

沈志远在《新经济学大纲》1949 年版增补的第十一编"新民主主义经济"表明了他对马克思主义在中国的最新发展，对毛泽东思想的高度重视与认真的研究。第十一编"新民主主义经济"是沈志远在认真研究、熟悉了毛泽东关于新民主主义经济的论述以后，对毛泽东的新民主主义经济理论进行了深入的解读，并根据自己的研究对新民主主义经济进行了系统的论述。这一编有 88 页，近八万字。分别论述了"新民主主义底历史前提""新民主主义经济底性质与规律性和矛盾""新民主主义经济各构成部分（国营经济、合作社经济、农民和手工业者的个体经济、私人资本主义经济、国家资本主义经济）""新民主主义的经济政策（国有化政策、土地改革、工商业政策、合作政策、对外贸易政策）"。

第三，《新经济学大纲》把新民主主义、社会主义经济的发展放在全球世界政治经济的变动格局中看待，具有宽广的现实视野。

沈志远对当时各资本主义国家的经济状况做了大量深入研究，尤其是美国、日本等资本主义后发国家。《大纲》一书对各类资本主义国家的重要企业、产业、各大托拉斯与国际卡特尔的历史与现状信手拈来，对各国经济宏观发展的趋势了如指掌。在书中，他以马克思主义政治经济学为武器剖析国际局势的发展趋势，在书中预言："比 1914—1918 年战争更残酷千百倍的第二次世界再分割战，已经迫近眉睫了。"他还指出：这种战争，"对于劳动者的社会变革底命运，亦具有异常重大之意义。因为……帝国主义战争底爆发，其结果是削弱和破坏了整个帝国主义底体系而给一个国家底社会变革，造成了胜利的机会。"针对当时的全球经济危机问题，沈志远还另外专门撰写了约十五万字的《现代经济危机论》进行补充。[1]

二战结束以后，他敏锐地捕捉到，原本在两个有着本质上不同的资本主义和社会主义经济体系，均有了新的变化趋势。一方面，原来的资本主义阵营显著地削弱并大大缩小，英、美两强的领属"纷纷走上了工业化的道路，垄断资本伸展势力的地域是更加缩小了。"另一方面，东欧各国纷纷实行了新民主制度，摆脱了帝国主义经济附庸的地位，建立国有经济，并且和社会主义的苏联结成了密切的经济和政治关系，成为第三种经济类型。相比之下，中国的新民主主义与这些东南欧国家的发展阶段有着共同性："它是以铲除帝国主义、封建势力和垄断性大资产阶级为目的的民主革命，而不是一般地消灭资本主义的社会主义革命。"[2]

《新经济学大纲》是整整一代青年学习马列主义政治经济学的良师益友，对他们走上革命道路，起过重要作用。[3]1958年，被

---

1. 沈志远：《世界经济危机》，中华书局1935年版。

2. 沈志远：《新经济学大纲》，商务印书馆2023年版，第546、581页。

3. 参见沈骧如：《沈志远与〈新经济学大纲〉》，载沈志远：《新经济学大纲》，商务印书馆2023年，第880—883页。

周恩来同志誉为"民主人士左派的旗帜"的沈钧儒南下上海，对沈志远说："我初学马列主义，都是从你的书里学的，你是我的老师。"[1]

五、思索适合中国的社会主义政治经济学

1951 年，沈志远调上海，任华东军政委员会委员兼参事室主任、文教委员会副主任。10 月，沈志远被选为民盟上海市主任委员，此后又连任两届。他始终从中国社会主义建设的实际中思考社会主义经济问题。在沈志远看来，社会主义的计划经济并非没有内部矛盾运动，但这种矛盾与资本主义经济制度的矛盾不同。在 1949 年版《新经济学大纲》增补的第十一编"新民主主义经济"，表现出沈志远他对马克思主义在中国的最新发展的高度重视与认真研究。这一部分是对毛泽东关于新民主主义经济理论的深入解读。1952 年，这部分内容被译成日文单行本《新民主主义经济论》，日本学者认为在毛泽东发表《新民主主义论》以后，沈志远是最早阐述"新民主主义经济"的经济学家之一。

1955 年，沈志远当选为 61 名中国科学院首批哲学社会科学学部委员之一。1956 年初任中国科学院上海经济研究所筹备主任，是上海社科院经济研究所的第一任所长。沈志远认为作为一种社

---

1. 徐铸成：《回忆沈志远》，香港《文汇报》1980 年 7 月 24 日。

会科学，经济学研究"在人类共同劳动过程中，在社会生产过程中所发生的人与人的社会关系"；而政治经济学"研究那基于物质生产所发生的人与人的社会关系，就是所谓生产关系……是处于不断的变化，不断的发展，或运动中的。研究历史上某种一定的社会形态底生产关系之发生、发展和崩溃，这便是政治经济学（理论的经济学）底任务"。他同时强调："生产关系既是生产力发展之社会的外形，则生产力当然是社会生产关系之物质的内容了。内容与外形必须是一致的，而不是隔离的、对立的。"[1]

1962 年 4 月，他赴北京参加了全国政协，亲耳聆听了周恩来同志代表中央肯定民主党派是为社会主义服务的政党的发言，深受鼓舞。他与千家驹、陈翰笙、彭迪先、关梦温、吴半农联合署名《对于当前经济工作的几点意见》的发言，主张开放城市自由贸易市场，以增加城市农畜商品和其他消费品的供应。当年 7 月，在上海市政协会议上，他与上海社会科学院经济研究所的一些同仁作了《为更好地开展社会科学研究工作而努力》的联合发言，"我们往往强调了不断革命论，却忽略了它的相对稳定性；强调了主观能动性的作用，却忽略了客观可能性和尊重客观规律的必要性；……我们谈生产关系的改革比较多，而谈生产力的决定作用则比较少；强调上层建筑比较多，注意经济基础的决定意义则比

---

1. 沈志远：《新经济学大纲》，商务印书馆 2023 年版，第 10—11 页。

较少"。

同年 8 月，沈志远在上海《文汇报》上发表了《关于按劳分配的几个问题》。文章根据马列经典著作关于社会主义分配制度的论述，结合当时中国的实际，分析了实行按劳分配原则对于促进社会主义建设和发展生产力的重大意义，指出按劳分配"在社会主义阶段是唯一合理的，就因为它体现着社会主义的客观经济规律；它符合生产关系一定要适合生产力性质的规律"。他认为加强政治思想教育是必需的，同时正确贯彻'按劳分配'原则，重视人民群众的物质利益，"本身就是'政治挂帅'的一个重要方面"。[1]

结　语

沈志远"在党的关怀和哺育下成长，既是一位人民的哲学家，又是中国的马克思主义的经济学的开拓者之一"[2]。作为一位"全栖"式的马克思主义学者，他坚持不懈地把马克思主义原理播种在中国大地上，最早系统、完整地向国人介绍了马克思主义政治经济学，著述丰富，启迪后人。他长期致力于将马克思主义经典理论、辩证唯物主义的哲学精要和中国的实际相结合，将方法论普及、理论宣传和现实问题研究有机结合，尤其为马克思主义政

---

1. 沈志远：《关于按劳分配的几个问题》，《文汇报》1962 年 8 月 30 日，第 3 版。

2. 朱绍文：《怀念沈志远同志》，《经济研究》1986 年第 1 期。

治经济学的中国化作出了基础性贡献。

从"社联"时期开始，沈志远在研究和传播马克思主义政治经济学的过程中，注重唯物主义辩证法、社会科学理论与中国实际相结合。沈志远注重理论研究的系统化，不断丰富马克思主义对资本主义经济与社会主义计划经济的完整阐释。同时，他将世界形势分析和正确的社会科学理论相联系，特别是把马克思主义经济学理论置于世界经济发展的背景、应用于对中国社会现实的分析，指出中国经济问题的根源所在及其解决的方法。

中华人民共和国成立以后，沈志远从中国社会主义改造与建设的实际情况出发，突破苏联传统理论的教条，探索中国新民主主义与社会主义的自身规律和系统性理论创新，提出了符合社会发展规律的理论观点。他切切实实地贯彻了其在《理论与现实》创刊献词中的口号："坚决地主张'理论现实化'和'学术中国化'"。

李平心与中国马克思主义社会学的初创

胡逢祥 *

李平心

　　在中国现代社会科学兴起和建设的过程中，中国社会科学家联盟曾起过相当重要的推进作用。自 1930 年起，在它的团结和组织引导下，一批左翼学者冲破反动当局的重重"文化围剿"，自觉学习和运用马克思主义原理，并结合中国革命的实际，辛勤讲学和著述，为现代社会科学的崛起铺下了坚实的基石。李平心（1907—1966）就是其中的杰出代表。据平心夫人胡毓秀回忆：平心在 1932 年就"积极参加了党所领导的'社会科学联盟'活动，与陈同生同志[1]结成为亲密战友。1936 年他参加了孙冶方、薛暮桥、钱俊瑞、骆耕漠等同志主办的

---

* 本文作者：胡逢祥，华东师范大学历史学系教授。
1. 陈同生时为"社联"党团工作负责人之一。

'中国农村经济研究会'的工作。"[1] 而他本人填写的履历也表明，自此至 1936 年 8 月，"未任任何学校机关职务，专门写作，先后为光明书局、生活书局和生活书店编辑的《生活周刊》《世界知识》《大众生活》等撰稿，编辑《全国总书目》《读书生活》等撰文"。[2] 这里提到的出版机构或刊物所以多属生活书店旗下，乃因当时邹韬奋、徐伯昕和胡愈之创办的生活书店，与"社联"有着密切的关系，其社会科学书刊方面的编辑和供稿，主要便来自"社联"成员，其中既有一些直接进入书店工作的，也有不少在店外长期为之编辑刊物和图书的，李平心即其中之一。[3] 正是这种学术研

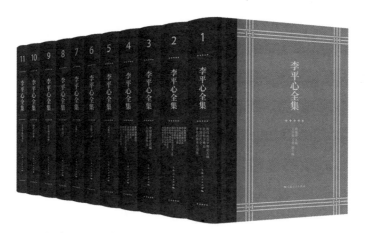

胡逢祥主编：《李平心全集》，上海人民出版社 2022 年版

---

1. 胡毓秀：《〈论生产力问题〉后记》，见平心：《论生产力问题》，三联书店 1980 年版。
2. 见李平心档案，上海市档案馆藏档 F2-1-147。
3. 参见《生活书店史稿》，三联书店 1995 年版，第 98 页。

究与出版机构紧密合作的运作机制，使平心在短短的几年间，便先后编写出版了《社会哲学概论》（1933 年 8 月）、《中国近代史》（1933 年 9 月）、《国际集团经济》（1934 年 9 月）、《青年的修养与训练》（1934 年 5 月）、《生活全国总书目》（1935 年）、《社会科学研究法》（1936 年 5 月）、《国际问题研究法》（1936 年 10 月）七部著作，耕耘的领域广涉哲学、历史学、经济学、社会学、国际问题、青年思想修养和文献目录学等多方面，在现代新兴社会科学的创建过程中留下了难以磨灭的足迹。而他本人，也由此从一个25 岁的青年知识分子锻炼成长为视野开阔的社会科学大家。

这里，想就其在我国马克思主义社会学初创时期的相关活动，试作探讨，以窥其在该领域的贡献与治学特点。

一、中国马克思主义社会学理论的探索

产生于西方的社会学自 19 世纪末输入中国，不但对当时日益高涨的救亡思潮起了重要推助作用，直接刺激了传统历史学向现代的转型，还在此基础上逐渐孵化出了本土的社会学。

中国本土社会学的萌芽，一般认为始发于 20 世纪初年。其时，随着学术思想界译介欧美和日本社会学著作之风转盛，影响所及，一些学校或学术团体遂将之列入了规定的学习课程，如1907 年 2 月《奏定京师法政学堂章程》正科政治门第一学年课程表就列有"社会学"两小时；同年国学保存会拟建的国粹学堂

亦设"社会学"一科，专以探讨古今"社会状态"和"社会研究法"；[1] 至 1910 年，这类课程还出现在全国最高学府京师大学堂相关学科的布局中。只是这些设置仍多属尝试或计划性质，社会学之真正进入本土大学（不包括教会大学）的学科建设，当在民国之后。自 1921 年起，厦门大学、复旦大学、上海大学、光华大学、大夏大学、清华大学、中央大学、暨南大学等陆续建立起社会学系，开始培养本土专业人才，社会学的专业学会及其刊物也应运而生，部分院校和机构还针对一些具体的社会经济和生活问题，开展了相应的社会调查活动。[2] 至于其建设路径，则可大别为二：一是沿着法国孔德开启的实证社会学脉络，并参照其后欧美学者涂尔干（E. Durkheim，1858—1917）、麦独孤（W. McDougall，1871—1938）、吉丁斯（F. H. Giddings，1855—1931）、爱尔华（Charles A. Ellwood，1873—1946）等各派理论展开操作的传统社会学。二是以唯物史观为主导构建的马克思主义社会学，李平心便是后者初创时期的奋力拓荒者之一。

李平心，江西南昌东乡大礅村人，原名循铖，改名圣悦，后多以笔名"平心"行世。其青少年时代，正值国内思想界革命风潮迭起之际，新文化运动的兴起，使他的思想深受感染。1925

1.《拟设国粹学堂启（附表）》，《国粹学报》1907 年第 3 卷第 1 期。
2. 这方面情况，可参见孙本文：《当代中国社会学》（上海书店《民国丛书》本，1989 年 10 月版）第二、十二至十四章相关内容。

年 2 月，他离乡到南京与同学结伴补习自修。当时的上海，正是五卅运动爆发的中心地带，中国民众经历的苦难及在这场反帝斗争中表现出来的巨大勇气和力量，使其心灵受到极大的震撼，由此立下了救国济民的人生宏愿。当年 8 月，他考入上海大学社会学系。

上海大学原是一所规模不大的私立学校，1922 年秋由东南专科师范学校改组而成，首任校长为国民党元老于右任。1923 年以后，随着第一次国共合作的逐步展开，共产党人邓中夏和瞿秋白被聘为该校总务长和学务长，不少知名共产党和国民党左派人士先后应邀到校讲演或任教，积极宣传社会进步学说，在国内爱国青年和学生中引起了很大反响。特别是其社会学系，在当时全国同类学科中独树一帜，力主运用唯物史观建设和研治社会学，公开 "对马克思学说作系统的讲授，并以讲学与行动相结合，在当时中国大学中更属创举，因此颇具号召力，大学部学生中，社会学系竟占十分之六"。[1] 所设课程，包括社会学原理、社会学通论、社会学史、中国社会变迁史、西洋社会变迁史、东亚各国社会变迁史、社会进化论、现代社会、社会问题（如劳动、农民、妇女等）、社会主义史、社会心理学、人类学及人种学、统计学、罗马法、历史哲学和政治、经济、法律诸学、外语等二十余门必修课，

---

1. 周启新：《上海大学始末》，《文史资料选辑》（上海）1981 年第一辑（总第 35 辑），上海人民出版社 1981 年版，第 112 页。

以及国际法、宪法和民法、刑法、商法、行政法等通论，和政党论、财政学、货币论、银行论、农工商政策论等十多门选修课。[1]尽管有些课程因故未能开出，但从中颇可见其对学生的专业训练已具一定的系统性。

平心进校之时，因五卅运动期间上海大学学生积极参与反帝斗争，遭到英帝国主义忌恨，原校舍被租界当局封占，不得已只能暂借闸北青云路师寿坊石库门民居上课，条件十分简陋。据说当时整个学校无校门、无大礼堂、无图书馆、无运动场，但却充满着一派革命朝气。学生可以自由订阅《向导》《新青年》《中国青年》《社会进化史》(蔡和森著)、《现代社会学》(李达)等进步书刊。社会学系不但可以公开讲论辩证唯物主义、马克思的《资本论》和国际共运史等，允许各种观点展开自由辩论，还鼓励学生在教学之余走出校门，积极参与社会实践，如担任全国和上海市学联以及济难会等团体工作，举办平民或工人夜校，上街宣传革命，组织人员配合工人纠察队工作等。[2]这些，都大大丰富了学生的社会阅历和实践能力。

就在这一现代中国马克思主义社会学专业人才的最早摇篮里，平心开始了对马克思主义理论和社会科学的系统学习，数月

---

1. 参见《上海大学概况》(续)，载 1923 年 6 月 19 日《民国日报》副刊《觉悟》。
2. 参见薛尚实：《回忆上海大学》，《文史资料选辑》(上海) 1978 年第二辑 (总第 22 辑)，上海人民出版社 1979 年版。

之后，就在《妇女杂志》发表了具有专业水准的《现代妇女与现代家庭制度》（1925年12月）一文。通过这篇社会学领域的初试锋芒之作，对妇女在中国社会处处受压的弱势地位作了多方面考察，提出了解放妇女、实现男女平等的一系列主张。也正是在这一阶段，平心在校内共产党人的影响和教育下，逐步走上了革命道路。1927年1月，平心接受中共党组织的安排，离校到浙江任教和从事革命活动。此后数年，他虽居无定所，但学习和钻研马克思主义社会学，欲以此推助社会改造的初衷丝毫未改。

其时，中国本土社会学方处于创建阶段，究以何种理论与方法推进中国社会问题的研究，已成各派学者关注的焦点。1924年，时任上海大学社会学系主任的瞿秋白发表了《现代社会学》讲义，凡五章，讨论了社会学所以能成为一门独立学科的理由，分析了其基本功能及与其他学科的关系，认为它应是"研究人类社会及其一切现象，并研究社会形式的变迁，各种社会现象相互之间的关系，及其变迁之公律的科学。"目的在于通过对各种复杂社会现象的综合考察研究，回答"什么是社会？社会的发展和崩坏的原因何在？各种社会现象（经济、法律、科学等）之间的关系如何？"公开强调：此种社会变迁之"公律"并非生物学、心理学或各种唯心的"目的论"与"自由意志论"所能解答，而"只能在人类社会的物质生活里去寻找……能解释社会现象的，确是唯物论"。[1] 并运用唯物辩证法原理对人类社会矛盾运动与变迁的特点作了分析。

继之，李达于 1926 年出版了一部更具规模的《现代社会学》。该书共十八章，围绕着社会的本质、构造、起源、阶级与国家的形成、社会形态变迁、社会意识等一系列基本理论问题，以及帝国主义、世界革命、国际共运、中国社会的性质和中国革命任务及其前途

李圣悦（平心）：
《现代社会学理论大纲》

等重大现实问题展开了论述。指出："现代社会学之趋势，实已由唯物论而进至唯心论，盖采取所谓社会心理学之方向者也。反因为果，倒果为因，推其极致，殆将愈使社会学趋于空化灵化而愈无补于国计民生也。予为此惧，特采唯物史观学说为根据，编著此书。"并谓："马克思固未尝著述社会学，亦未尝以社会学者自称，然其所创之唯物史观学说，其在社会学上之价值，实可谓空前绝后，彼不仅发现社会组织之核心，且能明示社会进化之方向，

---

1. 瞿秋白：《现代社会学》，原载社会科学会编《社会科学讲义》一至四集，上海书店 1924 年版。兹据《上海大学（1922—1927）教材》，上海大学出版社 2021 年版，第 7、15、45 页。

提供社会改造之方针，其贡献之功实有不可磨灭者。"[1] 据此，书中综合了马克思《资本论》、恩格斯《家庭、私有制和国家的起源》和《社会主义从空想到科学的发展》、列宁《国家与革命》和《帝国主义是资本主义的最高阶段》等马列原典的要点，对其哲学、政治经济学和科学社会主义的理论作了较完整的介绍。

沿着瞿秋白和李达两位先驱开启的道路，这一时期的平心也将研治马克思主义社会学的重心集中到了理论的探索上。1930年，他推出了个人的首部学术专著《现代社会学理论大纲——唯物史观的社会学的基础理论》，全书分绪论、社会的性质、社会的构造、社会诸活动现象之分析、社会发展的过程和阶级、国家与家族六章。从整体架构看，应受到过前两者的影响。至其内容，通过比较，可以看到，瞿作重点在批驳各种资产阶级社会学的理论，高扬马克思主义学说的科学性，强调其在现代社会学研究中应居的主导地位；李作则近于对马克思主义社会学说的总体概述讲解。平心之书，在社会学性质、任务、研究对象及其主导思想和社会发展趋势的认识上，固与瞿、李一致，但叙述相对简要，惟于研究方法的讨论似更见细致，其中实包含着将社会学理论更多引向实践操作层面的用意。如在第一章第三节"社会学的范围与研究

---

1. 李达：《现代社会学·序》，湖南现代丛书社1926年7月版，第2页。

方法"中，结合种种实际例证，集中讨论了逻辑方法（归纳法、演绎法，及其相关的统计和分析）在研究工作中的运用。指出："逻辑的方法对于社会学的使命是带有技术性的，它能帮助社会学者搜集各种的材料，分析各种现象的原因，求出某个特定范围以内的社会现象的法则，及推论各个特殊的社会事象，故成为社会学的记述方法。但是有许多基本的社会现象，用逻辑的方法往往不易寻出它们的核心来，在这时候，就不能不应用更进一层的方法了，那就是历史的互辩法（Historical Dialectics）。"并称"历史学的唯物互辩法是以历史为线索，以物质为重心，推求人类社会的变动法则和发展趋势最科学最经济的方法"。其所考察的对象是人类社会在一定的条件之下发生的劳动关系（广义的）和人与人、物与物、人与物相互关系中形成的社会结构，及社会存在与意识形态之间的矛盾运动，而不能仅仅局限在一些具体而零碎的婚姻、家庭、互助问题上。在这些多面的互动关系中，社会生产力是最基本的动因，"由于生产技术的变动，凡百社会现象都要跟着其变化，生产技术乃是全社会的发条。至于其他的社会生活条件对于生产技术的影响，只能认为是由生产技术本身招致的，因为一切的生活形态都是受着生产技术的转移和规定，一切的生活条件只有在生产技术继续发展的过程中才能向前发达"，当然，还应看到，生产关系和其他重要社会因素"也可以对于生产力发生一种外压力"，[1] 也即反作用。如此，才能辩证地处理各类复杂的社会问题。并在此基础上对辩证法在社会学中的运用作了逐条细说。该书问世后，"左联"刊物《文学月报》很快对其作了重点推荐，称"这是一部最概括最有系统的关于社会学理论的著作。它不仅将近世最科学的唯物史观的理论扼要地阐发无遗，而且标出了许多独到的新见解。已有许多学校采为教本"。[2]

以后，他还在《社会科学研究法》（1936 年 5 月）、《俗流的社会学批判》（1936 年 9 月）中一再强调，马克思主义社会学应"和庸俗的社会学两大阵营之间划清明显的界线"，首先，不能像俗流社会学那样，"把各种社会现象和作用于社会生活的自然现象拿来放在抽象化一般化的法则之下解释"，那样便易陷入机械和死板之中，因为"'社会一般'的永久如一的法则是没有的，各种社会构造都有它特殊的基础与法则，因而表面上看起来好像固定不变的社会实在因素，在各种社会里也有它们的特殊规律"。[3] 而各种"俗流的社会学者正是因为不能从各种社会形态找求特殊的法则，尤其不能从每一种社会底各个发展阶段去找出特殊法则（如工业资

---

1. 李圣悦（平心）：《现代社会学理论大纲——唯物史观的社会学基础理论》，《李平心全集》第 1 册，上海人民出版社 2022 年版，第 25、30、61、96 页。

2.《介绍三部社会科学入门书·现代社会学理论大纲》，《文学月报》第 1 卷第 5—6 期，1932 年。

3. 平心：《社会科学研究法》，《李平心全集》第 2 册，上海人民出版社 2022 年版，第 73 页。

本主义社会和金融资本主义时代底不同法则），结局就模糊了社会变动过程底本质的认识，因而也就不能确立社会发展的根本法则"。这就势必导致其"承认现存的社会是始终不变的"，甚至成为一种反对社会变革的理论。其次，流俗的社会学往往只注意事物外在的因果关系，"把各种互相作用的要素——社会的、自然的和心理的诸要素——依据机械的相等的原则去考察，而并不深入到社会内部的统一关系，找求社会自己运动底内在根据"，这就大大阻碍了他们认识问题的视野和深度。与此同时，他还特别强调，社会学作为一门注重现实的科学，尤应加强理论与实践的结合，起到自觉参与推动社会进步的作用，使之真正成为"指示社会变革底历史轨辙和实践方法"。[1] 而实际上，就社会科学的学习和研究而言，主要即是"向着两个目标进行的：消极方面是要训练自己对社会现实和历史的认识，以便能够适应时代的需要而生存，不致背反或乖离现实；积极方面是要养成自己变革现实的能力，以便为争取民族解放和创造性社会而努力。我们愈是能够彻底了解社会现象的诸法则和本质，就愈能收取这两方面的最大的效果"。[2]

这些论述，无不透出平心执着于马克思主义社会学理论探索

1. 平心：《俗流的社会学批判》，《李平心全集》第 5 册，上海人民出版社 2022 年版，第 410、411、407 页。

2. 平心：《社会科学研究法》，《李平心全集》第 2 册，第 45 页。

的用意所在。

二、学以致用：社会革命与改造事业的奋勇实践者

社会学是一门实践性很强的社会科学，平心一再强调，对此，"单靠理论学习是不够的，必须要通过具体的实践，然后我们才能使理论变成实际的力量"。[1] 故自进入大学接受马克思主义社会学的专业训练起，他就积极投身日益兴起的大革命洪流，并在1926 年 7 月经中共党员江天一介绍加入了国共合作时期的国民党，1927 年 2 月，又在浙江第六师范学校（临海）正式加入中国共产党。[2] "四一二"政变后，他不顾白色恐怖的重重围困，遵照党组织的指示，奔波于上海、福建、江西和苏州等地，从事革命活动。戎马倥偬之际，仍十分注重运用自己的社会学专业知识为现实革命服务。

1927 年 11 月，中共临时中央政治局为推动土地革命的开展，在党内公布了由立夫起草的《土地问题党纲草案》，要求各级组织进行讨论并提出修改意见。据此，平心在《布尔什维克》杂志上发表《中国土地问题与土地革命》一文，针对《草案》"理论的成分太多，实际的材料较少"，及对解决农民和土地问题"的具体方案欠充分"等不足，详细阐述了自己的想法。该文具有相当的社

---

1. 平心：《社会科学研究法》，《李平心全集》第 2 册，第 45 页。
2. 据上海市档案馆所藏李平心（圣悦）档案，档案号 F2-1-197。

会学调研报告色彩。在对中国农业经济及土地关系特征作了一番历史与现状的考察后，他认为：近时的中国农业经济和土地关系虽然还保持着小农经济、土地因商业化而形成的私有制度、租佃制度发达、官僚与地主豪绅相勾结压迫农民等主要历史特点，但随着西方列强侵入中国，原有的社会经济结构渐遭破坏，"使农村的经济组织和土地关系成为畸形的状态，地主豪绅对于农民的压迫只有一天一天的加紧，农民所受的经济痛苦随着土地所有权的集中、农业资本的集中、利贷资本的发达，只有一天一天的增加"。因此，"摆在我们面前的土地问题已经变成了中国革命的中心问题，要彻底的解决它，当然只有实行土地革命——根本改变关系"。在此基础上，平心对当时农村社会的阶级矛盾与斗争、中国地主阶级与民族资产阶级的关系等作了分析。指出：随着"农村社会阶级的分化愈剧烈，在这不断地分化的过程中，各阶级的生活性质更趋于复杂。在农民方面，可以分出自耕农、佃农、半佃农、雇农（分长工短工两种）四种……在地主方面，可以分出大地主、中地主、小地主三种，大地主多半是封建时代遗留下来的贵族世家，中小地主多半是由于城市的商人变成或者由于大地主破产变成的"。地主采用"预租"（预交明年地租）、"押租"（预交部分租谷），以及"包三租""两头收""净租"和高利贷等种种方式，对佃农横加盘剥。而雇工的劳动所得，长工"每年至多不过一百千，短工每日平均不过五六百钱——忙的时候可以赚到一千钱"，[1] 其境遇最为困苦，反抗和改变社会现状的要求也往往最为强烈。这些，正是我党发动农村革命暴动的客观条件。文章还对苏维埃政权建立后的土地政策、赋税、合作社、农田水利、教育与文化等建设提出了一些设想。其中不少论述或提供的生活数据，显然是在对相关问题作了具体观察或调查才取得的。

1928 年 4 月，因叛徒出卖，平心在上海被国民党当局逮捕入狱，直至次年 1 月，始经保释回南昌乡下，旋赴福建晋江泉州乡村师范学校任教。其间，他受组织委派，和妻子胡毓秀一起跋山涉水，对江西全省的中共地方组织状况展开了一次调查。目前保留的这份 1929 年 3 月给党组织的报告，虽然字数不到四千，但从材料的涉及面和组成中，均可体会到其训练有素的社会学调研和问题归纳能力。报告先简述"江西八十一县有组织的三四十县，正式县委有十六个。临县委七（八）个，省委下有三个特委——信江、赣西、赣南"。指出省委虽分工齐全，书记下设有组织、宣传、军事、农委、工委和秘书处，但不少部门不甚健全，其中组织工作不够有力；宣传"因技术工作不好，因此对内对外的宣传，都不能出省委的门去"；"农委工作亦未建立起来"。这些都需改进并得到上级部门的指导帮助。然后分述赣西特委、赣南特委、信江特委，和南昌、九江、景德镇党组织的现状，地方

---

1. 星月（平心）：《中国土地问题与土地革命》，原载 1928 年 1—3 月《布尔什维克》第 15、16、18、19 期，此引自《李平心全集》第 5 册，第 31、39、34、35 页。

党组织上下级关系、党群关系，及与党在该区域军事力量的联系，内容包括目前开展的各项工作及其得失、需改进的问题等。[1] 文字简练而条理清楚，且紧扣住了一些问题的要点。

1931 年 1 月，平心参与的中共中央全国苏维埃代表大会准备委员会机构遭国民党当局的严重破坏后，自此失去了与党组织的联系。但即便这样，他没有表现出丝毫的消沉与颓废，而是秉持着对马克思主义的信仰和对国家民族的一片挚情与坚强毅力，刻苦自励，继续坚持在马克思主义理论的指导下从事学术研究和社会进步事业。

九一八事变后，面对空前剧烈的民族危机，平心怀着一腔爱国热血，立即全身心投入了抗日救亡的时代浪潮。事变当月，就与友人王宣化等在上海创办《现实》周刊，展开抗日救亡的宣传。不久，他又参加了中共领导的中国社会科学家联盟，停职专事研究和写作，在《生活周刊》《新生周刊》《世界知识》《大众生活》《大陆》等杂志书刊上发表了大量有关时事政治、文史、哲学和青年修养的文章。并积极响应 1935 年中国共产党《八一宣言》提出停止内战、一致抗日的主张，撰写了《论联合战线》《对于全民抗敌战线的研究》等文，从理论上深入剖析时局的演变，强调"摆在我们面前的最火急的问题，是怎样赶快实现全国救亡的总动员，

---

1. 李圣悦、胡毓秀：《关于江西组织状况的报告》，原刊中央档案馆、江西省档案馆编：《江西革命历史文件集》，收入《李平心全集》第 5 册，第 55—59 页。

怎样建立起一致抗敌的人民国防阵线"，[1] 以便"集合全民族的人力物力与财力反抗民族最大的敌人——远东帝国主义和受它嗾使的汉奸势力"。[2] 这一民族联合战线应当具有最大的广泛性，它不仅有社会下层民众的广泛基础，而且要团结一切包括上层社会在内的其他阶层中可能和愿意抗日的同胞。其运作的目标，是把抗日放在整个民族解放运动过程中来加以了解和推进，直至彻底完成民族革命与民主革命的历史使命。全面抗战爆发后，他大部分时间都坚持在沪参与中共地下党利用日寇尚未占据的公共租界和法租界这一"孤岛"开展各项抗日文化活动，在《民族公论》（王任叔编）、《求知文丛》（梅益主编）等进步刊物纵论时局，发表"反对国民党反动派制造皖南事变，驳斥国民党日寇汉奸和托派的文章"。[3] 直到太平洋战争爆发，于1942年底被进占"孤岛"的日寇逮捕入狱。

自20世纪30年代起，平心在社会事务上投入精力最多的工作之一，便是青年的教育。在他看来，青年的教育和培养关系到整个社会的未来，由于"青年在今日的政治社会制度之下，受到多深重多惨烈的迫害"，[4] 战乱频仍之际，更因遭遇种种不幸而失

1. 邵翰齐（平心）：《论联合战线》（1936.1），《李平心全集》第5册，第336页。
2. 平心：《对于全民抗敌战线的研究》（1936.11），《李平心全集》第5册，第432—433、435—436页。
3. 据平心自填履历表，上海市档案馆藏档，档案号F2-1-197。
4. 平心：《救济援助都是枉然，团结合作方为正路——在1947年3月1日〈文汇报〉专题座谈会上的发言》，《李平心全集》第5册，第428页。

学。为帮助青年走上正确的生活道路，他积极参与中华职业补习学校举办的《现代知识讲座》，向民众和青年学生传播马克思主义的哲学原理和进步思想，通过与青年的大量通信[1]，引导青年学习和正确面对生活；主编《读书与出版》(1935 年 5 月起)、《自修大学》(1936 年秋至 1937 年 7 月)，并发表《现今青年失学问题及其补救方法》(1931 年)、《乡村工作青年的出路与任务》(1936 年)、《青年的人生观》(1939 年) 等文，以及专著《青年的修养与训练》(1934 年)、《生活与思想之路》(1937 年 11 月)、《战时的青年运动与青年工作》(1938 年 4 月)、《献给伟大时代的青年》(1938 年 8 月) 等，对学生和社会青年的生活、学业、思想修养等展开多方调研和讨论。

在《青年的修养与训练》等青年读物中，平心一再提倡青年应学会运用唯物史观去看待社会及其与人们思想行为的关系，"要有为科学真理'殉道'与牺牲的精神，不能使自己屈服于反科学的思想与事实之前"，努力做到"处处以社会大众的利益为前提，为社会而献身奋斗——真实的革命化生活必然是建基于社会的发展利益上面的，因此只有处处锻炼出显示出为社会和民族的解放而献身的斗争精神，才说得上生活的革命化"。并通过亲自参与

---

1. 平心自谓：其在《永生周刊》设"给青年的公开信"专栏后收到青年读者信件后给予的回函就"大约在二百五六十封"，《生活与思想之路》即其中公开发表的 19 封信件汇编。参见该书"前记"。

"社会的各种运动与集团生活，从中作各种的体验"，或"从事各种实际的试验与调查，如组织文化团体，对各种社会现象作实际调查、统计"，以充实和提高自己的实践能力。[1] 针对当时青年面临的失学、失业乃至失足等种种问题，他认为："根本原因是在于今天这个不合理的社会制度"，这些问题的根本解决，固然有待于整个社会制度的变革。但同时，也不能坐等"民主和平独立的目的达到之后，才动手去做，就是在民主和平独立未实现之前，也应当尽可能的用尽一切方法来争取改善教育，改善青年的生活地位与思想"，如动员社会进步力量，开展各种助学运动，设法提供一些青年学习的机会和条件等，特别是"要推广进步的读书运动，利用各种各样的方式，把进步文化送给每一个青年，来扩成一种自我教育运动。这样一来，可在校内校外繁殖大量的文化细胞，渐渐地可形成新文化运动的怒潮"，[2] 从而促进整个社会的变革。

平心对社会青年工作的关注，不仅仅是在理论上，还根据自身的条件，用社会学的方法对相关问题展开了实地调查。如其《现今青年失学问题及其补救方法》一文，即是在此基础上写成的。事实上，从 1929 年起，他就开始对此展开了一项社会调查，"调查的区域包括上海、北平、南京、武汉、广州、厦门、杭州、

---

1. 平心：《青年的修养与训练》，《李平心全集》第 1 册，第 507、517、554—555 页。
2. 平心：《救济援助都是枉然，团结合作方为正路》，《李平心全集》第 6 册，第 425、427 页。

南昌、九江、苏州等地"，主要方法是将设计好的表格寄发这些地区的朋友，请他们把实际调查和访问青年所得的情况填表寄还，进行汇总和归纳统计。[1] 文中，他列出了两年内调查 378 个失学青年的年龄、性别、失学时期、失学原因、失学后的希望等概况与具体数据，得出的结论是："看上面的统计，虽然范围很小，但它却指示了我们如下的要点，即是青年失学大多数是由于家庭经济动摇或破产，失学时期以中学到大学的过渡期间居多数，失学以后失业的问题依然很严重，愿意继续求学者很多，以及失学以后流于消极者亦复不少等等。这明白地告诉我们，现今青年的失学问题正是中国社会组织崩坏的确切的反映，它本身就是一个异常严重的社会问题。这一问题正确的解决与否，不独关系到一般青年的利害，而且根本可以影响到中国的社会与文化发展的前途。"为此，他主张制定一些切实的计划以改善此种现状，包括"（一）失学问题的调查与研究；（二）失学青年的组织；（三）收容失学青年的学术机关之建立；（四）满足失学青年自动研究学术的需要的文化机关之创立；（五）介绍失学青年的职业与求学机会的机关之设立；（六）对于青年学生失学的预防"等。文中还表示："希望将来有更大规模的调查"。认为进一步开展这类社会调查，可分个人和地域两种方式，"前者是以个人为单位的，即是详细的考查

---

1. 平心：《现今青年失学问题及其补救方法》原文自注，《李平心全集》第 5 册，第 67 页。

失学者本身的境遇，失学原因，以及失学以后的计划与希望；后者是以地域为单位，调查一定的区域中的失学青年的生活状态与失学的一般的原因。"并为这项社会调查设计了相应的表格。[1]

显见，在平心的心目中，始终把关心和从事青年教育视为运用马克思主义社会学改造社会或建立社会良序的一种重要实践。

三、马克思主义社会学的视野与学术研究

平心学术研究的领域相当宽广，社会学之外，于历史学、经济学、政治学、法律学和国际问题诸社会科学，均有涉略且造诣颇深。此种宽宏的治学器局，与其早年打下的马克思主义及其社会学理论根基有着很大关系。

平心认为，社会科学的各门学科中，社会学与研究某一特殊社会现象为主，如经济学、政治学、法律学等不同，乃以"研究社会生活现象的总体，求出一般的社会现象的普遍法则"为目标，故既需"沟通经济学、政治学、法律学、社会心理学等等科学的原理"，又不能局限于某一科的范围，实为一种更具综合性的社会问题研究。就此而言，社会科学中与之性质最为相近的当属历史学，两者对整个社会的研究一横一纵，"社会学是要确立关于各种社会现象彼此依存的普遍定律，如政府、法律、政党、道德、宗

---

1. 平心：《现今青年失学问题及其补救方法》，《李平心全集》第 5 册，第 69—70、71—72 页。

教等是以什么为依据？封建的国
家和宗法的家族崩溃的原由在哪
里？历史学却是要搜集、整理各
种关于社会生活严谨的材料，抽
出一些正确的结论来。所以社会
学同历史学有亲切的关系"。[1] 故这
种社会学的视野，在其历史学的
研究中反映最为明显。

李鼎声（平心）:《中国近代史》

以其最主要的史著《中国近
代史》（1933 年出版）为例，该书
堪称我国最早运用唯物史观撰成的近代通史，且被不少人视为树
起中国近代史研究中"革命史范式"的代表作之一。但实际上，
更确切地说，它是一种以探究近代中国社会形态变革（包括政治、
经济、文化在内的社会整体结构变迁）进程为主线的研究模式。

书中开卷即称："本书重视史事发生之社会、国际背景与经济
基础，每一重大事变之因果与过程必多方阐明，务使读者由此获
得明确之历史概念。"并强调："我们研究中国史的主要任务，乃
是要考察中国社会在全人类历史之一般的进展过程中特有的发展
路线，同时要解释中国历史上许多重大事变——如民族的分合斗

---

1. 李圣悦（平心）:《现代社会学理论大纲——唯物史观的社会学的基础理论》,《李
   平心全集》第 1 册，第 8 页。

争，社会形态的转变交替，各阶级的分化战斗，各种文化制度与意识形态的递嬗变化等等——发生的原因与其成果，说明中国文化与世界文化的交汇影响。"对于近代史研究来说，则应"说明国际资本主义侵入中国以来中国社会、经济、政治所引起的重大变化，中国民族的殖民地化的过程，以及在此过程中所发生的社会阶级之分化与革命斗争的发展起落"，使之成为"一种有用的知识工具"。

在具体历史的叙事上，也重点把握社会形态演变的宏观趋势。书中直截了当地把中国近代史的开端划定在中英第一次鸦片战争，强调："我们之所以不以明末清初为近代史的开头，而将近代史发端于鸦片战争，理由是很简单的：明末清初不过为两个朝代的交替期，不能代表一个历史的大转变期；而鸦片战争却是中国开始为国际资本主义的浪潮所袭击，引起社会内部变化的一个重大关键。"应当指出，把鸦片战争作为中国近代史的开端并不始于平心，在他之前，日本学者稻叶岩吉的《近代支那史》及李泰棻《新著中国近百年史》(商务 1924 年版)、孟世杰的《中国最近世史》(天津泰华印书馆 1925 年版)、魏野畴的《中国近世史》(申江书局 1930 年版)等撰写的相关著述中，都曾主张以此作为中国近代史的分界线，不过其着眼点大多集中在此期西力东渐引起的时局变化和清朝衰落等历史节点上。平心则力图运用唯物史观的原理，从社会形态的变化考察入手来看待这一问题。他认为：鸦片战争后，中国社会"日益走上殖民地化的途程，在国民经济上、阶级阵容上，以及文化思想上都表现了巨大的转变"。不过，这种转变，并未把中国直接引向一般的资本主义形态，而"只是展开了国际资本主义对于中国的榨取与掠夺，只是加深了中国民族的奴隶状况，旧有的农业经济虽是为国际资本的铁爪逐次抓破了，而新的资本主义的生产方式却没有支配着全国民经济。这就是说，中国社会的旧剥削制度并没有从此失势。中国的民族资本主义虽然是局部地兴起来了，而它并没有占着绝对的优势，并且受着国际资本的桎梏与奴役的。所以中国的近代史完全不能与资本主义国家的近代史相提并论，后者是一部资本主义的发达史，而前者却是一部中国民族沦为半殖民地及国民经济受着帝国主义破坏的历史"。[1]中国近现代史的研究，首先就应揭示这一历史过程。据此，本书既未采取李泰棻《新著中国近百年史》分道光、咸丰、同治、光绪各朝考察的框架，也不像孟世杰《中国最近世史》那种按变政、共和等政治体制变动划分时段，而是始终把整个中国近代视为由传统农业社会沦陷为半殖民地社会形态的连贯过程，从中列出影响中国近代社会变迁的重大历史事件，依其相互递嬗的演变态势展开论述。其叙事，尤注重帝国主义列强的历次侵华战争和其相互间矛盾勾结之状，以及农民起义、民众反帝运动、

---

1. 李鼎声（平心）:《中国近代史》,《李平心全集》第 1 册，第 235、237、238、239 页。

劳工政治斗争等"富于历史意义之事件"，并将各时期的社会、政治、经济、文化等复杂因素融入其间分析，给人以主线明晰流畅而毫不枝蔓之感。

正是这种纵深的视野和运用唯物史观对中国近代史的系统新锐之说，使之深受读者欢迎，以致在时时受到国民党当局与后来日伪方面的重重"禁毁"打压下，依然人气不减，计自1933年问世至1951年，发行至少在20版以上。

当然，从该书的叙事框架看，仍以鸦片战争、太平天国运动、中法和中日战争、戊戌变法、辛亥革命、五四运动、大革命等政治事件为主，而未能对社会经济和文化现象展开较充分的铺述，这一方面自然是因为政治变革在这一时期中国所居的突出地位，同时也不能不与作者在相关资料和信息获取上受到的限制有关。对此，平心本人也有所意识，曾表示："每逢看见这部书受人推荐，我内心的惭愧常是超过了私衷的欣慰。我决意用更大的努力来补偿我过去写作的弱点。可是，因为物质条件的限制，使我无力搜集大量的史料，支出很多的时间从事钻研，直到今天，我的工作进行得还非常缓慢。最近几年来，不过积累了一些未经很好整理的史料和二十万字不到的讲义（《中国近百年史讲义》上半部），这一点可怜的成绩连自己也不满意。"

1940年，他推出了另一部近代史著《中国现代史初编》（原名《中国民主宪政运动史》），与前述《中国近代史》相比，两者的论述时间段虽大体相近，重心却发生了明显变化，即由先前以传统社会走向半殖民地和殖民地过程的叙述主线，转为突出"以人民自觉运动为中心，对于一般史书所忽视的人民政治生活史与民族觉醒史，叙述不厌其详，而对于一般熟知的政治史与内战史，叙述力求简略"。书中将近代史的考察，拓展到了较为广泛的思想文化领域，举凡各时期民主运动、政治改良运动、民族解放运动、文化运动、民众运动、妇女解放运动、民主思想史与社会思想史等，均作了相当的展开。在他看来，一定的民主运动是因具体历史情况与社层关系产生的，中国"现阶段的民主运动就是要配合着整个的革命运动来改造中国的政治、经济、社会、文化，来改善人民的政治生活、物质生活与精神生活"，然其发展方向并非西方的资本社会，而是转向更高的历史阶段。并表示："本书注重批判研究，对于各家政治社会思想、各种民众运动与文化运动，以及各种宪法、约法、宪草的价值与影响，均尽可能依据时代条件予以客观的评估。"[1] 即不仅对现代以来各时期思想家如康有为、梁启超、章太炎、孙中山等，以及"五四时代的民主思潮"、现代学术思想史上的中国社会性质和社会史论战等，都有相当中肯的评

---

1. 平心：《中国现代史初编》，《李平心全集》第 3 册，第 7、10、30 页。

价。他还通过对法律学的细心钻研，先后写下了《中国革命与民主宪政》《论民主宪政运动》《由宪政运动回忆孙中山先生》《宪政正反辨》《民主宪政的基本问题》《〈五五宪法草案〉评议》等文，认真考察了中外历史，比较了各国宪法的有关条例，对实施民主宪法的基本原则乃至保证人民权利的各项宪法条款，一一提出了详细意见和论证，并在《中国现代史初编》中对中国近代制宪史与各宪法条款作了具有法律专业水准的充分阐述。这些，既反映了作者在历史研究实践中试图不断拓展社会考察面和融入其他社会科学知识的努力，也为一般读者及时了解中国社会的现状及其未来发展趋势，提供了更为宽广的空间。

平心对经济学的研究，同样具有这种特点。他不仅独立翻译过马克思《资本论》第一卷（1929 年 6 月至 1930 年 8 月，后因故未能正式出版），还先后写作了《现代学生与经济思想》（1931年）、《研究中国农村经济的方法论》（1932 年）、《国际集团经济》（1934 年）、《国际经济研究法》（1936 年）等，对近代国内外社会经济现状作过相当的探讨。关于中国农村经济，他认为其中"包含着无数错综的对立与矛盾，同时已与一般的世界帝国主义经济以及附属于它之下的全国都会经济发生了有机的联系。对于这种庞杂的农村经济之研究决不是低级的形式的逻辑方法所能胜任的"。而运用唯物辩证法来看待这一问题，就不难发现，"帝国主义经济势力对于农村经济之破坏，商人资本高利贷资本与地主势力之矛盾，大土地所有与小土地所有之斗争，农村中的阶级冲突与争斗，农村中资本主义成分与封建结构之对立，货币经济与自然经济之对峙，农民各阶层之互相斗争，农业人口相对的过剩现象与土地的荒芜、工钱劳动与徭役式的劳动之并存，地主豪绅势力内部的冲突，土地所有关系与土地租佃关系之差歧，各种形式的租佃关系之存在，都会市场与农产物供给之矛盾，农民的商品生产与自足经济之对立，农产物价格与都会工业平价格之差歧，农艺灌溉及劳动强度与农民之与劳役的剥削形式之不相容……所有这些，都无不说明中国目前的农村经济结构充满了极复杂的矛盾与对立，此等矛盾与对立随着国际资本主义之深入和各地的土地斗争之高涨而且日益加强着，并且正在引起各种新的变革"。[1]至于国际经济，因"它是由许多单位的国民经济和各种不同的社会经济形态错综地汇合而成的，所以它是种种矛盾的经济关系和经济要素底统一体。但是它却不是各部分国民经济和各种经济形态底单纯组合，因为组成这个统一体的一切分子因素是在不息地交互影响、交互斗争"，故其研究任务"在于分解若干并存的国民经济和社会经济体系之间的矛盾和联系，探求这种种的矛盾和

---

1. 李鼎新（平心）：《研究中国农村经济的方法论》，《李平心全集》第5册，第110、115—116页。

联系怎样变化，并说明它们怎样引起和推动一般的国际关系底变化"。[1]也就是说，既要把握其中各类不同社会形态和经济体的本质及特征，又要从它们之间的国际联系中找到相互影响和矛盾运动的内在联结。

推及经济思想的研究，他也强调："现代的世界实际情形告诉我们，每一个社会问题都包含着经济的因素，同时每一个经济问题的发生，都足以立刻影响到全部社会的生活状态；随着社会问题与经济问题之日趋复杂与严重，经济思想亦发生急剧的巨大的分化，几乎任何一种经济思想都代表一个群体的意见与利益。"[2]故研究时，自应兼顾各种相关社会因素的制约，并运用政治学和政治思想、历史学，乃至哲学的知识与方法，以丰富研究的工具。

以上可见，平心从事的社会科学研究，无不关注着这种宽广的社会视野。这种视野，无疑大大提高了其在社会科学研究中发现和思考各类问题的敏锐性。

当然，从平心的著述看，其对马克思主义社会学理论的阐发，不少地方仍多近乎唯物史观基本原理的表述，在如何从理论与实践的结合上对社会学专业方法或技能展开更为详实的说明方面则

---

1. 平心：《国际问题研究法》，《李平心全集》第 2 册，第 73 页。
2. 李鼎新（平心）：《现代学生与经济思想》，《李平心全集》第 1 册，第 98 页。

相对偏少，其实这也是该学科初创阶段的基本特征。如"瞿秋白讲社会学就是讲马克思主义的辩证唯物主义和历史唯物主义的哲学"。[1] 但即使如此，平心那一代开拓者为创建中国马克思主义社会学所作的不懈探索与实际贡献，仍足以在现代学术史上留下熠熠生辉的篇章。

1.《阳翰笙同志谈二十年代的上海大学》,《社会》1984 年第 3 期，第 1 页。

附录：

南昌路上的左翼文化星火

——"左联""社联"与文艺暑期补习班

齐超儒 方 宁 蒋 晖 *

上海是中国共产党的诞生地、初心始发地和伟大建党精神孕育地，有着丰富的红色文化资源和深厚的红色文化底蕴。20世纪30年代，在中国共产党的领导下，以"左联""社联"为代表的左翼文化团体，团结广大进步文化人士，传播进步思想，在文学艺术、社会科学和新闻出版等方面取得卓越的成绩，同时锻炼出一支坚强的战斗队伍，许多人后来成为党在思想理论界和文学艺术界的领导骨干。在当时白色恐怖笼罩的上海，"社联"同"左联"等左翼文化团体并肩作战，坚持研究与传播马克思主义，为打破国民党的文化"围剿"进行了坚韧不拔的斗争，作出了不可磨灭的贡献。对此，胡绳在修改其主编的《中国共产党的七十年》一书稿件时就曾指出："在国民党统治区的文化工作方面，要提'社联'。当时左翼

* 本文作者：齐超儒、方宁、蒋晖，任职于上海市社会科学界联合会。

有左联、社联等，以这些组织为核心展开进步文化运动"。[1]

1930 年 5 月，"社联"成立不久，便着手通过创作出版进步书刊、组织社团、举办讲座、创办学校和补习班等方式，从事马克思主义宣传和革命文艺活动。讲课和办学主要有两种方式：一种是"派了一些人到上海法政学院、上海艺术大学、中华艺术大学、群治大学、暨南大学等校去教课"，另一种是"自己也办了一些学校，如华南大学、文艺暑期补习班、现代学艺研究所、浦江中学、泉漳中学、外语学校等"。[2] 文艺暑期补习班在其中颇具代表性，充分反映了"社联"等左翼组织在成立初期开展马克思主义理论宣传的一些特点：一是在中央"文委"领导下组织开展工作。党组织提供了该班的办学经费，"文委"负责人潘汉年也来该班授课，"文委"委员、"社联"党团成员王学文担任该班负责人。二是一批左翼知识分子和进步学生广泛参与，积极性很高。文艺暑期补习班名师荟萃，包括鲁迅在内的一批左翼著名学者和作家都来参与授课，继中华艺术大学后成为又一左翼文化运动的重要堡垒。三是展现了"左联""社联"作为兄弟组织紧密合作、共同战斗的经历。同时在该班举办过程中还成立了中国左翼美术家联盟

---

1. 金冲及编：《一本书的历史：胡乔木、胡绳谈〈中国共产党的七十年〉》，生活·读书·新知三联书店 2020 年版，第 195 页。
2. 王学文：《关于社联和社研》，载上海市哲学社会科学学会联合会编：《中国社会科学家联盟成立 55 周年纪念专辑》，上海社会科学院出版社 1986 年版，第 186—188 页。

（"美联"）这一重要的左翼社团。文艺暑期补习班虽然开办时间不长，但包括组织者、学生等当事人却留下了不少生动的回忆。因此，有必要对该班作一深入考察，详述其举办过程，考订其地点人物，试图呈现左翼文化运动中一页生动的篇章。

一、文艺暑期补习班时间与地址考

1930 年 5 月，中华艺术大学被国民党查封后，学校将剩余的资金上交"文委"。正值临近暑假，"文委"决定利用这笔资金，由"社联"与"左联"共同创办暑期学校，以革命的马克思主义

冯雪峰担任文艺暑期补习班
教务主任

理论教育青年学生，由"社联"王学文担任校长、"左联"冯雪峰担任教务主任。考虑到当时国民党对学校管控严格，为减少不必要的麻烦，在左翼剧作家洪深的提议下，定名为"文艺暑期补习班"。[1]

在时人的回忆中，关于文艺暑期补习班开办的具体时间和具体地点，大都语焉不详。不过，王学文、冯雪峰、夏衍、刘芳松、胡一川、田

---

1. 上海市哲学社会科学学会联合会编：《中国社会科学家联盟成立 55 周年纪念专辑》，上海社会科学院出版社 1986 年版，第 181 页。

仲济、许幸之等当事人的回忆有一个共同点，都提到补习班是在法租界环龙路举办的，但并未提及门牌号等具体信息。在开办时间方面，冯雪峰表示："1930 年 7 月和 8 月，左联和社联在文委领导之下共同办了'暑期补习班'"。[1]而学员刘芳松在《左联回忆片段》中则提到补习班是"左联和社联于 1930 年 6 月联合举办"。[2]

据查阅《申报》数据库资料，为招收学员，文艺暑期补习班在创办初期，从 6 月 20 日到 23 日，曾连续刊载招生启事，其中提到，补习班的科目有西画科、文学科和社会科学科，报名者要求高级中学毕业以上者或具有同等学力者，报名地点为北四川路老靶子路西天福里福字二十号前楼，报名并通过考试后于 6 月 25 日上课。[3]由此可知，补习班是从 6 月份开始进行招生工作，并于 6 月 25 日开课的。

7 月 4 日至 9 日，补习班在《申报》上再次刊载了《文艺暑期补习班启事》，在此次招生启事中提到了一个地点："法租界环龙路环龙里一六六号"[4]，这即是补习班开办的地点。因为这个地点不仅与时人的回忆相符，而且当时《金刚钻》报社在刊登的一篇

1.《冯雪峰谈左联》，《新文学史料》1980 年第 1 期。
2. 中国左翼作家联盟成立大会会址纪念馆等编：《"左联"纪念集 1930—1990》，百家出版社 1990 年版，第 42 页。
3.《文艺暑期补习班招生》，《申报》1930 年 6 月 20 日，第 3 版。
4.《文艺暑期补习班启事》，《申报》1930 年 7 月 4 日，第 4 版。

名为《文艺暑期班寿终正寝》的报道中也提到，国民党"市党部查得环龙路环龙里一六六号，有文艺暑期补习班者，为冯雪峰王学文二人主持，有自由大同盟重要份子鲁迅等，担任教职……"。[1]由此，可以基本确定补习班的具体地址是在当时的环龙路环龙里一六六号。

补习班所在的环龙路，即今雁荡路以西的南昌路大部分路段，1912年以在沪上飞行失事的法国飞行员名字命名，1914年被划入法租界。所在的环龙里为新式里弄住宅，建于1928年。将20世纪30年代出版的《上海市行号路图录》和现在南昌路的地址进行逐一比对，并通过实地走访、现场勘察，基本确认"文艺暑期补

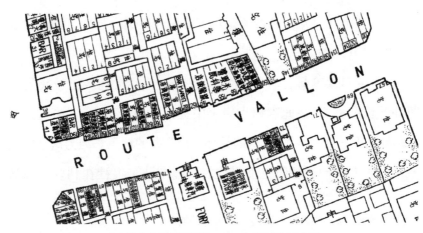

《上海市行号路图录》1939年版里的环龙里

1.《文艺暑期班寿终正寝》,《金刚钻》1930年8月3日，第2版。

习班"所在的环龙路 166 号即为现在的黄浦区南昌路 234 号。[1]

之所以选择此地举办补习班，应是基于多种因素的考虑。首要的因素是安全，位于法租界的环龙里为新式里弄住宅，作为旧式石库门的改良版，建筑形式上仍保留了独门独院、高墙等特点，在保证私密性的同时，前后两门的设计也有利于住户在紧急情况下逃离。里弄建筑通常四通八达，内部居民成分复杂，利于长期隐蔽。再加上租界"国中之国"的特点，造就了相对宽松的政治环境。因此，早期革命者往往会把革命据点设置在租界的里弄内。

第二个因素是便捷，随着 1914 年法租界的扩张，环龙路连同附近的霞飞路（今淮海中路西段）、辣斐德路（今复兴中路）、马斯南路（今思南路）等道路被纳入到法租界内，这些道路宽阔，公共交通相对成熟。另外，环龙里位于法租界西北部，靠近公共租界和上海县城，这对许多从外地来沪参加补习班的同学来讲，相对便捷，三界之间的"缝隙作用"也为从事革命活动提供了便利。

第三个因素是经费，补习班的经费一方面来自中华艺术大学剩余的存款，另一方面来自学员的报名费。而这些经费不仅要用

---

1. 上海市 2022 年公布首批《上海市红色资源名录》，包括 612 处重点旧址、遗址、纪念设施类红色资源，"左联"成立大会旧址也列入其中。但上海左翼文化运动仍有一些重要活动的旧址还有待进一步考证挖掘和保护利用，其中就包括了本文所考证的文艺暑期补习班旧址。

于租房子、买家具，还要维持两三个教务人员的生活。因此，房屋多、空间大、租金低的新式里弄往往成为首选。

二、文艺暑期补习班的师资与教学

补习班在课程设置方面主要由社会科学和文学艺术两部分组成，分别由王学文和冯雪峰负责。[1] 学员主要是从上海、杭州、济南及其他城市动员来的学生，共有 60 人左右，分为两个班。[2] 该班的"讲师都不是固定的，随时由左联、社联、剧联中人去讲"[3]，因此体现出名师荟萃的特点。鲁迅、陈望道、潘汉年、潘梓年、茅盾、戴望舒、胡也频、夏衍、李一氓、阳翰笙、柯柏年、汪馥泉等知名学者和进步作家，都曾在该班为进步青年讲授社会科学和文学艺术课程。[4] 一些当事人对该班的印象深刻，留下了不少生动的回忆。

王学文在讲授社会科学课时，应学生要求专讲唯物辩证法，两个班并在一起，每天几乎一个上午，连续近一周，用浅显的生

1. 中国社会科学院文学研究所左联回忆录编辑组编：《左联回忆录》，知识产权出版社 2010 年版，第 433 页。
2.《冯雪峰谈左联》，《新文学史料》1980 年第 1 期。
3.《冯雪峰致包子衍的信》，《新文学史料》1979 年第 4 期，第 140 页。
4. 中国社会科学院文学研究所左联回忆录编辑组编：《左联回忆录》，知识产权出版社 2010 年版，第 433 页；上海交通大学党史校史研究室编著：《民主堡垒：战斗在交通大学的中共地下党 1925—1949》，上海交通大学出版社 2007 年版，第 36 页。

活实例阐释辩证法的各个规律，深受学生欢迎。[1] 潘梓年则以历史唯物主义观点和国民党黑暗统治的大量罪恶事实，说明了国民党统治定会灭亡。茅盾在讲授"小说作法"时，指出伟大作品是伟大时代的反映，当时就是个伟大的时代，能写出反映这个时代的作品定是伟大的。[2]

1930 年 8 月 6 日，鲁迅曾在日记中写道："午后往夏期文艺讲习会讲演一小时"[3]，这里提到的夏期文艺讲习会就是指文艺暑期补习班。[4] "鲁迅讲演的是《美术上的写实主义》问题，听者有美术青年百余人"。[5] 据学员刘芳松回忆，当天鲁迅在冯雪峰陪同下，在热烈的鼓掌声中，长衫步履，进入教室。鲁迅指出，新兴的革命文艺还

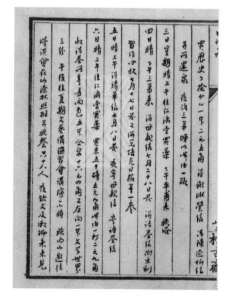

鲁迅日记记载赴文艺暑期补习班讲演

1. 中国左翼作家联盟成立大会会址纪念馆等编：《"左联"纪念集 1930—1990》，百家出版社 1990 年版，第 43 页。

2. 中国社会科学院文学研究所左联回忆录编辑组编：《左联回忆录》，知识产权出版社 2010 年版，第 433 页。

3. 鲁迅著、陈漱渝等编：《日记全编》（下），广东人民出版社 2019 年版，第 153 页。

4. 《冯雪峰致包子衍的信》，《新文学史料》1979 年第 4 期。

5. 马蹄疾：《鲁迅讲演考》，黑龙江人民出版社 1981 年版，第 401 页。

处于成长时期，有的作品由于缺乏生活，凭空想象，不得不拼凑些政治术语，乃至有意用些刺激的字眼，表明作品的革命性。[1] 在另一位学员冯毅之的回忆中也提到了鲁迅在补习班上课的情景，"因为他的绍兴话重，讲解的内容又深，不容易听懂，所以效果不好。他上课时有不少学生缺席，曾惹得教务主任冯雪峰老师的气愤。"冯雪峰之所以生气，是因为像鲁迅他们来此授课，都是无偿的。当时上海一元换十二个小角，老师来上一次课只有二角车费。[2]

从授课的师资和内容来看，补习班与此前刚刚被查封的左翼文化大本营中华艺术大学确有延续性。"原中华艺大校长陈望道和教师汪馥泉等都在补习班继续任教，还有两个原中华艺大学生会执委，也在这里作为学生，仍任学生会执委，专事学生们的政治工作，如号召、发动参加校外示威游行等"[3]。加上一批热爱文学和美术的学员加入，补习班的文艺氛围较为浓厚。但同时，补习班

---

1. 中国左翼作家联盟成立大会会址纪念馆等编：《"左联"纪念集 1930—1990》，百家出版社 1990 年版，第 43 页。
2. 中国社会科学院文学研究所左联回忆录编辑组编：《左联回忆录》，知识产权出版社 2010 年版，第 433 页。另有演讲听众回忆，鲁迅的讲演内容是谈艺术的现实主义问题，"突出的印象是先生展示了两幅画，一幅是流行的美女月份牌，另一幅是苏联的农妇，把描写两种不同类型女性的绘画作了鲜明对比。"参见马蹄疾：《鲁迅讲演考》，黑龙江人民出版社 1981 年版，第 401 页。
3. 刘芳松：《关于三十年代初鲁迅的一次讲演》，载中国人民政治协商会议安徽省委员会文史资料研究委员会：《安徽文史资料选辑 第三辑》1982 年，第 168 页。

也非常重视讲授进步理论，从文学、美术作品讲到革命文艺理论，从社会科学讲到马克思主义理论，反映了当时左翼文化团体协同开展理论宣传、宣传内容从文艺作品深入到社科理论的特点。

三、中国左翼美术家联盟在文艺暑期补习班成立

在文艺暑期补习班的招生启事中，科别除了社会科学科和文学科外，还专门标明了西画科，这也吸引了一大批美术青年的参与，其中包括杭州美术团体"一八艺社"的成员胡一川、刘梦莹、姚馥、刘毅亚等人。据胡一川回忆："在那里我们听到了很多重要的、进步的报告，看到了一些进步的画刊，如有日本的柳濑正梦的漫画集子、杜邦的作品等，在会上也听到红军攻打长沙的消息，这些都使我的思想又推进了一步。"[1]

在中华艺术大学被查封后，文艺暑期补习班成为当时左翼美术青年的重要活动地，也正是在这里，召开了中国左翼美术家联盟的成立大会。冯雪峰在致友人的信中，当谈及文艺暑期补习班时明确提到："这时成立的美联即在这里开成立大会，学员中搞美术的都参加了美联。"[2]作为前来参加"美联"成立活动的"左联"代表夏衍，在回忆中也提到："我还依稀记得成立大会是在旧法租界环龙路的一间双开间二楼前厅举行的，参加者约三

---

1. 李伯钊等口述：《我们的演艺生涯·艺术家卷》，中国书店 2008 年版，第 32 页。
2.《冯雪峰致包子衍的信》，《新文学史料》1979 年第 4 期。

十人。"[1]

1930 年 7 月，中国左翼美术家联盟成立大会在文艺暑期补习班的楼上秘密举行，"左联""社联""剧联"及上海反战同盟均派代表出席并发表演讲。大会选出许幸之、沈西苓、于海、胡一川、姚馥、张谔、陈烟桥、刘露、周熙九人为执委会委员，许幸之、沈西苓分别担任联盟主席、副主席。[2]大会还通过了十大决议案：一、组织参加一切革命的实际行动；二、借给各友谊团体画材；三、组织工场、农村写生团、摄影队；四、组织研究会、讲演会；五、组织美术研究所；六、领导各学校团体；七、推动文化团体协议会；八、出版美术上的言论刊物；九、开大规模的普罗美术展览会；十、开多量的移动展览会。[3]

"美联"的成立，标志着左翼美术运动进入一个新的发展阶段。一大批左翼美术家在木刻、漫画、连环画、宣传画等美术创作领域取得丰硕的成果，在反"文化围剿"的运动中谱写了革命美术事业的光辉篇章。

四、文艺暑期补习班之结束与余响

文艺暑期补习班存在的时间比较短，不到两个月的时间就结

---

1. 夏衍：《懒寻旧梦录》（增补本），中华书局 2016 年版，第 118 页。
2. 许幸之：《对左翼美术家联盟的回忆》，《美术研究》1959 年第 4 期。
3. 《中国最先锋的美术集团左翼美术家联盟成立》，《红旗日报》1930 年 9 月 1 日。

束了。关于补习班结束的原因，学员刘芳松在回忆中提到，补习班学生经常被动员参加游行示威、飞行集会等革命活动。当时为了庆祝红军 1930 年 8 月 1 日攻克长沙，革命群众聚集在南京路举行了一次大规模的游行示威，中华艺大的学生也参与其中，但不幸导致补习班暴露，不久学校就宣布停办了。[1] 王学文则回忆："这个补习班只办了五十天左右，因学校开学，学生回校，就结束了。"[2]

补习班本身就是利用暑期休假时间创立的暑期学校，临近开学，结束也属正常。从 6 月 25 日到 8 月，不到两个月的时间也符合王学文提到的"五十天左右"。但刘芳松提到的游行示威导致补习班暴露，学校宣布停办，可能更接近事实。王学文也曾提到，"互济会""上海反帝同盟"和"自由大同盟"等革命团体来补习班，动员学生参加组织，帮助他们散发传单。[3] 正是因为这些活动，引来国民党方面的注意和调查，"讵该处办事人员，不肯将教员真实姓名见告，且禁止参观，而课程内容有新经济政策、现代俄国文学等，不无反动嫌疑……最后乃由市教育局通知各报馆，以后

1. 中国左翼作家联盟成立大会会址纪念馆等编：《"左联"纪念集 1930—1990》，百家出版社 1990 年版，第 42 页。
2. 史先民编著：《中国社会科学家联盟资料选编》，中国展望出版社 1986 年版，第 84 页。
3. 上海市哲学社会科学学会联合会编：《中国社会科学家联盟成立 55 周年纪念专辑》，上海社会科学院出版社 1986 年版，第 181 页。

对文艺暑期班新闻消息，一概勿予刊登，一面则由市党部函请法公廨，从严取缔"。[1]

　　尽管补习班受到了"筹备仓促、反动政权的压迫摧残、经济实力的不充分"等多重因素的影响。但"社联"的组织者还是对此次补习班的成效充满希望，"在理论和行动底合一原则下，全体同学一致的团结在一起。虽在短少的二月的时期中，我们相信会有很好的成效。"[2] 冯雪峰日后回忆文艺暑期补习班时指出"因成绩尚不坏（从学员中发展了一些党员、团员，这时成立的美联即在这里开成立大会，学员中搞美术的都参加了美联），所以接着又办上述的'现代学艺讲习所'"。[3] 学员冯毅之在回忆补习班提到："我当时是个青年学生，能够见到这么多的大作家和学术界的权威，并亲身听他们讲课和教导，不但受益匪浅，并感到光荣和骄傲。对我以后从事文艺工作打下了不可动摇的基础。"[4] 交通大学进步学生许邦和、乔魁贤通过王学文的介绍，进入文艺暑期补习班学习，并在学习期间加入中国共产党。1930 年 9 月，中共交通大学党支部得到恢复，许邦和担任党支部书记，乔魁贤任组织干事，

1.《文艺暑期班寿终正寝》，《金刚钻》1930 年 8 月 3 日，第 2 版。

2.《联盟记事》，《社会科学战线》1930 年 9 月 15 日，第 1 期。

3.《冯雪峰致包子衍的信》，《新文学史料》1979 年第 4 期，第 139—140 页。

4. 中国社会科学院文学研究所左联回忆录编辑组编：《左联回忆录》，知识产权出版社 2010 年版，第 433 页。

为团结进步力量、播撒革命火种发挥了积极作用。[1]

补习班的举办对左翼文化和社会科学工作者，尤其是进步青年和学生来讲受益匪浅。通过系统的学习和讨论，他们得以更深入地理解马克思主义理论，提升了自身的理论水平和文艺素养，许多学员进而加入"左联""社联""美联"等革命团体，进而加入中国共产党。学员冯毅之、刘芳松、胡一川等进步青年由此走上革命道路，树立了马克思主义的坚定信仰，日后成为中国革命和文化事业的中坚力量。同时，补习班还促进了左翼文化团体之间的团结与合作。"社联"与"左联"等左翼团体通过共同举办补习班，加强了彼此之间的联系和交流，形成了更为紧密的合作关系，此后继续通过举办现代学艺研究所、外语学校以及到各大、中学校讲课办学等方式，有力推动了中国左翼文化运动的蓬勃发展，进一步传播了马克思主义。

---

1. 参见上海交通大学党史校史研究室：《民主堡垒：战斗在交通大学的中共地下党（1925—1949）》，上海交通大学出版社2007年版，第35—37页。

构建马克思主义社会科学知识
体系的初步探索

周鎏刚 *

1930 年 6 月，一本综合性哲学社会科学论文集——《社会科学讲座》第一卷以社会科学讲座社的名义编辑与出版，同时由上海光华书局发行，这是在左翼社会科学工作者的一次集体创作。

早在 1930 年 5 月 1 日，左联出版的《萌芽》月刊第 1 卷第 5 期刊登了《社会科学讲座》的出版预告，公布了该书的创作目的、作者姓名与编撰内容，实际上对该书进行了一次推销式宣传，明确指出："目前的出版界，关于印行社会科学书籍，是风行一时，五花八门，但考其内容，错误与曲解，杂乱与浅薄，是普遍的现象，一般青年者，要想得一些正确的马克思主义的社会科学基本理论，简直不知从何读起。本局有鉴于此，特邀请下列诸君编撰这'社会科学讲座'，……内容由浅而深，由理论而实际，务使青

---

* 本文作者：周鎏刚，浙大宁波理工学院教师。

年读者，得一有系统而正确的社会科学读物。"[1]

通过阅读这则出版预告，可以发现推出《社会科学讲座》可谓社联领导层作出的一项重大决策，堪称左翼社会科学工作者发出的一声集体呐喊。从创作团队上看，《社会科学讲座》不仅由社联发起人例如朱镜我、吴黎平、王学文、杜国庠与柯柏年等联合主编，而且由时任文委书记的潘汉年和时任中央宣传部秘书的潘文郁共同坐镇，甚至由鲁迅、郭沫若这两位文化界知名人士出面参加，实现了群贤毕至、群英荟萃；从编撰内容上看，《社会科学讲座》既准备推出关于马克思主义的导引性论文，也准备推出关于马克思主义中哲学、政治经济学与科学社会主义的宣介或译介性论文，还准备推出关于在马克思主义的指导下回答经济与社会问题的应用性论文；从出版计划上看，《社会科学讲座》本来是一套丛书，全部合计六卷，每两个月出版一卷，但实际上只推出第一卷，并未再推出其他卷。

总体而言，《社会科学讲座》第一卷共收录社会科学著译十二篇。当时，左翼社会科学工作者除编排一则中文目录外，还编排一则英文目录，但中英文标题并不完全一致，例如该书英文名叫 *Under The Banner of Marxism*。其中，包括左翼社会科学工作者撰写的体现马克思主义社会科学知识及其话语的论文，也包括他们

1.《出版预告：社会科学讲座》,《萌芽》月刊第 5 期, 1930 年 5 月 1 日。

翻译的马克思主义经典著作或者其他相关著作的中译文。现对该书第一卷收录的某些重要著译进行考证。

朱镜我撰写的《马克思主义的基础理论》旨在揭示马克思主义产生的时代背景，意图说明马克思主义的三个来源及其三个组成部分，还计划论述马克思主义与修正主义、马克思主义的发展以及理论与行动等。虽然朱镜我在这篇论文中罗列了他曾经设想的写作题目，但其真正发表的章节只是全书第一章"马克思主义产生当时的时代背景"。该文着重论述了英国工业革命与法国大革命对欧洲工人运动的影响，反复引用了恩格斯于 1844—1845 年撰写的《英国工人阶级状况》中的相关说法及其论据，深刻论证了社会存在决定社会意识这一颠簸不破的真理，明确指出："天才或伟人固然有他的特别的长处，……然而，这不能证明天才的超现世性，也不能证明天才或伟人的无制约性。……一切人们是社会的环境的产物这句话，并不会抹杀天才的长处，也不曾过低地评价他或他们的价值。……因此，我们在研究马克思主义的理论之前，亦应观察当时的社会的情况及给他的影响。"[1]

吴黎平撰写的《唯物史观》是一篇关于马克思主义哲学的专题性论文，是他准备连载的《唯物史观》全书的第一讲"绪论"。在他看来，"马克思主义是新兴阶级的唯一正确的宇宙观，它明白

---

1. 朱镜我：《马克思主义的基础理论》，社会科学讲座社编：《社会科学讲座》第 1 卷，上海光华书局 1930 年版，第 3—4 页。

地解释整个世界——自然及人类社会。它是一切有价值的科学思想的结晶，是人类历史上科学思想的最伟大的胜利。它是打破旧社会建立新社会的唯一的向导，是劳动阶级获得解放的唯一的引路者"。该文揭示了马克思主义三大理论的内在关系，说明了辩证唯物论、唯物辩证法与唯物史观的内在关系，不仅认识到哲学、政治经济学与科学社会主义"各具这样重要的意义"，而且意识到哲学"浸润于马克思主义的全部学说，而成为它们的指南针"，明确指出："马克思主义的哲学是辩证法唯物论，其对于社会研究的应用，就是唯物史观。用辩证法唯物论的观点，来认识资本主义社会的发展规律，就得出无产阶级阶级斗争理论的科学的根据。……马克思主义的内容，虽因斗争与科学的发展而充实，可是它的基础，还是一样的辩证法唯物论，这是新兴阶级的最伟大的理论的武器。"[1]

吴黎平发表的《社会主义》是他正在翻译的恩格斯著《反杜林论》"社会主义"编的前两个章节。关于《反杜林论》"社会主义"编的理论价值与意义，他在译者序中开门见山地宣告："我们准备把恩格斯生平最大名著《杜林驳论》中的社会主义一部，完全译出来，它虽带论战的性质，可是它实是马恩本人著作中解释

科学社会主义的最好的一部。"[1] 实际上，吴黎平并没有停留在翻译《反杜林论》"社会主义"编上。1930 年 5 月，江南书店同步出版了吴黎平编《社会主义史》一书，该书整理了从空想社会主义到科学社会主义的线索，呈现了马克思、恩格斯与列宁创立并发展科学社会主义的进程，并批判了资产阶级、小资产阶级主张的各种假社会主义学说。在他看来，"编一部完备的社会主义史难，在中国编这样的书更难"；"但是客观的要求，是日益迫近了，广大群众对于社会主义的兴趣，无疑地是不断增加着"。而该书正是应运而生，正如他这样写道："本书最大的希望，即在帮助大时代的人们，了解社会主义学说的概要。"概括说来，"本书注重于社会主义思想的发展"；"本书在叙述某种社会主义思想时，尽可能的详叙此种社会主义所由产生的社会环境与根源"；此外，"本书采取科学的批判态度，对于每种空想社会主义，都给以一个简要的批评，使读者能够明了它的主要优点和缺点所在"。[2]

杜国庠撰写的《国家与法律》是一篇关于马克思主义政治社会学的专题性论文，也准备在《社会科学讲座》上连载。在这篇论文中，他引用了大量马克思、恩格斯与列宁关于国家由来的经典论述，尤其参考了恩格斯的《家庭、私有制和国家的起源》与

1. 吴黎平：《社会主义》，社会科学讲座社编：《社会科学讲座》第 1 卷，上海光华书局 1930 年版，第 53 页。
2. 吴黎平：《序言》，吴黎平编：《社会主义史》，上海江南书店 1930 年版，第 1—2 页。

列宁的《国家与革命》这两部重量级专著，把对国家机器的探讨建立在唯物史观与剩余价值学说的科学根基上，即国家是一种政治上层建筑，是社会发展的产物，是阶级支配的机关，明确指出："国家这个问题，在现时无论在理论上或在实际的政治关系上，都含有特别重大的意义。我们对于国家，固不能像国家主义者无条件地赞美，或像无政府主义者只一味把它诅咒，也不能像资产阶级学者从事粉饰和辩护，或像机会主义者专一回避问题以自欺欺人；要紧的是用新兴科学的眼光正视现实，把握历史还它一个本来的真面目。"并强调："国家不是向来就存在的。……在经济发展到某一个阶段的时候，在这种经济的发展自然而然使社会分裂成为阶级的时候，国家就因这一个分裂而成为必要了。这在今日已经成为颠簸不破的确说。这种学说给予政治认识以新的基础，同时证明了国家是一种过渡的东西。"[1]

王学文撰写的《经济学》与柯柏年撰写的《经济史的阶级性》是两篇关于政治经济学的专题性论文，体现了马克思主义哲学在政治经济学中的运用，但王学文的《经济学》只发表了绪论与第一章"商品和货币"，柯柏年的《经济史的阶级性》也只是他准备连载的《经济史纲》的绪论。在王学文看来，经济学的研究对象是资本主义生产及其生产关系，而经济学研究必须坚持唯物辩证

---

1. 林伯修：《国家与法律》，社会科学讲座社编：《社会科学讲座》第 1 卷，上海光华书局 1930 年版，第 104—105 页。

法，即："唯物辩证法是自然，社会和意识变动发展的方式。我们用唯物辩证法研究经济生活的时候，特别要注意的就是我们要认识经济生活的社会性和历史性。……固然经济现象复杂多端，具体的全面的认识要感觉很大的困难；但是，具体的全面的认识的要求，使我们能免除抽象的一面的观察的谬误。"[1] 在柯柏年看来，经济史是人类社会进化史的真实基础，而经济史研究必须符合唯物史观，即："经济史的任务，就在于叙述经济的社会形态的进行阶段，说明各阶段之如何发展和如何被扬弃"；划分经济阶段的标准是在社会上占统治地位的生产关系，即："生产过程与那适应着它之交换过程，分配过程，消费过程共同形成一整个体——生产的总过程；而消费，分配，交换的形态，是由生产形态决定的，……所以，我们划分经济阶段之标准，是社会的支配的生产关系。"[2]

郭沫若发表的《经济学方法论》是他已经翻译出来的马克思著《政治经济学批判》的《导言》全文，由他根据经考茨基整理的德文本翻译而来，同时参考一种英译本与两种日译本，而当时他正在日本东京翻译马克思著《政治经济学批判》。该文由考茨基于 1902 年在马克思的遗稿中发现，是马克思阐释政治经济学研究

---

1. 王学文：《经济学》，社会科学讲座社编：《社会科学讲座》第 1 卷，上海光华书局 1930 年版，第 135—136 页。
2. 柯柏年：《经济史的阶级性》，社会科学讲座社编：《社会科学讲座》第 1 卷，上海光华书局 1930 年版，第 151、172—173 页。

动机和秘诀的一篇论文，虽然行文极其精干，但寓意却极其深刻，被视作马克思主义政治经济学的原产地，被看作马克思著《资本论》诞生的逻辑秘密地，尤其是把唯物辩证法运用到政治经济学中，创造性地提出了从具体到抽象再到抽象的具体这样一种政治经济学的研究进路，因而在马克思主义经典著作中具有至关重要的文本与学理意义。

需要指出的是，马克思曾在《〈政治经济学批判〉序言》中明确提醒读者："我已经草就了的一篇一般的导论，我抛弃了，因为过细想时，对于将要证明的结果先行表示，觉得很不妥当，并且想全般地追随于我的读者，须得放下决心，由个别的升到一般。"然而，郭沫若却在撰写《〈政治经济学批判〉导言》的翻译心得与体会时搁置了马克思曾向读者提出的这一建议，反而推荐读者先阅读其导言再阅读其正文。在郭沫若看来，"马克思叫我们全般地跟随着他，要放下决心'由个别的升到一般'，我们现在先来翻译他这自己'抛弃'了的未完成的一般论，显然是违背了他的意旨。"而这一做法的理由是："他这篇一般论在我们现在正是最良的指针""像这样由一般的降到个别，在这一般的了解上会感觉着无上的困难，这是我们所应该觉悟着的。但我们对于这个困难不要避易，也不要悲观，'一般的一个别化，便会立地明瞭起来'，所以我们在一般论上所感觉着的困难，在个别论上立地便会冰释。"[1]

潘文郁撰写的《中国国民经济的改造问题》是一篇把唯物史观运用到中国国民经济改造问题中的专题性论文，但《社会科学讲座》只刊登第一章"总论"。在这篇论文中，他不仅揭示了当时出版界研究中国国民经济的意义，即："我们研究中国的国民经济，是为的改造现实的中国国民经济"；而且说明了当时出版界对中国国民经济的认识误区与缺陷，即："了解中国经济的现状，而没有注意到具体的改造中国国民经济的道路"；进而罗列了中国国民经济改造的若干中心问题，包括工业的改造问题、对外贸易的改造问题、土地农业的改造问题、劳动问题与财政问题。在此基础上，他论述了中国国民经济的半殖民地性与半封建性，批驳了在这一问题上的各自错误观点。在他看来，由于中国国民经济的半殖民地性与半封建性，时人必须把中国国民经济改造的中心问题归结到生产关系而非生产力上，即："中国是帝国主义压迫下的殖民地的经济，同时也是封建残余关系占优势而开始走向资本主义发展的经济"；"现在既有帝国主义及封建势力对于经济的压迫，而这种帝国主义及封建势力又握有政治上的权力。所以这便是生产关系问题而不是生产技术问题。"[2]

---

1. 郭沫若：《译者附白》，社会科学讲座社编：《社会科学讲座》第 1 卷，上海光华书局 1930 年版，第 229—231 页。
2. 潘东周：《中国国民经济的改造问题》，社会科学讲座社编：《社会科学讲座》第 1 卷，上海光华书局 1930 年版，第 239—240、251、255 页。

冯乃超发表的《社会方法论的问题》是对 I. Luppol 著《列宁与哲学》第四章的翻译，由他根据日本学者松本信夫的日译本翻译而来。该文是一篇反映列宁继承和发展马克思主义社会学的代表性论文，其主要内容包括：列宁坚持历史唯物主义是辩证唯物主义在社会学中的运用；列宁从抽象和具体的关系出发界定社会这一概念；列宁从一般和特殊的关系出发审视社会现象的内容及其形式；列宁对社会中的阶级现象加以观察，对阶级这一概念作出精准诠释。此外，李一氓发表的《土地问题材料》是对列宁著同名单行本《土地问题材料》的全文翻译，包括列宁为 1917 年第一次全俄农民代表大会撰写的《土地问题决议草案》与列宁在 1917 年 6 月 4 日发表的《土地问题演说》这两则材料。毫无疑问的是，这篇中译文有利于时人把对经济与社会问题的探讨集中到土地问题上来，而土地问题正是中国革命最核心的内容与最关键的环节，也有利于他们借鉴推动俄国从土地私有制向公有制转变的纲领与政策，还有利于他们比较俄国土地革命与中国土地革命的共同点与不同点。

除集体创作《社会科学讲座》外，左翼社会科学工作者还从自身的学科背景和知识结构出发，推进马克思主义同社会科学各个学科领域相结合，体现马克思主义对社会科学各个学科领域的引领。社联发起人柯柏年撰写的《怎样研究新兴社会科学》实际上是左翼社会科学工作者构建马克思主义社会科学知识及其话语体系的总论，既是一部马克思主义社会科学的教科书，也是一部马克思主义社会科学的工具书，回答了什么是马克思主义社会科学、为什么研究马克思主义社会科学以及怎样研究马克思主义社会科学等重大问题，并且草拟了研究马克思主义社会科学的重要书目，正如作者在自序中感叹："现代的青年很急切地需要新兴社会科学的知识，于是，'怎样研究新兴社会科学？'就成为青年的一个急求解决的问题了。"[1] 与《怎样研究新兴社会科学》不同，柯柏年撰写的《社会问题大纲》则是一部构建马克思主义社会学知识及其话语体系的教科书，该书对马克思主义社会学的研究对象和内容进行了整理与总结，包括现代社会的资本制度问题、劳动时间问题、工资问题、失业问题、农民问题、土地问题、地租问题以至于农村的剥削关系问题，在此基础上对上述社会问题予以马克思主义的科学回答。

曾任社联主席的邓初民早在上海暨南大学任教期间已经开始进行构建马克思主义社会科学特别是政治学知识及其话语体系，他撰写的《政治科学大纲》是一部马克思主义政治学教科书。最具特色与意义的是，该书建构了不同于以往的政治学体系及其概念与范畴，即不是单纯围绕国家这一研究对象来谋篇布局，而是从社会与国家的内在关系上来谋篇布局。一方面，坚持从辩证唯

---

1. 柯柏年：《自序》，《怎样研究新兴社会科学》(增订本)，上海南强书局 1930 年版，第 1 页。

物论的根本立场出发探讨政治科学，正如作者宣称："我的政治科学的研究，是从宇宙观，人生观，社会观说起的"；"我的研究，始终站在新唯物论的立场上，从经济背景的深处来说明各种政治现象。"另一方面，又选择以唯物辩证法的基本法则指导研究政治现象，正如作者声称："我们不能不把各种现象在它的全体性上，全联系上，及其变化与发展的过程上去研究，是唯物辩证法的第一个法则；矛盾及对立物的斗争，是它的第二个法则；质量转换的法则，是它的第三个法则。"[1]

张如心是社联首任研究部长，在构建马克思主义哲学知识及其话语体系上发挥骨干作用、起到带头效应。自 1929 年 11 月回国到 1931 年 8 月前往中央革命根据地，虽然他只在社联的领导岗位上工作了两年，但他接连撰写了《无产阶级的哲学》《苏俄哲学潮流概论》（于 1930 年 5 月在上海光华书局出版）、《辩证法学说概论》（于 1930 年 4 月在上海江南书店出版）与《哲学概论》（于 1932 年 7 月在上海昆仑书店出版）这四本哲学专著。在《无产阶级的哲学》一书中，张如心追溯了辩证唯物主义的在哲学史上的由来及其论域，叙述了辩证唯物主义在马克思主义中的基础性地位及其表现，进而论证了辩证唯物主义对文化革命的指导意义。说该书对构建马克思主义哲学知识及其话语体系具有重大意义，

---

1. 邓初民：《自序》，《政治科学大纲》，上海昆仑书店 1929 年版，第 1—3 页。

是由于作者在序言中自述了该书的写作笔法，如是说："本篇作品完全取一种普通叙述的方式，所以内容方面不曾多加引证，目的在使阅者得一系统的认识。"[1] 必须看到的是，这里的"普通叙述"彰显张如心在写作内容与形式上符合普通民众的阅读需求及其认知能力，说明张如心在探索撰写马克思主义哲学教科书上进行了深入思考并且付出了艰辛努力。

张如心撰写的《苏俄哲学潮流概论》《辩证法学说概论》与《哲学概论》是对马克思主义哲学发展史与哲学史的概说或评说，也有利于推进马克思主义哲学知识及其话语体系构建。例如，《苏俄哲学潮流概论》一书以"内容普遍化"[2]的写作笔法全面叙述了苏俄哲学界思想斗争的大致经过、内容与影响，专门描述了辩证唯物论与机械唯物论这两大阵营进行思想斗争的基本论域与各自观点，不仅论证了思想斗争在马克思主义哲学发展史上的推动作用，而且论证了思想斗争在文化革命工作中的引领作用。又如，《辩证法学说概论》一书叙述了辩证法的思想发展史，划清了唯物辩证法与唯心辩证法、唯物辩证法与机械均衡论以及辩证逻辑与形式逻辑的界限，论证只有唯物辩证法才能推翻形而上学对哲学的统治，宣称："辩证法是革命逻辑，他是马克思主义学说的灵魂，无产阶级依靠着他，能够正确的了解历史发展的过程，认

---

1. 张如心：《序言》，《无产阶级的哲学》，上海光华书局 1930 年版，第 1 页。
2. 张如心：《序言》，《苏俄哲学潮流概论》，上海光华书局 1930 年版，第 2 页。

识自身革命的任务，推翻阶级剥削的制度，他因此是无产阶级斗争的伟大武器。"[1] 在张如心看来，辩证法思想的发展包括三个阶段（古代希腊哲学、德国古典哲学与马克思主义哲学），马克思辩证法思想的发展也包括三个阶段（黑格尔哲学影响下的时期、费尔巴哈哲学影响下的时期与辩证唯物论哲学时期）。再如，《哲学概论》一书对哲学史进行了全景式扫描，从古代希腊哲学、复兴时期的唯物论哲学写到 18 世纪的法国唯物论哲学，从德国古典唯心哲学写到费尔巴哈的唯物论哲学，又从马克思、恩格斯的辩证唯物论写到列宁的辩证唯物论。在张如心看来，研究哲学史的目的是追溯马克思主义哲学的思想来源，因而他着重叙述了马克思主义哲学发生与发展的思想进路。事实上，同一时期沈志远撰写的《黑格尔与辩证法》（于 1932 年 8 月在笔耕堂书店出版）也是一部叙述马克思主义哲学发展史的专著，但其侧重强调马克思、恩格斯和列宁对黑格尔哲学的继承与批判。

李平心也参加社联领导的左翼社会科学运动，是构建马克思主义哲学知识及其话语体系的又一位杰出人物。例如，他以笔名赵一萍撰写的《社会哲学概论》是一部专门探讨马克思主义哲学在社会学中运用的专著，把视野与格局从辩证唯物主义转向历史唯物主义，将历史唯物主义基本原理的世界观及其方法论学理化、

---

1. 张如心：《序言》，《辩证法学说概论》，上海江南书店 1930 年版，第 2 页。

体系化表达出来，正如作者在自序中这样写道："我们这本小书就是要向国内青年们介绍一新的世界观与社会观，它并没有包含高深的理论，而只是要将基本的关于社会发展与社会构成的理论用通俗的解说陈述出来，使哲学与社会科学取得密切的联系。"[1]

温健公于 1933 年在沪参加社联，并于 1934 年只身前往北平继续从事左翼社会科学工作。他编写的《现代哲学概论》是一部呈现辩证唯物主义发展史及其理论体系的专著，其相关材料选自日本学者永田广志著《唯物辩证法讲话》（于 1934 年 2 月在日本白杨社出版）。该书对构建马克思主义哲学知识及其话语体系的意义在于，其写作笔法不仅建构了史论结合的叙事体系，而且设计了古今连续与贯通的行文线索，正如作者在序言中这样写道："本书的内容，除了叙述'现代哲学'在'两条战线斗争'中的成立过程，阐明'现代哲学'的根本问题外，同时特别着重现阶段哲学的发展。因此，和批判十八世纪法国唯物论哲学，康德哲学，黑格尔哲学，费尔巴哈哲学……同样地注意批判布哈林哲学，德波林哲学，普列汉诺夫哲学，新康德主义，新黑格尔主义和其他一切错误的哲学。"[2]

李正文曾任北平社联研究部长，他在北平社联出版的《世界

---

1. 赵一萍：《自序》，《社会哲学概论》，上海生活书店 1933 年版，第 3 页。
2. 温健公：《序》，《现代哲学概论》，骆驼丛书出版部 1934 年版，第 1 页。

文化讲座》创刊号[1]上发表了《唯物辩证法讲座》（笔名李何明）与
《经济学讲座》（笔名岳光）两文。关于《唯物辩证法讲座》的创作
目的，李正文如是说："我感觉到了研究唯物辩证法是目前青年大
众最迫切的课题，同时编一部能适合于青年目前大众文化水平的
书也是极迫切的工作"；"我编这本书是偏于运用方面的"，"许多
人仅知道辩证法的几个法则，而不能运用到实际问题里去，我的
意思是多举实例来证明辩证法。"[2]因此，尽管他只发表了其中的第
一章"物体与过程"与第二章"对立的统一"，但已经显现了把唯
物辩证法经世致用的写作特点与风格。而关于《经济学讲座》的
创作目的，他则这样强调："我……很高兴地决心来写《经济学讲
座》，使一般爱好研究经济学的青年朋友们，可以由浅而深地研究

---

1. 需要指出的是，除发表李正文撰写的《唯物辩证法讲座》与《经济学讲座》外，
《世界文化讲座》创刊号还刊登梅德乌卡夫著、鲍群译《史的唯物论》与六位苏联
学者著、谷萌译《唯物史观世界史教程》这两篇中译文。其中，《史的唯物论》叙
述了理论对社会实践的重大先导作用，描述了哲学在马克思列宁主义世界观上的基
础性地位，批评了资产阶级学者倡导的"哲学无用论"及其对哲学的否定，进而证
明了哲学具有党性与政治属性；《唯物史观世界史教程》论述了马恩发现唯物史观
的重要意义，着重论述了马恩关于社会的经济诸结构理论及其在考察社会发展阶段
中的运用。据李正文回忆，《史的唯物论》的真正译者是共产国际情报人员刘一樵，
《唯物史观世界史教程》的真正译者是北平师范大学社联支部，两文均从日文本转
译而来。参见李正文：《关于北平社联的一些活动》，史先民编：《中国社会科学家
联盟资料选编》，中国展望出版社 1986 年版，第 117 页；李正文：《回忆我在北平
社联的日子》，上海市哲学社会科学学会联合会编：《中国社会科学家联盟成立 55
周年纪念专辑》，上海社会科学院出版社 1986 年版，第 160 页。
2. 李正文：《唯物辩证法讲座》，《世界文化讲座》第 1 期，1933 年 11 月 25 日。

下去"；"我愿意把我的意见贡献于读者大众，作一批判的材料，作一论战的线索，而形成探求经济学理的广大运动。"[1] 例如，他借鉴哲学上内容与形式的辩证关系，论证经济学上生产力与生产关系的辩证关系，即经济学研究既应该考察生产力因素，也应该考量生产关系因素，同时批驳机械唯物主义者与唯心主义者在对待这对关系上各自偏废其一的错误倾向。

在北平左翼社会科学运动期间，李达与沈志远都曾经在北平大学法商学院任教，同北平社联及其盟员合作共事，他们从自身的教学实际与需要出发撰写了马克思主义哲学与政治经济学教科书，推动了马克思主义哲学与政治经济学知识及其话语体系构建。例如，李达撰写的《社会学大纲》与《经济学大纲》于 1935 年在北平大学法商学院印行。其中，《社会学大纲》于 1937 年 5 月在笔耕堂书店出版，这是一部探讨马克思主义哲学概念及其原理的教科书，在谋篇布局上建立了全面、系统而完整的哲学体系，从辩证唯物论写到唯物辩证法，又从唯物辩证法写到唯物史观，再从社会的经济构造写到社会的政治建筑与社会的意识形态，因而被毛泽东称作"中国人自己写的第一部马列主义的哲学教科书"[2]。又如，沈志远撰写的《新经济学大纲》是一部探讨马克思主义政治经济学概念及其原理的教科书，在谋篇布局上建立了连续性的

---

1. 李正文：《经济学讲座》，《世界文化讲座》第 1 期，1933 年 11 月 25 日。
2. 李达文集编辑组编：《李达同志生平事略》，《李达文集》第 1 卷，人民出版社 1980 年版，第 17 页。

政治经济学体系，不仅包括马克思著《资本论》揭示的自由竞争资本主义经济，而且包括列宁著《帝国主义论》反映的垄断资本主义经济，甚至包括现实世界中正在进行的社会主义计划经济。关于该书的创作目的与设想。他在自序中这样陈述："谁也不能否认，经济学在现代已经成为一般人日常生活上所必需的知识部门了。在这个时代，与其说它是一门专门学问，毋宁说它是人人所应知道一点的常识部门。……从另一方面讲，我们每个人无时不要跟现实接触，无时不要了解现实；可是要了解现实，要了解各种现实的社会问题、政治问题、国际问题等等，就非从经济入手不可。不从经济根源和经济背景上去考察某一现实现象，我们就不会了解这一现象的真相。这样，经济学的知识，又成为我们了解现实的工具知识了。"[1] 至于该书引发的关注与反响，曾任上海社联主席的罗竹风在回忆录中这样评价："当时沈志远同志正在北平大学法商学院任教，他和李达等人一起，以'笔耕堂'的名义出版社会科学方面的书籍，《新经济学大纲》就是其中之一。……我买过这本书，而且也认真读过，以为在经济学方面对读者的启蒙作用，相当于艾思奇在哲学方面的《大众哲学》，不过更有系统、更有深度罢了。"[2]

---

1. 沈志远：《自序》，《新经济学大纲》，北平经济学社 1934 年版，第 1 页。
2. 罗竹风：《回忆往事，悼念沈志远同志》，《社会科学》1980 年第 5 期。

左翼社会科学工作者撰写讲稿和教材代表性作品一览表

姓　名	类型	书　名	出版社（出版年月）
集体创作	讲稿	《社会科学讲座》	上海光华书局（1930 年 6 月）
柯柏年	教材	《怎样研究新兴社会科学》	上海南强书局（1930 年 3 月）
柯柏年	教材	《社会问题大纲》	上海南强书局（1930 年 7 月）
邓初民	教材	《政治科学大纲》	上海昆仑书店（1929 年 9 月）
张如心	教材	《无产阶级的哲学》（再版改名《辩证法与唯物论》）	上海光华书局（1930 年 4 月；1932 年 1 月再版）
李平心	教材	《社会哲学概论》	上海生活书店（1933 年 8 月）
温健公	教材	《现代哲学概论》	骆驼丛书出版部（1934 年 8 月）
李正文	讲稿	《唯物辩证法讲座》（载《世界文化讲座》）	王府井立达书店（1933 年 11 月）
		《经济学讲座》（载《世界文化讲座》）	王府井立达书店（1933 年 11 月）
李达	讲稿	《社会学大纲》	北平大学法商学院印行（1935 年月不详）
		《经济学大纲》	
李达	教材	《社会学大纲》	笔耕堂书店（1937 年 5 月）
沈志远	教材	《新经济学大纲》	北平经济学社（1934 年 5 月）

（本文摘自《"社联"与左翼社会科学运动》第三章）

图书在版编目(CIP)数据

创造时代的新文化：中国社联与新兴社会科学运动 /
上海市社会科学界联合会编. -- 上海 ：上海人民出版社,
2025. -- ISBN 978 - 7 - 208 - 19433 - 5

Ⅰ. C12

中国国家版本馆 CIP 数据核字第 2025G0V430 号

责任编辑　马瑞瑞　杨　清
特约编辑　蒋　晖
封面设计　汪　昊

创造时代的新文化：中国社联与新兴社会科学运动
上海市社会科学界联合会　编

出　　版　上海人民出版社
　　　　　（201101　上海市闵行区号景路 159 弄 C 座）
发　　行　上海人民出版社发行中心
印　　刷　上海商务联西印刷有限公司
开　　本　890×1240　1/32
印　　张　10
插　　页　2
字　　数　183,000
版　　次　2025 年 5 月第 1 版
印　　次　2025 年 5 月第 1 次印刷
ISBN 978 - 7 - 208 - 19433 - 5/C · 737
定　　价　68.00 元